# DE LA HAINE
# À LA VIE

DU MÊME AUTEUR

*Les Relations familiales en Rouergue et Gévaudan au XVᵉ siècle, d'après le trésor des chartes,* Société des Lettres, Sciences et Arts de la Lozère, Mende, 1990.

*La Famille en Gévaudan au XVᵉ siècle,* Publications de la Sorbonne, Paris, 1998.

# PHILIPPE MAURICE

# DE LA HAINE
# À LA VIE

Collection
« Documents »

le cherche midi éditeur
23, rue du Cherche-Midi, 75006 Paris

*Le monde est si vide*
*si l'on n'y imagine*
*que montagnes,*
*fleuves et villes ;*
*mais d'y savoir quelqu'un*
*avec qui l'on s'entend,*
*avec qui l'on peut vivre*
*en silence,*
*c'est ce qui fait*
*de ce globe*
*un jardin habité.*

Goethe

Avec mes remerciements et en toute affection à Nathalie V.

# PREMIÈRE PARTIE

# LA DESTRUCTURATION

# CHAPITRE PREMIER

## L'INSOUCIANCE

**8** mars 2000, vingt-trois ans après mon incarcération, à deux mois près, la porte de la maison d'arrêt de Tours s'ouvre devant moi, définitivement.

Deux documents assez surprenants se trouvent dans mon paquetage : un exemplaire du *Monde libertaire* et la lettre d'un militant anticarcéral. Ces deux objets peuvent sembler différents, toutefois ils présentent quelques points communs qui démontrent fort bien l'arbitraire pénitentiaire : ce sont des écrits, ils émanent d'un courant idéologique dont les militants sont fort engagés contre les structures politiques et répressives, et tous deux ont jauni au fil des années, depuis une décennie. La pensée et le verbe, s'ils ne respectent pas les principes édictés par l'administration pénitentiaire ne doivent pas franchir les barrages de la censure.

Je reçois donc ces papiers, ainsi que divers objets : un billet de mille pesetas, quelques pièces de monnaie espagnoles, une ancienne chevalière aux dorures usées, une carte magnétique dont je ne me souviens plus l'usage et une copie de mon livret de pension militaire. Ce sont là les vestiges d'une autre vie, si lointaine.

Je passe la porte et je suis accueilli par une collègue de bureau venue me chercher afin de me conduire jusqu'au laboratoire d'archéologie pour lequel je travaille depuis quatre mois dans le cadre d'une « semi-liberté ».

Jusqu'à la fin, les gardiens de la prison de Tours se seront distingués par un stupide acharnement. Trois jours auparavant, j'avais demandé à quelle heure je serais libéré, expliquant que quelqu'un du bureau viendrait me chercher, ajoutant que je devais assister à une réunion de travail. La réponse fixait ma sortie à sept heures trente ou huit heures. Or, à sept heures trente, je tournais encore en rond dans ma cellule et, à huit heures, je patientais dans une cellule d'attente alors que les formalités de fouille avaient été accomplies. Vers huit heures quarante-cinq, un maton était venu me chercher et m'avait assez ironiquement fait constater que ce retard n'était pas innocent. Ses collègues s'étaient accordés pour m'infliger ce désagrément. Ce jour-là, toutefois, rien ne parvenait véritablement à m'atteindre tellement j'étais heureux. Loin de m'énerver, je lui fis remarquer qu'une fois de plus ils offraient d'eux-mêmes et de leur administration une image navrante, non à mes yeux, car je savais à quoi m'en tenir, mais à ceux des tiers, telle ma collègue qu'ils contraignaient à m'attendre.

Je passe donc la porte de ce sinistre établissement, définitivement libre, laissant dépités des matons qui n'acceptent guère que l'on puisse me libérer. Si j'ai depuis longtemps décidé de ne plus me laisser porter par la haine, de ne plus entrer dans leurs petits rapports de force, de ne plus être blessé par leur mesquinerie, eux s'avèrent ulcérés de mon indifférence et enragés de ma bonne fortune.

Lorsque la porte se referme dans mon dos, ce n'est pas seulement la liberté que je retrouve, c'est la médiocrité d'un univers kafkaïen que j'abandonne derrière moi.

Comment en suis-je venu à mener cette existence ? Comment ai-je échoué en prison ? Comment ai-je été condamné à mort ? Ces questions peuvent paraître saugrenues. La vie d'un homme, son destin, diront certains, sont souvent le fruit du hasard. Bien des gens, rencontrés dans mon existence, ont tenté de me convaincre du contraire, voire de m'expliquer, plus modestement, qu'à leurs yeux, le déroulement d'une vie s'effectuait sous le contrôle et la responsabilité de chaque individu. Chacun serait entièrement responsable de ce qu'il fait, des conséquences de ses actes et de leur issue. Il n'y aurait pas de destin, pas de hasard, pas de circonstances échappant à la volonté qui puissent expliquer qu'un homme vive une existence dont il ne serait pas entièrement responsable. À l'opposé, d'autres m'ont affirmé croire au destin, à la fatalité ou à la chance.

Je me positionne entre ces deux extrêmes, étant convaincu que l'homme doit s'efforcer de faire des choix de vie, après quoi il doit se battre pour les défendre, pour les concrétiser et pour faire qu'ils ne restent pas à l'état de rêves inassouvis ou d'envies contemplatives. Cependant, force est de constater que tout le monde ne peut pas être responsable à chaque instant du jour et de la nuit, chacun se laisse fatalement aller, par lassitude, besoin de décompresser et, dans ces moments-là, le destin apparaît, sous une forme ou sous une autre il s'impose, il frappe redoutablement ou comble magnanimement. De plus, même lorsque nous tentons de contrôler intégralement notre vie, nous efforçant de nous montrer responsables, sans offrir la moindre seconde de défaillance, nous nous heurtons aux autres, aux impondérables, à notre ignorance et à bien d'autres facteurs.

C'est ainsi que l'existence bascule parfois et précipite un homme dans une sente totalement inattendue ou même opposée à celle qu'il aurait suivie s'il avait réfléchi, s'il avait maîtrisé l'ensemble des paramètres qui conditionnent son avenir, s'il avait perçu l'issue vers laquelle il s'orientait. Il arrive que tout culbute en quelques secondes, un bref espace de temps qui bouleverse tout. Je pense à un garçon, rencontré en prison, qui aimait sans doute sa femme et l'avait surprise au lit avec un autre. Il était légèrement « stone », il prit un couteau et il poignarda les deux amants. Trois vies furent brisées, deux définitivement rompues, dramatiquement anéanties, et la sienne convertie en un long calvaire. S'il avait pu réfléchir, s'il avait un peu mieux disposé de ses capacités mentales, il aurait pu virer les deux indélicats du lit et de l'appartement ou mieux éclater de rire et encore plus cyniquement ou spirituellement leur servir le café au lit avant de partir définitivement en se disant que la vie lui apporterait autre chose. Non, pris par surprise, il eut un réflexe terrible, irréparable et définitif.

Cet exemple montre que la vie ne bascule pas seulement soudainement, bien sûr tout s'écroule dans ce court instant, mais le moment où tout s'effondre est généralement le fruit d'une longue rupture.

13

Dans ce cas précis, ce garçon abusait de stupéfiants. Il avait adopté un mode de vie qui, un jour ou l'autre, risquait de le placer dans cette situation ou dans une autre non moins pénible. Il y avait donc un certain temps déjà qu'il descendait vers l'abîme, qu'il marchait vers la souffrance et qu'il baignait même dedans.

Quand un homme entre-t-il en rupture avec lui-même ? Quand sa vie explose-t-elle ? Est-ce au moment où un acte devient irréparable ? Est-ce avant, lorsqu'il avance inexorablement vers la catastrophe ? La réponse est impossible à apporter. Ce garçon, évoqué quelques lignes plus haut, aurait pu continuer à recourir aux stupéfiants sans être confronté au spectacle de sa femme adultère, il aurait pu un jour trouver son équilibre ailleurs que dans la drogue et ne pas atteindre le seuil de rupture. Il lui aura donc fallu dériver, lentement, longuement, jusqu'au jour où un fait extérieur les auront précipités dans un gouffre sans fin, lui, sa femme et l'amant de celle-ci.

Quand donc ma vie a-t-elle chaviré ? Je me suis souvent posé cette question sans jamais parvenir à y répondre. La réponse est d'autant plus difficile à avancer que la mémoire se révèle parfois défaillante.

En novembre 1975, un soir, en rentrant chez moi, au domicile maternel, je trouvai une lettre de mon frère, Jean-Jacques, écrite le 10. Je l'ouvris et sentis le monde s'effondrer. Je lus : « *Philippe, je suis à Bourges, à la prison. Une sale histoire, je faisais du trafic avec des voitures. Cela va être un choc pour toi, mais je sais que tu prendras ça du bon côté. Il faut surtout éviter cette nouvelle à toute la famille, surtout pour Maman. Viens me voir le plus tôt possible.* » Il me demandait de récupérer des affaires chez lui et de les lui apporter. J'effectuais alors mon service militaire mais je disposais d'une certaine liberté, étant en permission de longue durée à la suite d'un accident de service. Au plus tôt, je me rendis chez Jean-Jacques et je choisis quelques vêtements, des cassettes de magnétophone, un lecteur de cassettes et des romans policiers. Ensuite, je pris le train pour Bourges, fort handicapé puisque je ne disposais que d'une main pour porter une énorme valise, la seconde main étant plâtrée.

La prison et l'institution judiciaire sont des mondes impressionnants et déroutants pour le néophyte. La prison de Bourges domine la capitale du Berry, sur une butte. Un malaise s'emparait de moi au fur et à mesure que je m'approchais d'elle. Devant la grande porte, intimidé et anéanti, je sonnais. Après une attente qui me parut extrêmement longue, un homme en uniforme m'ouvrit. À l'époque, l'univers carcéral demeurait dissimulé au monde et peu d'informations parvenaient dehors. Je ne m'étais jamais demandé qui gardait les prisons. Je découvris un uniforme que j'allais apprendre à haïr, bleu marine, avec une casquette et des étoiles argentées sur les revers du col de la veste et sur le devant de la casquette.

– Qu'est-ce que vous voulez ?

– Voir mon frère, Jean-Jacques Maurice.

– Il est ici ?

– Oui, je pense. La prison de Bourges, c'est bien ici ?

– Attendez.

La porte se referma devant moi. Au bout d'un moment qui me sembla fort long, elle s'ouvrit et laissa apparaître le même fonctionnaire qui me dit :

– Vous avez un permis de visite ?

– Non ? Je ne savais pas qu'il en fallait un.

– Il en faut, allez en chercher un et revenez.

– Où se le procure t-on ?

– Au palais de justice.

Je découvris ce qu'étaient un palais de justice et un juge d'instruction, et je commençai à m'initier aux arcanes de ces institutions, déambulant d'un bureau à l'autre, rencontrant toujours des gens peu affables et peu enclins à fournir des renseignements. Le juge me demanda qui j'étais et ce que je faisais dans la vie. Lorsque je lui dis que j'accomplissais mon service national dans les pompiers de Paris, il considéra avec surprise mes longs cheveux de blessé en convalescence. Il examina avec suspicion ma carte d'identité, puis il me délivra le sésame : le permis de visite. Je repris donc le chemin de la prison, tirant péniblement ma lourde valise. Au Bordiot (nom de la prison), j'agitai à nouveau la sonnette mais on m'informa que l'heure des visites était passée et que je devais revenir un autre jour. Je pus cependant déposer du linge de corps et des chaussettes, mais je dus repartir avec la quasi-totalité des affaires que je traînais depuis le matin. Une journée perdue sans pouvoir rencontrer mon frère, de l'argent vainement dépensé et un profond sentiment d'injustice face à cette administration sanctionnèrent mes débuts dans cet univers très particulier.

Je revins quelques jours plus tard, découvrant les parloirs. À l'époque, les visites se déroulaient dans des petites cabines. Visiteurs et prisonniers étaient séparés par un dispositif de cloisons en bois et de vitre hygiaphone. Jean-Jacques m'expliqua les raisons et les circonstances de son arrestation. Une de ses connaissances s'était fait arrêter en vendant un véhicule volé, maquillé et immatriculé avec les papiers d'une épave. Le garçon en question, du même âge que lui, déclara qu'il travaillait pour lui et accepta de lui tendre un piège à l'occasion d'un rendez-vous. Ce dernier fut fixé dans une cafétéria. Des policiers se mirent en planque et tombèrent sur mon frère au moment où celui-ci serrerait amicalement la main de son complice. Dans la réalité, mon frère et ce dernier avaient monté une petite escroquerie ensemble, mais le garçon en question était membre du SAC (Service d'action civique). Jean-Jacques et moi ignorions alors que le SAC était une organisation au service du parti gaulliste. Ses membres, en grande partie recrutés parmi les voyous et les flics, exécutaient les basses œuvres de l'UDR[1] ! En échange, les voyous en question bénéficiaient de protections officieuses et occultes. Aujourd'hui encore, parler du SAC est très difficile tant son action, ses faits et méfaits demeurent obscurs. Toujours est-il qu'en 1981, il fut dissous en qualité d'organisation criminelle, à la suite de l'assassinat d'une famille par plusieurs de ses membres.

Le complice de mon frère, laissé en liberté, lui devait cinq cents francs. Je me rendis donc chez lui, à Massy-Palaiseau, afin de les lui réclamer. Sa femme me dit qu'il n'était pas encore là. Je revins plus tard et découvris qu'il était là, mais qu'il refusait de m'ouvrir. J'insistai vainement et me résignai à partir. Je montai dans un bus arrêté au terminus de la ligne et j'attendais son départ lorsque plusieurs policiers surgirent dans le véhicule et s'emparèrent de moi devant le

---

1. L'année d'après, l'UDR fut remplacée par le RPR qui conserva le SAC à son service.

chauffeur médusé. Embarqué dans un « panier à salade », je fus conduit dans un commissariat et enfermé dans une cellule après que l'on m'eut délesté de mes papiers et objets personnels. Plusieurs heures passèrent, un inspecteur vint me parler, me demander pourquoi j'étais allé voir ce gars et ce que je faisais dans la vie. Je portais ma carte de pompier et il savait exactement qui j'étais. Je répliquai que c'était une honte d'arrêter quelqu'un d'honnête alors que ce type n'était même pas inquiété. Je fus relâché et me retrouvai dans la rue sans même savoir où j'étais. Je finis par retrouver mon chemin, allant à pied de Palaiseau à Châtenay-Malabry.

Je conservai le silence complet sur la situation de mon frère face à ma famille. En novembre, tout le monde se réunit pour l'anniversaire de mon cousin. Personne ne comprit véritablement que Jean-Jacques ne fût pas venu. Je biaisai. Le 20 novembre 1975, avant-veille des quarante-deux ans de ma mère, Jean-Jacques m'adressa un courrier avec des lettres pour notre mère et notre grand-mère afin de les rassurer et de leur faire croire qu'il allait bien. Il espérait obtenir une liberté provisoire et m'écrivait : « *Je rêve tous les soirs que je suis marié, que j'ai un travail sympa... mais je suis enfermé dans cette saloperie, plus je discute avec des gars qui ont agi avec violence, plus je me dis que je plongerai autant qu'eux, que la justice ignorera une liberté provisoire, ne me donnera aucune chance, alors que je suis arrivé au moment où j'hésite entre deux voies.* »

Pas de liberté provisoire, je fus blessé et je considérai injuste que mon frère fût incarcéré, alors que celui qui avait vendu une voiture volée demeurait libre. Bien sûr, je conçois que d'autres se seraient résignés et auraient trouvé normal que leur frère fût en prison. Pour moi, même si je vivais dans le respect de l'ordre et de la loi, je ne parvenais pas à accepter la prison comme une solution. Pourquoi mon frère demeurerait-il prisonnier alors que son complice était libre ?

Au parloir suivant, par gestes et avec l'aide de petits papiers couverts d'indications diverses, mon frère me fit comprendre qu'il voulait s'évader et il m'expliqua comment procéder. Cela me parut fort naturel. C'est là, sans doute, que ma vie commença à basculer, sans que je m'en rendisse véritablement compte. J'estimai pouvoir aider mon frère à s'évader sans qu'il y eût de conséquence pour moi et je considérai que c'était mieux pour sa vie.

Mon frère partageait sa cellule avec un garçon de son âge, assez génial. Ils obtinrent des lames de scie et coupèrent leurs barreaux. Je devais les attendre au pied du mur, pendant la nuit, ce que je fis. Le jour en question, couché dans l'herbe, à quelques mètres de la base des murailles du Bordiot, en compagnie d'un camarade, je patientai jusqu'au matin. Nous fûmes tous deux progressivement trempés par la rosée. Alors que le jour se levait, nous décidâmes de partir et d'attendre des nouvelles. Le surlendemain, cloué au lit par un refroidissement, je reçus la visite de mon ami d'enfance, Serge, qui m'apprit que mon frère s'était évadé la nuit suivante. Jean-Jacques l'avait rencontré et lui avait expliqué qu'ils n'avaient pas réussi à couper entièrement leurs barreaux dans les délais impartis. Toute la journée, ils avaient dû patienter, jouant de stratagèmes variés afin d'éviter que les matons ne viennent sonder leurs barreaux. Finalement, la nuit venue, ils avaient fabriqué une corde avec des draps, un grappin et un balai, puis ils avaient franchi le mur. Ensuite, ils avaient dérobé une voiture pour rejoindre Paris.

Je commençai à vivre comme dans un film, fixant des rendez-vous clandestins avec mon frère, prisonnier évadé. Je n'étais pas hors la loi puisque nul n'est légalement tenu de dénoncer son frère, mais j'éprouvais assez dangereusement quelque plaisir à défier la justice. Fort heureusement, mon frère emprunta de l'argent à plusieurs membres de la famille puis il partit s'établir en Belgique. Je repris ma vie tranquille, accordant la priorité à l'amour partagé avec ma fiancée, Claire. J'étais follement heureux d'aimer, je pensais que je vivrais toute ma vie avec Claire. Tout était merveilleux. Je ne savais pas que le bonheur est une chose fragile et éphémère, et qu'il convient de se battre pour le protéger.

À la fin de ma convalescence, je rejoignis la caserne et je découvris combien les militaires sont limités d'esprit et bornés. Ma plus stupéfiante surprise fut de remarquer que les pompiers de Paris, que je présumais pacifiques, apprenaient à tirer avec des pistolets-mitrailleurs et des fusils. J'avais demandé à servir dans cette unité pour rester à Paris et pour éviter d'être soumis aux impératifs et aux astreintes militaires. Je constatai donc que les soldats du feu s'entraînaient aussi à tuer.

Après un an de service, je retrouvai la vie civile. J'étais réformé définitivement et pensionné à dix pour cent à la suite d'une invalidité résultant d'une blessure reçue en service. Je pris le chemin de Bruxelles et je séjournai chez mon frère qui s'y était acheté un restaurant par le truchement d'un ami lui servant d'homme de paille. Je le trouvai heureux, épanoui, loin de tout souci, travaillant à refaire sa vie sur de meilleures bases.

Un mois plus tard, à la suite d'une descente de police, son ami, soumis à un interrogatoire, le dénonça. Une souricière fut mise en place et mon frère fut interpellé alors qu'il rentrait de France où il s'était clandestinement rendu afin d'aider un autre ami qui venait de s'évader de prison. Peu après, je fus informé de ce revers de fortune et je retournai à Bruxelles pour y rencontrer Jean-Jacques. Son ami, ou plutôt ancien ami, délateur, inculpé de recel de malfaiteur, demeurait libre et s'était quasiment approprié le restaurant, au moins les recettes journalières. Je dus à la fois mettre au pas cet indélicat et m'occuper de Jean-Jacques qui échafaudait de nouveaux projets d'évasion.

Cette fois-ci, ma famille maternelle fut informée des événements et je ne fus plus seul pour assumer les problèmes matériels afférant à de telles circonstances. Je pus compter sur le soutien moral et psychologique des miens. Ma mère se rendit aussi en Belgique pour voir Jean-Jacques, elle m'aida à payer mes propres déplacements et elle comprit mon désarroi. Il était bien entendu hors de question de lui expliquer ce que Jean-Jacques et moi préparions.

Lors d'une extraction, mon frère parvint à échapper à l'attention des gendarmes belges et se mit à courir le plus vite possible. Il fut rattrapé par un pandore et ramené sans trop de violences en prison. Là, il fut conduit dans un cachot et passé à tabac afin de le guérir de telles envies. Le lendemain, arrivant de France, ignorant tout des faits, je ne pus le rencontrer et je dus rentrer à Paris après avoir dépensé plus que nécessaire. Ce ne fut que quelques semaines plus tard que j'appris ce que ses geôliers lui avaient fait subir, clandestinement, en toute impunité. Alors commença à poindre en moi un sentiment dont j'ignorais encore tout : la haine, une douloureuse rage qui broie les entrailles et fait geindre.

19

Jean-Jacques et moi dressâmes un premier projet d'évasion qui ressemblait fort à celui de Bourges. Je me rendis au jugement de mon frère, au palais de justice. Je me précipitai sur lui, sous le regard médusé des gendarmes, et je l'embrassai tout en lui passant une lame de scie. Toutefois, il dut se débarrasser du précieux objet en arrivant à la prison, avant une fouille détaillée, parvenant à le jeter de justesse.

Je franchis un nouveau pas dans la marginalité. Mon frère était incarcéré au Forest, l'une des deux prisons bruxelloises. L'arrière de cet établissement était contigu à une maison de repos, ou de retraite, entourée d'un grand parc. Avec un ami, nous vînmes déposer deux échelles, dans ce parc, près d'un mur des chemins de ronde. Le lendemain, à une heure convenue avec Jean-Jacques, nous pénétrâmes à pied dans le parc, nous récupérâmes les échelles et nous nous introduisîmes à l'intérieur des chemins de ronde dans lesquels nous marchâmes jusqu'au côté droit de la prison. Là, nos visages dissimulés sous des masques représentant Georges Marchais, nous dressâmes une échelle le long du second mur donnant sur la cour de promenade où Jean-Jacques devait se trouver. Mon ami escalada les degrés de l'échelle et jeta de l'autre côté une échelle de corde. Il attendit et chercha vainement à repérer mon frère sans le voir. Nous abandonnâmes tout sur place pour permettre à d'autres détenus de profiter de l'aubaine, nous partîmes avec l'autre échelle rigide et nous prîmes la fuite.

L'opération avait été aisée puisque les surveillants des prisons belges ne portaient pas d'armes. Nous-mêmes n'avions pas eu besoin d'en prendre. Mais cela avait été l'échec total. Déconfits, tristes et las, nous retournâmes en France. Quelques jours plus tard, je partis voir mon frère et j'appris qu'il avait été transféré, le matin de notre tentative, à la prison de Saint-Gilles, face au Forest. Il y était placé sous haute surveillance. En fait, la veille du départ prévu, Jean-Jacques avait dit au revoir à un gars avec lequel il avait sympathisé. Il me semble aujourd'hui évident que ce gars était un mouton[2] au service de l'administration. Les prisonniers inexpérimentés commettent sou-

---

2. Il s'agit d'un indicateur, d'une balance, qui livre des renseignements à l'administration.

vent l'erreur de faire confiance à des types peu fiables. Ils apprennent ensuite à être plus prudents. Jean-Jacques était trop loyal pour imaginer si aisément la trahison dont il avait pourtant déjà été victime à deux reprises, avec des amis impliqués dans ses affaires.

Jean-Jacques fut condamné pour détention de faux papiers, la peine était légère mais elle conférait à la France le temps nécessaire pour demander son extradition. Il apprit que les prisonniers extradés étaient livrés, à Maubeuge, aux gendarmes français, et qu'ils étaient acheminés en voiture de la gendarmerie jusqu'à la gare, puis en train jusqu'à Paris. Il me demanda d'attaquer les gendarmes, qui étaient en principe deux, à la gare de Maubeuge.

Je commençais à jouer gros. C'était en 1976, sous le septennat de Giscard, règne d'une droite dure, époque de profonde injustice sociale, tandis que le chômage allait croissant. Je vivais alors avec ma fiancée, dans une HLM de Villeneuve-la-Garenne. Je n'avais pas de travail, j'avais contracté des dettes auprès de ma tante afin de payer la caution de l'appartement et je ne parvenais pas à lui rendre cette somme. J'entretenais des relations avec un certain nombre d'amis affiliés à ce que les journalistes et la justice appelaient « le milieu ». Je menais une existence double, partagée entre Claire, que j'aimais avec passion, et mon F 3 de HLM, d'un côté, les bars à voyous et les projets d'évasion de l'autre. Pour cela, il fallait voler des voitures, avoir de l'argent, des fausses plaques et des faux papiers. La plupart de mes amis étaient en rupture de ban, évadés de prison, condamnés à mort par contumace [3], les moins inquiétés étaient tricards [4]. Les armes circulaient devant moi. Je vivais donc comme dans les films de gangsters. C'était à la fois la réalité et une sorte de fiction. Était-ce le film qui devenait réalité ou la réalité qui devenait fiction ? Une chose est certaine : on ne participe pas à des projets d'évasion en menant une vie normale.

_____

3. Lors d'un jugement par contumace, le prévenu est systématiquement condamné à la peine maximale encourue. Les condamnés à mort par contumace étaient donc nombreux.
4. Le tricard, ou interdit de séjour, était sous le coup d'une interdiction de séjour l'empêchant de vivre à Paris, et dans d'autres localités, et l'obligeant à se présenter à date fixe dans le commissariat de son lieu de résidence afin d'y faire viser son carnet de trique. Ceux que je connaissais se plaçaient en infraction pour venir à Paris.

Je me procurai un colt 11,43 et un fusil à canon scié, pas très conscient des conséquences, et je partis pour Maubeuge avec Serge. Nous laissâmes une voiture relais dans la ville la plus proche et nous nous mîmes en planque sur le parking de la gare. Heureusement pour nous tous, rien ne se passa comme prévu. Jean-Jacques partit directement en train de Bruxelles pour Paris, puis de là pour Bourges, alors que Serge et moi rentrions bredouilles.

Ces tentatives m'avaient progressivement placé en marge de la société sans que je constate réellement de rupture. J'étais sans travail, je vivais avec ma fiancée et j'aurais été heureux si mon frère n'avait pas été en prison. La journée, je fréquentais les bars, je promenais ma chienne dans les bois et je visitais des musées. N'ayant pas de permis de conduire, je m'étais procuré un faux permis et une voiture avec de faux papiers. Jean-Jacques avait rejoint sa cellule à Bourges où je me rendais périodiquement.

Un soir, Serge passa me voir et me demanda si j'acceptais de le conduire jusqu'à Châtenay-Malabry afin qu'il aille y subtiliser une Porsche Carrera qu'il avait repérée. J'acceptai et nous montâmes tous les deux dans une fourgonnette avec laquelle il était venu jusqu'à Villeneuve-la-Garenne. Serge déroba la Porsche et nous partîmes vers Vélizy afin de faire le plein d'essence. Le hasard fut contre nous. Alors que Serge payait le pompiste, deux policiers entrèrent dans la boutique et demandèrent les papiers de Serge. Celui-ci sortit avec eux jusqu'à la voiture, mais il ne put évidemment pas les produire. Les flics ayant observé que les deux pleins des réservoirs avaient été payés par Serge, l'un d'eux s'empara de celui-ci pendant que le second se dirigeait vers moi, arme à la main, et me demandait les papiers de la fourgonnette. Cette dernière étant également volée, je pris la fuite. Alors que je quittais brusquement l'aire de la station-service à bord du véhicule, des coups de feu résonnèrent et je reçus ce que je crus être un projectile dans la tempe. Je ne m'arrêtai pas et, plus loin, je pus constater qu'un simple éclat de verre du pare-brise m'avait atteint. J'abandonnai la fourgonnette aux portes de Paris et je pris un taxi afin de rentrer à Villeneuve. J'y passai une nuit pénible, bien que je fusse convaincu que Serge ne me dénoncerait pas.

Serge était arrêté et je venais, pour la première fois de ma vie, de me faire tirer dessus. Je n'avais pas d'arme, je m'étais simplement contenté de prendre la fuite, et cela avait suffi pour que des flics tentent de me tuer en visant à hauteur de la tête. Tout cela n'était plus vraiment un jeu mais j'étais déjà allé trop loin pour repartir en arrière tout seul. Ma mère et ma tante qui avaient compris que je m'engageais dans un chemin tortueux essayèrent vainement de me convaincre d'en changer. Je n'étais pas encore véritablement un marginal, mais déjà le mépris montait en moi pour les forces de répression de l'État.

Si j'avais reçu une culture politique, une culture communiste, voire anarchiste, peut-être aurais-je alors pu me plonger dans un combat qui aurait satisfait la révolte qui surgissait en moi. Souvent, avec Serge, lorsque nous étions collégiens, nous avions parlé de la vie. Nous étions alors convaincus que nous ne pourrions jamais sortir des banlieues grisâtres et de la misère. Ces derniers temps, nous étions convenus que deux voies s'offraient à nous : travailler à l'usine ou vivre hors la loi. Dans ma tête, je crois que j'envisageais cette aventure aux marges de la société comme un état provisoire. Le temps de permettre à mon frère de retrouver la liberté, je vivais au-dessus de « mon rang », avec de belles voitures et une certaine aisance. De plus, Serge était en prison et je lui devais de l'argent que je lui avais emprunté pour aider Jean-Jacques.

J'appris qu'il y avait les « caves », ceux qui « prenaient la musette pour aller à l'usine », et les autres, nous, les affranchis. J'étais donc devenu un affranchi, comme dans les films. J'y croyais, comme d'autres. La vie me montrera que tous les milieux ont ainsi la délirante capacité de se créer une supériorité par rapport aux autres en fonction d'arguments plus ou moins oiseux. Je découvris des règles où l'apparence comptait largement plus que la sincérité. Je fis la connaissance de prostituées et je découvris les boîtes de strip-tease. J'étais le petit frère d'un gars qui s'était évadé de prison et on me faisait confiance. J'avais l'impression d'être dans un monde magique, bien merveilleux comparé aux HLM des banlieues.

Un jour, on me demanda d'assurer la logistique extérieure pour deux prisonniers qui devaient s'évader d'une prison de la région parisienne. La veille de l'événement, je conduisis une voiture près des murs, sur un boulevard. Malheureusement, les gars en question échouèrent. Malgré ces échecs, j'avais acquis la certitude que les prisons étaient faites pour que l'on s'en échappe, que le devoir d'un prisonnier était de s'évader et que celui de ses proches était de l'aider à y parvenir. Mon raisonnement découlait de l'expérience que j'avais acquise auprès des garçons en cavale que je fréquentais.

Parfois, j'en avais assez car je rêvais aussi d'une vie tranquille avec celle que j'aimais plus que tout. Mais il fallait maintenant affronter la situation telle qu'elle était. Tout d'abord, il convenait de réunir des fonds, pour rembourser mes dettes, pour aider Jean-Jacques et Serge, et pour orienter mon existence autrement. Pour vivre au quotidien, je fis l'acquisition de chéquiers volés pour lesquels je me fis fabriquer des jeux de papiers d'identité. Ensuite, pour obtenir des liquidités, je me procurai quinze mille francs en faux billets de cinq cents et de cent francs.

C'est à ce moment précis que Serge sortit en liberté provisoire. Nous décidâmes de passer une semaine dans le Midi, à Montpellier, où Serge louait un studio qu'il avait décidé de restituer au propriétaire. Nous partîmes chacun avec notre fiancée, lui en Peugeot 504, moi en 604. J'emmenai ma chienne, un berger allemand nommé Maïa, et lui ses deux bergers allemands. À Montpellier nous menâmes une vie de bourgeois, descendant dans un hôtel trois étoiles, mangeant dans d'excellents restaurants, faisant du cheval. Tout cela étant payé en chèques tintins et en faux talbins [5]. L'insouciance la plus parfaite nous animait. La fiancée de Serge s'était également inscrite dans la marginalité, carburant aux chèques, alors que je tenais la mienne en dehors de tout cela, enfin presque, puisqu'elle voyait bien que nous vivions au-dessus de nos moyens. Claire était fonctionnaire, travaillant à la météorologie nationale, et je souhaitais la préserver le plus possible. Elle n'aurait sans doute jamais voulu commettre d'actes répréhensibles mais elle m'aimait et, dans ces cas-là, les amoureux risquent de se suivre et d'échouer promptement sur les mêmes écueils. L'amour offre généralement cette garantie : on est prêt à tout faire pour l'être aimé, mais celui qui vous aime fera tout pour vous empêcher de s'enfoncer avec lui.

---

5. Chèques volés et faux billets.

Au bout de quelques jours nous remontâmes vers l'Auvergne, nous arrêtant une nuit à Millau. Le matin suivant, nous prîmes tous les quatre ma voiture afin d'acheter de la viande pour les chiens. Serge conduisit. Il acheta de la viande mais son billet passa mal. Il ne me dit rien alors que je lui demandais de faire le plein d'essence et il paya le pompiste avec un faux pascal qui fut refusé. Je lui donnai des vrais billets pour régler au moment où la bouchère survint en criant qu'elle avait reçu un faux billet. Serge était encore sous le choc de son incarcération et il partit sans chercher à expliquer qu'il y avait confusion. Nous rentrâmes à l'hôtel afin de récupérer la voiture de Serge puis nous prîmes la route.

Sur le chemin, Serge s'arrêta pour prendre de l'essence, sans que je ne m'en rendisse compte, et nous nous perdîmes de vue. La matinée, mal amorcée, inaugurait une terrible journée. Ce 4 mai 1977, mon monde allait basculer, ma vie allait définitivement changer. Il ne me restait plus que quelques heures à vivre auprès de celle que j'aimais, à vivre comme un gosse, et je l'ignorais encore.

# CHAPITRE II

## LA CHUTE

En ce 4 mai 1977, jour du vingt-quatrième anniversaire de mon frère, l'Aveyron et la Lozère étaient sous la neige. Un manteau blanc de quelques dizaines de centimètres recouvrait la campagne. Je venais de forcer un premier contrôle de gendarmerie et je tentais d'emprunter un chemin discret dans cette région que je ne connaissais pas. En début d'après-midi, j'atteignis Saint-Geniez-d'Olt et m'arrêtai en apercevant un barrage mis en place par les gendarmes. Je fis demi-tour à une centaine de mètres devant les pandores qui s'agitèrent en tous sens. Je m'éloignai, distançant, avec la 604, une vieille 4 L poussive, puis je découvris, à un ou deux kilomètres de là, un étroit chemin forestier dans lequel je m'engouffrai. Ma fiancée et moi nous éloignâmes alors, à pied, traversant un ruau glacé et escaladant une petite colline avant de nous embusquer derrière des arbrisseaux. Nous étions gelés et je frictionnai les pieds de Claire, trempés, tant pour les essuyer que pour accélérer la circulation sanguine. Ma chienne nous avait suivis. Au bout de plusieurs heures, frigorifiés, nous redescendîmes de notre perchoir, nous rejoignîmes la voiture et nous nous y installâmes en allumant le chauffage. Les pandores, comme je le pensais, n'avaient pas estimé possible que nous puissions prendre un tel sentier avec un si large véhicule.

L'attente fut épuisante, infernale et désespérante. J'eus alors la faiblesse de céder à l'impatience, estimant que les barrages avaient été levés, tellement mon affaire était banale. Elle l'était bien, banale, si l'on se plaçait au regard de la délinquance parisienne : des gosses écoulant un peu de fausse monnaie ! Elle ne l'était pas dans un département comme l'Aveyron. Toute la maréchaussée de la contrée et celle de la Lozère limitrophe étaient en état d'alerte et demeuraient à leur poste, ce que je ne pouvais imaginer.

Claire et moi repartîmes. Sur la route, je m'arrêtai pour tenter de me repérer et pour chercher, vainement, un autre itinéraire. Une 4 L de gendarmes surgit alors derrière nous, m'obligeant à reprendre le même trajet que le matin, me précipitant ainsi sur le barrage devant lequel j'avais fait demi-tour. Je dis alors à Claire :

– Pour moi, c'est fini, je vais être arrêté.

Ayant semé la 4 L, j'en profitai pour jeter par la fenêtre de la voiture une sacoche dans laquelle se trouvaient mes faux billets et mes faux papiers, après quoi je me débarrassai, de la même façon, d'un revolver, 38 mm, que je conservais dans la voiture. Au bout de quelques minutes, trop rapidement passées, le barrage de Saint-Geniez-d'Olt apparut brusquement devant nous.

– Baisse-toi le plus possible, ordonnai-je à Claire.

Je pense avoir également ajouté que je l'aimais, sachant que nous risquions fort de ne plus pouvoir nous parler avant longtemps. Je tentai notre dernier va-tout : passer l'obstacle en force. J'étais totalement inconscient. Claire aussi ! En fait, nous étions deux gosses de vingt et de dix-huit ans, pris de panique, détachés de la réalité, « placés sur orbite » dans une autre dimension. Je calculai la trajectoire de la voiture, en ligne droite, puis je m'enfonçai également, jusqu'à disparaître de la vue des gendarmes. Nous entendîmes un choc sourd, celui des pneus éclatant sur la herse tendue au travers de la route, mais je maintins la vitesse tout en me relevant. Nous étions passés. Nous traversâmes la petite ville à bonne allure, ralentis par les pneus crevés, ayant toutefois la chance que le train avant ait entièrement arraché la herse, protégeant complètement les roues arrière. Nous pûmes ainsi quitter Saint-Geniez-d'Olt et nous cheminâmes à nouveau en rase campagne. Cependant, derrière nous, la chasse à courre s'était organisée et plusieurs véhicules bleus nous suivaient, sirènes hurlantes et gyrophares allumés. Dans un virage, la 604 fut déportée sur la gauche et bloquée par une autre voiture qui me contraignit involontairement à m'arrêter. Ce fut suffisant pour permettre aux gendarmes de nous rattraper, de sauter de leurs fourgonnettes et de nous entourer. Tout autour de la Peugeot, les uniformes bleus étaient disposés, bras tendus vers nous, armes aux poings prêtes à cracher la mort.

– Ne bouge plus, laisse tes mains en place, ne fais pas le moindre mouvement ! dis-je à Claire.

Moi-même, je demeurai immobile. Ma vitre étant baissée, je dis au gendarme qui se trouvait à deux pas de moi, à un mètre environ :

– Je vais couper le contact.

Je n'esquissai pas un geste. Le gendarme en question restait silencieux, sa main tremblait. Il semblait paniqué, au bord d'ouvrir le feu, sans en avoir envie, par affolement et inquiétude. Sans doute n'avait-il jamais procédé à une arrestation mouvementée. Ce fut le moment choisi par Maïa pour se dresser sur le siège arrière en retroussant les babines, en dévoilant ses crocs et en grognant. Le gendarme tourna rapidement son pistolet vers elle, le doigt crispé sur la détente.

– Ne tirez pas, elle n'est pas méchante ! m'exclamai-je. Je vais couper le contact, ajoutai-je afin de ramener mon interlocuteur au calme. Je dus répéter cette petite phrase à plusieurs reprises jusqu'au moment où le gendarme ordonna :

– Coupez le contact et ne bougez plus.

J'obéis promptement et j'éprouvai un certain soulagement, car le gendarme sortit en même temps de l'état second dans lequel il était plongé. Je fus arraché de la voiture par plusieurs gendarmes qui m'agitèrent comme un pommier et procédèrent à une fouille rapide tout en me molestant modérément. Je ne pensai plus qu'à une chose : le sort de Claire. Je me tournai vers elle et vit qu'elle était tenue par un gendarme.

– Laissez-la, elle n'a rien à voir là-dedans ! explosai-je.

– Laissez-le, ne lui faites pas de mal ! cria Claire de son côté.

Nous avions tous les deux réagi de la même façon, nous inquiétant plus pour l'autre que pour nous-mêmes. L'amour est ainsi, la douleur de l'autre ou les risques qu'il encourt vous inquiètent plus que vos propres maux. Un journaliste qui avait observé les manœuvres de la gendarmerie aveyronnaise «planquait» sur place et prit une photographie représentant cet instant précis.

Nous fûmes emmenés à la gendarmerie. Là, un officier s'amusa un moment avec moi. Il me colla des coups de pied et de genou dans les jambes et s'excusa en proclamant :

– Ah, excuse-moi, cela part tout seul, je n'y peux rien.

Puis il récidiva.

Pour moi, la vie s'arrêtait. Je considérais qu'être interpellé revenait à mourir. Mais une chose primait dans ma tête, Claire continuerait à vivre. Ce n'est que par la suite que je compris combien nous avions eu de la chance. En effet, lorsque je m'étais précipité sur le barrage, les gendarmes auraient pu ouvrir le feu. Pourquoi ne le firent-ils pas ? Deux hypothèses s'avèrent plausibles. La première se fonderait sur l'humanité des hommes que dissimule l'uniforme. Ils savaient avoir affaire à des gosses et n'avaient pas envie de les tuer. La seconde, plus pratique, résulterait du contexte et de la topographie des environs. Le barrage était dressé sur une route étroite bordée, d'un côté, d'un haut mur et, de l'autre, d'une maison qui, tous deux, empêchaient les gendarmes de se réfugier en quelque endroit que ce fût. S'ils avaient tiré sur nous lorsque la voiture avait abordé le barrage, ils auraient été susceptibles de me tuer, provoquant une perte de contrôle de la voiture qui, percutant un des murs, voire les deux, aurait pu les écraser. En ne tirant pas, ils s'étaient eux-mêmes protégés d'un heurt. Une fois l'obstacle passé, nous étions dans une voiture dont les pneus étaient crevés et ils étaient certains de nous rattraper. Gendarmes humains ou prudents, le résultat fut le même.

Nous fûmes ensuite ramenés à Millau et placés en garde à vue. De son côté, Serge et sa compagne avaient suivi une autre route et s'étaient immobilisés dans une forêt lozérienne. Les gendarmes de cette région opérèrent un grand ratissage, sur les routes et dans les bois. Ils les découvrirent, procédèrent à leur arrestation et les rapatrièrent à Millau.

Hasard ou destinée, notre arrestation avait eu lieu à quelques kilomètres de Chirac, une petite ville de Lozère d'où mes ancêtres étaient originaires. Bien sûr, je ne crois pas véritablement en la seconde, aussi dirai-je qu'il s'agit tout au plus d'une coïncidence. L'un des mes trisaïeuls, Régis Pelamourgue, avait quitté cette localité pour s'installer à Paris au XIX<sup>e</sup> siècle. Ce Régis, catholique pratiquant, travailla à l'Institut catholique de Paris. Il fut incorporé dans la Garde nationale en mars 1870, puis il s'évada de Paris en avril 1871, ce qui lui valut d'être arrêté comme déserteur en 1872. À la même époque, un autre de mes trisaïeuls, Jean Meyer, fut fusillé par les Versaillais lors de la répression qui s'abattit sur les Parisiens insurgés. C'est ainsi, les hommes font des choix et en paient chèrement les conséquences. Ces choix sont-ils bons ou mauvais ? Je me suis souvent demandé, ces dernières années, comment faire le bon choix. J'ai tout d'abord réalisé qu'il existait des choix véritables et des non-choix. Ensuite, je me suis aperçu qu'il n'y avait pas de bons ou de mauvais partis dans la mesure où les influences extérieures sont si nombreuses à peser sur le déroulement des événements, et parfois si inattendues et imprévisibles, que le meilleur des choix apparents peut conduire à une catastrophe alors qu'un mauvais choix présumé est susceptible d'aboutir à des effets positifs. L'essentiel est donc de prendre une décision en recherchant ce que cette dernière peut avoir de juste tant par rapport à soi qu'en relation avec les tiers. Dès lors, qu'importe le résultat si l'on cherche à atteindre le but le plus juste.

Au début de la garde à vue, des gendarmes me dirent :

– Tu vas voir quand le SRPJ de Montpellier arrivera, ce sera autre chose qu'avec nous.

– Bah, ce n'est pas grave, ce sont d'anciens collègues de mon père ! répondis-je par bravade.

En effet, mon père, officier de police divisionnaire, avait travaillé dans ce service, dans cette ville. J'avais moi-même rencontré plusieurs de ses collègues. Or, la Lozère ressortissait de leur juridiction. Ma petite provocation allait avoir une portée à laquelle je n'avais pas même songé. J'avais véritablement répondu par colère et non par calcul. Quelques heures plus tard, j'étais appelé par ces flics de la Brigade financière qui m'interrogèrent en me posant des questions fort personnelles sur ma famille. Ils se concertèrent, puis l'un d'eux me dit :

– Tu ne me reconnais pas ?

– Non...

– J'habitais près de chez vous et nous nous sommes autrefois parlé.

31

C'est alors que je reconnus ce gars rencontré cinq ou six ans auparavant. Cela créa une situation étrange. Nous nous étions connus dans un contexte presque amical et nous nous retrouvions dans une relation conflictuelle. Mon père, prévenu par ses collègues, survint à Millau, pensant tout d'abord voir mon frère, supposant que ce dernier s'était évadé. Il fut surpris, ne s'attendant apparemment pas à ce que son second fils fût impliqué dans une telle histoire. Là aussi, le climat fut étrange, car je ne pouvais pas placer ma confiance en cet homme, mon père, dans lequel je voyais avant tout un flic, un adversaire.

Le premier soir, Serge et moi fûmes transférés dans une autre gendarmerie, faute de cachots en nombre suffisant dans les caves de celle de Millau. Nous réussîmes à nous parler, grâce à un trou dans le mur séparant les deux cellules, et à nous serrer chaleureusement la main. Ce fut donc ma première nuit d'enfermement. Assez curieusement, les deux jours que les suspects passent dans ces prisons non officielles ne sont pas décomptés dans l'exécution de la peine. Il faisait froid et le vent s'engouffrait par quelques interstices. Le lit consistait en une dalle de pierre gelée et nous ne bénéficiions que d'un morceau de couverture sale et puant. C'était le début d'un cauchemar, une plongée dans un monde insoutenable. Le matin, toute toilette fut interdite et j'abordai la suite de la garde à vue en éprouvant la désagréable sensation d'être une bête, un animal ou un sous-homme.

Les deux jours passés chez nos « hôtes » se déroulèrent ensuite correctement. Les interrogatoires s'enchaînèrent calmement. Seul un des flics du SRPJ fit montre d'un caractère paranoïaque. Alors qu'une plaque de poêle à charbon tombait bruyamment au sol, ce type, assis derrière un bureau, face à moi, se livra à un manège absurde. Il rejeta sa chaise en arrière, plia le genou à terre, « défourailla son calibre » et le braqua sur moi. Je demeurai inerte, médusé et surpris. Lui fut ridicule, grotesque et burlesque à la fois. Ce même flic avait tenté, à un moment donné, de me faire dire que les faux billets m'avaient été fournis par mon père !

J'eus la malchance que les gendarmes retrouvent ma sacoche et mon arme sur le bas-côté de la route. Serge et moi nous étions accordés pour que je déclare lui avoir remis les faux billets qu'il avait utilisés. Nous partions du principe qu'il était inutile que nous soyons tous les deux condamnés à une peine élevée, or j'étais le plus « accroché » des deux.

Mon père quitta Millau et, je l'ignorais, mais nous allions demeurer vingt ans, à un mois près, sans nous voir. Même s'il n'existait aucun conflit, nulle rancœur entre nous, nos chemins étaient devenus trop différents. Déjà, lorsque j'avais commencé à mener une vie particulière, marginale, j'avais décidé de ne plus chercher à le voir. Lui vivait en province, à Tours, et moi à Paris, ma ville natale, et je me voyais mal répondre à ses questions sur mes activités et sur mon mode d'existence. Par la suite, nos parcours se situèrent en totale opposition. Nous étions placés dans des camps adverses, mes amis étaient ses ennemis et ses amis, mes ennemis. Je n'aurais jamais pu lui faire confiance et lui n'aurait jamais pu accepter mon quotidien. Tout, dès lors, nous opposait dans nos choix, nos options, nos relations, nos idées et nos objectifs. Il fallait donc consommer la rupture.

Claire, Serge, son amie et moi fûmes ensuite déférés devant un juge d'instruction qui eut l'intelligence et le bon sens de libérer Claire, à titre provisoire. Serge et moi fûmes placés sous mandat de dépôt à la maison d'arrêt de Rodez et l'amie de Serge à celle de Montpellier puisque les prisons de femmes sont peu nombreuses.

Serge et moi fûmes conduits en fourgon jusqu'à Rodez où nous arrivâmes assez tard. Je n'avais pas pu embrasser Claire, les gendarmes s'y opposant. Tout juste avais-je pu l'apercevoir sur le trottoir, alors que nous partions. Le personnel de nuit de la maison d'arrêt était en service. Un type en blouse blanche me reçut après le départ des pandores. Il me demanda mon nom, me fit vider mes poches, puis il me conduisit dans un coin de la pièce et me demanda de me déshabiller entièrement. Je fus interloqué, mais je le pris pour un médecin. Je compris ensuite qu'il s'agissait d'un gardien. Je venais ainsi de faire connaissance avec l'autre côté des murs, mais j'étais trop démoralisé, abattu et désorienté, pour éprouver de la révolte. J'étais fatigué, vidé, déprimé et anéanti. J'avais vingt et un ans.

Je fus conduit dans une cellule d'isolement, n'ayant que mes vêtements, une cartouche de cigarettes et quelques allumettes. On me donna une assiette, une fourchette, une cuiller à soupe et un infâme brouet. Je n'eus pas la force de manger ce dernier, non en raison de son goût, mais plus simplement faute de ressort et d'envie de vivre. Je ressentais l'immense envie de mourir et je suis alors resté plusieurs heures, toute la nuit sans doute, à me demander comment mourir. Je pensais à m'arracher les veines avec la fourchette, mais c'est là un procédé difficile à mettre en action. Bien que non-fumeur, je me mis à fumer la cartouche que Serge m'avait laissée, cigarette sur cigarette. La première nuit en prison, pour un prévenu primaire, est sans doute la pire à vivre. C'est le moment où les suicidaires risquent véritablement de se tuer. L'administration pénitentiaire le sait, les juges aussi, mais tous s'en moquent, considérant que celui qui se suicide a lui-même choisi d'en finir. Ils savent mais ils ne font rien, n'en éprouvent aucune gêne et n'en supportent aucune responsabilité en cas de drame. Les statistiques officielles sont connues et la prison présente l'un des plus forts taux de suicide par rapport au reste de la population.

Je survécus donc à cette première nuit, résigné à l'idée que Claire aurait autre chose à faire que de m'attendre pendant plusieurs mois. J'avais accepté de la perdre et je m'étais résigné à cette vie différente que j'allais devoir mener. Je pensais maintenant à une chose : m'évader. Le matin, on m'apporta ce que l'administration appelait du café : j'apprendrais plus tard qu'il s'agissait d'orge grillée que les cuisiniers faisaient bouillir dans de l'eau. Malgré le froid, à peine avais-je bu ce répugnant breuvage que je le recrachai, incapable de l'ingurgiter. Un peu plus tard, des pas résonnèrent dans la coursive. Plusieurs personnes passaient et je compris que c'étaient d'autres détenus. Enfin, des gardiens vinrent me chercher et me guidèrent jusqu'à un chauffoir.

La prison de Rodez hébergeait une quarantaine de prisonniers. Comme beaucoup de petites maisons d'arrêt d'alors, elle se constituait de dortoirs et de chauffoirs. Les détenus étaient enfermés dans des dortoirs, par dizaine, de dix-neuf heures environ jusqu'à huit heures. Le reste de la journée, ils attendaient dans une grande pièce, par groupe de vingt. Là, ils disposaient de placards pour y mettre leurs affaires, d'un lavabo, d'un water-closet, de tables, de bancs et d'un poêle à charbon. Il leur revenait de s'accommoder de cette promiscuité et de s'occuper comme ils l'entendaient. Je fis connaissance avec mes codétenus. À part un Parisien incarcéré depuis deux ans à la suite d'un trafic de tableaux volés et de deux jeunes Montpelliérains qui avaient volé une voiture, les autres habitaient tous l'Aveyron. Notre affaire, à Serge et à moi, était considérée comme la plus importante, ou du moins la plus remarquable, relevant du banditisme. Je découvris là des affaires sordides, tels le viol d'une handicapée moteur par son oncle, le viol d'une gamine par un quinquagénaire malingre, ainsi que des affaires «sentant la ruralité», telle celle d'un paysan condamné pour avoir mis de l'eau dans son lait. Parmi ces histoires de terroir, l'une des plus surprenantes concernait le meurtre d'un cultivateur par son cousin. Ce dernier se défendait avec une stupéfiante sincérité en expliquant qu'il avait tué par erreur. En effet, un de ses cousins lui avait volé sa moissonneuse et il était parti se venger, toutefois il s'était trompé de cousin et avait tué le mauvais. Meilleure preuve de sa bonne foi, il proclamait qu'il tuerait le véritable coupable à sa sortie. Il fut finalement condamné à une peine de moins de cinq ans de prison.

De cette première journée, trois souvenirs seulement restent présents à mon esprit. Le verre de Ricoré que m'offrirent les deux Montpelliérains et la lettre que j'écrivis à Claire afin de lui dire que je comprendrais qu'elle me laissât tomber. Quelques jours plus tard, je fus rassuré en recevant une lettre de Claire qui me répondait qu'elle m'attendrait. Je la crus et il est certain qu'elle était sincère, malheureusement. Enfin, le souvenir pénible fut la désagréable découverte du dortoir : une dizaine de gars, enfermés ensemble, avec des waters communs, déféquant ainsi les uns devant les autres. La nuit, celui qui se levait pour aller à la selle réveillait tout le monde par les bruits de gaz et dispensait une odeur nauséeuse qui contraignait chacun à se plonger sous les draps. À cela, il convient d'ajouter les bruits plus acceptables : ronflements, gémissements et cris occasionnés par un cauchemar ou par quelques autres incommodités.

Le Parisien avait tenté de s'évader quelques mois auparavant. Son complice avait réussi la belle, lui était retombé à l'intérieur des chemins de ronde. Blessé, il avait été repris, au petit matin, par les gardiens qui l'avaient méticuleusement et durement passé à tabac, tant pour lui apprendre à ne pas recommencer que pour servir d'exemple.

Cela ne me découragea pas. Serge et moi parvenions à communiquer par les fenêtres de nos dortoirs, mais cela manquait de discrétion. Apprenant qu'il était possible d'aller à l'école, nous décidâmes de nous y rendre afin de nous y retrouver. La salle de classe était animée par un instituteur qui venait surtout faire la « causette » avec des détenus qui souhaitaient essentiellement se changer les idées.

Serge et moi nous inscrivîmes à la messe. En effet, en prison, trois activités sont susceptibles de permettre à des prisonniers placés dans des quartiers différents de se retrouver : l'école, la messe et le cinéma hebdomadaire lorsque des projections sont organisées. Dans le fourgon qui nous avait conduits à Rodez, nous étions convenus de nous déclarer israélites afin de relever du même service religieux. En effet, Serge était juif et il m'avait expliqué qu'il ne pouvait, face à ses parents, s'inscrire comme chrétien. Il aurait ainsi semblé renier une religion portant en elle les marques de la Shoah. Je l'avais compris. Toutefois, cela présenta un autre inconvénient puisqu'il n'y avait pas de service israélite à Rodez. Au bout de plusieurs semaines, le prêtre s'aperçut que nous étions juifs. Il nous interdit alors de présence à la chapelle. Je demandai à le rencontrer. Il me reçut.

– Pourquoi nous interdisez-vous l'accès au culte ? lui demandai-je après les formules de politesse d'usage.

– Parce que vous êtes juifs !

– Soit ! Mais nous souhaitons nous recueillir et la chapelle offre une grande capacité de recueillement. Je ne pense pas que cela vous gêne et nous n'avons pas d'autres moyens de nous retrouver.

– Vous savez, les juifs n'ont jamais pu venir s'établir ici, dans cette région, et nous ne les laisserons jamais venir, fut la réponse de cet homme de Dieu.

Je ne croyais plus en Dieu mais j'avais reçu tout l'enseignement catholique et je savais que de tels propos étaient contraires à la religion dans laquelle j'avais été élevé. Je fus offusqué et j'eus honte à l'idée qu'un prêtre puisse dire cela. Je crois que c'est cette honte qui me remplit de colère. J'eus envie d'écrire à l'évêque de Rodez mais j'y renonçai sur les conseils de Serge.

Au début de la République, après la Révolution, un couvent ruthène avait été transformé en prison. Cette pratique avait été généralisée [6] et, à la fin des années soixante-dix, beaucoup d'établissements pénitentiaires étaient implantés dans d'anciens bâtiments monastiques, telle la maison centrale de Clairvaux abritée dans la célèbre abbaye. Le personnel de Rodez gérait encore les lieux en vertu de règlements antérieurs aux réformes édictées en 1974, à la suite des révoltes qui avaient ébranlé les prisons. En effet, en 1973, les détenus de la plupart des prisons de France s'étaient mutinés, incendiant plusieurs établissements, obligeant le pouvoir à lever le couvercle de ce que de Gaulle nommait outrageusement les poubelles de la France. En même temps, pour la première fois depuis la Libération, des informations étaient sorties de derrière les hauts murs gris de la honte. Sur les instances d'Hélène Dorlhac, secrétaire d'État à la condition pénitentiaire (de 1974 à 1976), le ministère de la Justice avait alors pris quelques mesures [7], parmi lesquelles l'augmentation des rations alimentaires. À Rodez, ces dernières restaient égales à celles prescrites avant les réformes, soit trente grammes de viande par jour. Nous mangions donc de la viande deux à trois fois par semaine et, le reste du temps, nos assiettes se remplissaient presque exclusivement de pommes et de pommes de terre. Une telle gestion n'avait rien d'exceptionnel et, aujourd'hui encore, les petites maisons d'arrêt sont toujours les dernières à appliquer les réformes. Le gouvernement peut toujours proposer des textes de lois et les députés légiférer, les fonctionnaires de tels établissements continuent comme avant. Aucun contre-pouvoir ne remet en cause leur prépotence. Ni le procureur, tenu de visiter les prisons de son ressort, ni les autres magistrats, ni même les avocats n'exigent l'application des lois en faveur des détenus. C'est aux détenus de se battre pour obtenir la mise en application de leurs droits légaux. Or, dans de telles prisons, la plupart des détenus n'osent ou ne songent pas à se dresser face au pouvoir et à la violence éventuelle des geôliers. Les réformes n'entrent donc en vigueur qu'après bien des années.

---

6. Jacques-Guy PETIT, *Ces peines obscures. La prison pénale en France, 1780-1875*, Paris, Fayard, 1990.

7. Hélène DORLHAC DE BORNE, *Changer la prison*, Paris, Plon, 1984.

Je me souviens, lors d'une visite, d'avoir attiré l'attention du procureur sur plusieurs problèmes, dont celui-ci. Il en avait pris note sur un petit papier mais, par la suite, un prisonnier travaillant aux cuisines l'avait vu jeter ce papier dans une corbeille. Ce propos de cuisinier était-il fondé ? Toujours est-il que rien ne fut changé.

Pendant ce séjour, Serge et moi dressâmes deux plans d'évasion, mais nous eûmes à chaque fois le tort de faire confiance à un tiers. Nous avions découvert qu'en allant à l'école nous passions devant une porte accédant à un grenier. Cette porte restait ouverte afin de permettre l'exécution de travaux de câblage. J'en parlai au Parisien qui me fournit quelques renseignements, me garantissant l'existence de vérandas sur la pente du côté du bâtiment surplombant un parking situé à l'extérieur, sur une place. La liberté était là, facile à prendre en utilisant un câble en guise de corde. Serge et moi décidâmes du jour où nous passerions cette porte que personne ne surveillait. J'en informai le Parisien. Le jour dit, le surveillant-chef de la prison me convoqua dans son bureau.

– À compter de maintenant vous n'avez plus le droit d'aller à l'école.

– Pourquoi ?

– Vous le savez bien !

– Non ! Pourquoi ?

– Euh... Eh bien votre juge ne veut plus que vous communiquiez avec votre ami.

– Ah oui ? Si vous nous empêchez de nous voir, nous allons vraiment vous poser des problèmes.

– Comment ?

– Oui, nous avons besoin de parler.

Ayant fort bien compris que notre projet était éventé et qu'il s'agissait de nous empêcher de nous évader pendant les heures d'école, je proposai autre chose.

– Mettez-nous ensemble dans le même chauffoir...

– Vous ne nous causerez pas de problèmes ?

– Non.

– Je vais demander l'autorisation à votre juge.

Dans les jours qui suivirent, Serge et moi fûmes réunis. Pour la première fois je venais de faire face à l'autorité pénitentiaire, apprenant à négocier. Un cuisinier, « ancien proxénète retraité », nous apprit qu'il sortait dehors, sur le trottoir, pour ramasser les victuailles livrées certains jours et nous proposa de faire déposer ce que nous voulions dans ces cageots. Il se chargerait de récupérer l'objet, ou les objets, et de nous les transmettre. Nous résolûmes de lui faire confiance et Serge demanda à son amie, fraîchement libérée de Montpellier, de déposer des lames de scie. Cette dernière le fit, en compagnie d'une amie, mais le cuisinier nous assura qu'il n'y avait rien. Par la suite, un gars, récemment arrêté pour un trafic de pastis, m'avisa que ce cuisinier tentait de lui vendre des lames de scie. Ce fut là une nouvelle leçon de confiance.

Un après-midi, Serge, souffrant d'un intense mal de tête, sollicita l'octroi d'une aspirine. Au moment du retour au dortoir, les surveillants n'en avaient toujours pas apporté et il était dès lors trop tard pour espérer obtenir gain de cause. Serge décida de ne pas quitter le chauffoir. Je l'imitai par solidarité. Nos geôliers insistèrent et ils allaient s'en aller lorsque je dis à Serge de quitter le chauffoir avec moi. Nous avions alors tellement confiance l'un en l'autre que ce que disait l'un, l'autre le faisait. Il me suivit donc. Je m'arrêtai ensuite dans la cour située entre le chauffoir et le dortoir, puis je déclarai à nos gardiens que nous resterions là, à l'extérieur, tant que Serge n'aurait pas son aspirine. Nos interlocuteurs paniquèrent. Des prisonniers sont prévus pour être enfermés, pas pour demeurer en plein air. Pendant qu'ils partaient en quête de consigne, j'expliquai à Serge qu'ils auraient été capables de nous laisser toute la nuit au chauffoir, sans lui apporter ses cachets. Le surveillant-chef survint.

– Qu'est-ce qui se passe ? Vous m'aviez promis de ne pas causer de problèmes.

– On ne cherche pas les problèmes. Serge est malade et il veut une aspirine.

Le chef de la prison se tourna **vers** ses subordonnés, puis il nous regarda à nouveau.

– C'est tout ce que vous voulez ?

– Oui.

– Donnez-leur ce cachet et rentrez-les. Vous rentrerez hein ?

– Oui, c'est tout ce que nous voulons.

Ce fut ma seconde négociation, ou rébellion, bien modeste, face à l'administration pénitentiaire. D'autres signes avant-coureurs de mon incapacité « à la fermer » apparurent.

Mon premier 14 Juillet fut l'occasion d'une manifestation ironique. Le soir, au dortoir, j'incitai plusieurs de mes codétenus à chanter *La Marseillaise*, debout, au pied du lit, pantalon descendu sur les chevilles. Le chant lui-même aurait pu plaire à des fonctionnaires puisqu'il symbolise le pouvoir de l'État mais le chanter, pantalon baissé, s'offrait plutôt comme un bel acte de protestation. Le surveillant de service fit un rapport et, le lendemain matin, je fus averti que cela ne se passerait pas ainsi. Toutefois, des gens passant dans la rue nous avaient entendus chanter et avaient applaudi. Le bruit s'en était apparemment répandu dans la ville. La sanction disciplinaire devint difficile à appliquer et mes geôliers préférèrent se souvenir de *La Marseillaise* plutôt que des pantalons baissés. D'ailleurs, ce ne fut qu'ensuite que je compris que l'administration ne fut pas tant gênée par ce trait d'humour que par ma capacité ainsi exprimée à entraîner les autres détenus dans une action collective.

Un soir, un chahut s'organisa dont un gars, assez costaud et apte à se défendre, fut l'objet. Ce garçon avait pour tort d'être robuste mais apparemment docile envers l'administration. Cela m'horripilait. À quatre, nous portâmes son lit et l'accrochâmes aux barreaux de la fenêtre. Il en descendit et nous défîmes sa literie. L'un de nous s'empara d'un drap et le mit dans les waters. C'était là une blague de potaches de fort mauvais goût. Le lendemain, les surveillants virent que son drap était trempé et exigèrent d'en savoir plus. Il fut d'une correction inattendue, refusa de parler et se retrouva au mitard. Lorsque j'appris cette issue dont nous étions tous responsables, sauf lui, je consultai les autres puis je demandai à voir le surveillant-chef. Ce dernier me reçut :

– Que voulez-vous ?

– Il paraît que François a été placé au mitard ?

– Oui, pour destruction de matériel.

– Il n'y a pas de raison, dans ce cas, nous sommes tous d'accord pour indemniser l'administration.

– C'est hors de question, il a refusé de nous expliquer comment c'est arrivé.

– C'est normal et vous le savez bien. Il n'y est pour rien, il est la victime de cette histoire et c'est lui qui paie.

– S'il est la victime, je veux savoir ce qui s'est passé.

– Si vous le laissez au cachot, vous devez tous nous y placer.

– Pourquoi ?

– Eh bien, j'ai participé au chahut, mon ami m'a demandé de vous dire qu'il en était aussi, ainsi que tous les autres.

Le surveillant-chef apprécia ce mouvement de sincérité et de responsabilité collectives. Il décida de sortir immédiatement le « puni » et de renoncer à la moindre indemnisation puisqu'il suffisait de laver le drap.

Quelques mois s'étaient écoulés, l'été touchait à sa fin et notre procès approchait. Généralement, la justice aveyronnaise se montrait fort clémente pour les gens du cru mais implacable avec les « étrangers », surtout ceux venus des grandes villes. Le jour du jugement, pour une raison que j'ignore, je fus l'objet d'un dispositif de sécurité particulier. Alors que Serge était normalement acheminé jusqu'à Millau dans un fourgon, avec deux jeunes Millavois « tombés » pour des petits vols, je fus conduit par un itinéraire spécial, en voiture banalisée, avec des gendarmes. Ceux-ci étaient très nerveux, comme s'ils étaient convaincus que j'allais m'évader pendant le trajet. Sans doute les rumeurs concernant nos deux projets permettaient-elles à l'administration de s'interroger mais, en fait, la presse locale m'avait présenté comme « le chef » du groupe constitué par Serge et nos deux compagnes. Or, les forces de répression se forgent souvent une opinion en fonction des images médiatiques. De plus, peut-être le dossier de mon frère jouait-il en ma défaveur.

Le tribunal de Millau fut fort clément avec nous. Il infligea une peine d'un mois à Claire, poursuivie pour recel de vol de voiture, en précisant que cette condamnation ne devait pas figurer sur son casier judiciaire afin d'éviter qu'elle ne perdît son emploi, deux ou trois mois à la compagne de Serge, et un an dont quatre mois de sursis à ce dernier et à moi-même. La peine aurait pu être plus élevée, portant sur la détention de faux papiers, de voitures volées, d'armes, sur le refus d'obtempérer et la rébellion à agents de la force publique.

Nos excellents avocats, maîtres François Steffanaggi et Jean-Louis Pelletier, avaient expliqué les risques encourus par des jeunes dans la capitale. C'était le type même de discours que comprenaient les magistrats dans de petites provinces où les grandes villes portent tous les vices en germe. Ces magistrats n'étaient pas dupes des plaidoiries et des prouesses oratoires de ces ténors du barreau parisien. Ils avaient simplement envie de faire confiance à des jeunes et de leur donner une chance. Ils avaient été stupéfaits de découvrir des casiers judiciaires vierges, Serge n'ayant pas encore été condamné pour sa précédente affaire, alors que les condamnations maculaient et noircissaient grassement les casiers des deux jeunes Millavois. Ces derniers furent d'ailleurs condamnés à des peines supérieures aux nôtres, pour des faits moins importants, et ils nous considérèrent avec rancœur pendant plusieurs jours, jusqu'à notre départ. Un juge de l'application des peines, présent à l'audience, s'entretint avec l'un de nos avocats et lui dit qu'il fallait véritablement nous remettre en liberté au plus vite.

Nous avions alors purgé cinq mois de prison sur huit fermes et nous pouvions donc espérer sortir au plus tôt. Toutefois, nous n'avions pas été jugés pour le délit de fausse monnaie, toutes les affaires de ce genre étant centralisées à Paris, entre les mains d'un juge unique.

Ce procès me permit d'embrasser fougueusement Claire, ainsi que de parler à ma mère et aux parents de Claire qui étaient tous venus nous soutenir. À ma grande surprise, les parents de Claire ne m'avaient pas tenu grief de cette aventure. Ils étaient même venus me voir pendant les vacances. Son père était de la vieille école, il considérait que sa fille devait épouser celui avec lequel elle avait eu des relations. De plus, tous deux savaient que nous nous aimions.

Serge et moi devions maintenant être transférés à Paris. Quelques semaines s'écoulèrent. Un après-midi, nous fûmes avertis que nous partirions le soir même et qu'il convenait que nous fassions notre paquetage. Nous étions heureux à l'idée de rejoindre Paris et de voir la fin de ce cauchemar, ayant finalement renoncé à nous évader. Au fond de moi, je commençais à espérer pouvoir reprendre une vie normale avec Claire.

Le soir, une escouade de gendarmes vint nous chercher. L'un d'eux étant nerveux, je lui dis de ne pas s'inquiéter, qu'il n'y aurait pas de problème, mais cela n'empêcha pas la tension de croître. Il répliqua :

– Si vous tentez quoi que ce soit, on vous tue !

Une fois dans le fourgon, celui qui était prêt à nous abattre décida de m'impressionner en armant son pistolet afin d'engager une balle dans le canon. Cette procédure de maniement d'arme s'avère très dangereuse, car une balle peut partir en cas de fausse manœuvre. Toutefois, il commit une erreur. Le canon de son arme contenait déjà une balle qui fut éjectée. Je ne pus me retenir d'éclater de rire. Il se mit alors à quatre pattes dans le fourgon pour la rechercher. En effet, comme tout militaire, il devait rendre compte du nombre de projectiles en sa possession. Sa démonstration de force censée me faire peur ayant lamentablement échoué, il se retrouvait ridicule et discrédité. Lorsque Serge fut introduit dans le fourgon, je ne pus m'empêcher d'en rajouter, lui racontant cette histoire, pendant que le pandore cherchait vainement sa douille.

Dans le train, un compartiment entier avait été réservé pour nous et trois gendarmes. Nous fûmes enchaînés à la barre de la fenêtre et nous tentâmes de nous endormir mais, la chaîne étant trop courte, celui qui s'endormait tirait celle-ci vers lui et réveillait l'autre. Ainsi nous réveillâmes-nous mutuellement toute la nuit, bien que chacun de nous essayât de ne pas interrompre le sommeil de l'autre.

Nos gardiens ne dormirent pas. Ils parlèrent toute la nuit des affaires de cul de leur caserne. Pendant le service d'untel, sa femme couche avec tel autre. L'épouse de celui-ci est la maîtresse du capitaine qui va donc favoriser son avancement. Le casernement était apparemment un véritable lupanar dans lequel les femmes servaient à tout le monde. Seules les compagnes de nos trois pandores paraissaient échapper à cette terrible, implacable et sordide logique.

À Paris, nous étions attendus par un fourgon dans lequel nous prîmes place. L'un des gendarmes me demanda si j'avais une fiancée. J'eus le tort de lui répondre positivement. Sans doute avait-il passé au crible la totalité des femmes de la gendarmerie et il s'exclama :

– Ah, ça doit la démanger entre les jambes et elle doit se faire un mec.

– Enfoiré va ! Ma fiancée, ce n'est pas ta femme.

43

J'étais hors de moi. Cela d'autant plus qu'à l'époque l'infidélité conjugale me heurtait profondément. Jeune, plein d'idéal, je considérais qu'il était impossible de faire l'amour avec quelqu'un d'autre que l'être aimé.

– Calme-toi, me dit Serge. Laisse-le.

– Quoi ? Comment ? T'as vu ce que ce cocu me dit de Claire ? Tu l'as entendu toute la nuit déblatérer sur les femmes de ses collègues ?

– Bah, laisse-le, c'est un connard.

Pendant cet échange, l'autre resta silencieux et ses collègues regardèrent ailleurs. En fait, nous pouvions relativement tout lui dire, car il venait de commettre une faute professionnelle. Si mes insultes avaient été plus violentes et qu'il portât plainte, il aurait fallu qu'il expliquât ce qu'il pensait des femmes de ses collègues en plus de ce qu'il imaginait de la mienne.

Nous fûmes conduits à la souricière, au palais de justice de Paris. La souricière, l'un des lieux les plus immondes du complexe pénitentiaire, est une petite annexe du palais de justice auquel elle est reliée par un ensemble de souterrains. C'est là que sont gardés les prévenus qui doivent comparaître devant les juges parisiens. Si les gardes mobiles sont chargés des escortes qui hantent le dédale des sous-sols, ce sont des gardiens de prison qui assurent la surveillance des cellules. Les locaux sont sales, infects et répugnants, avec des traces d'excréments sur les murs, parfois de sang. Les prisonniers, généralement regroupés par deux ou trois, voire quatre, sont placés dans de petites geôles d'un mètre sur deux environ. Ils disposent d'un water-closet, sans papier. Si, par malheur, un gars ne peut pas se retenir, tous les autres en profitent, par la vue, l'ouïe et l'odeur. Conduits dès l'aurore par convois de quinze à trente depuis les grandes prisons parisiennes, ils demeurent là, parfois toute la journée, sans rien faire, attendant le bon vouloir de juges qui ne les appellent qu'en fin d'après-midi. À l'époque, personne ne se soulevait réellement contre l'existence de ce sinistre dépotoir, toujours utilisé de nos jours, même si depuis, à la fin des années quatre-vingt-dix, des organisations humanitaires ont dénoncé cet endroit dans lequel l'être humain est dégradé. Ce type de lieu supposé servir à placer les prévenus à la disposition des juges, joue, à mes yeux, un autre rôle : il conditionne et affaiblit le prisonnier et le met en état d'infériorité. Tous ceux qui y passent plusieurs heures sont physiquement affaiblis ; en conséquence, ils sont également minés psychologiquement. Ils ont faim, froid l'hiver, et leur moral est atteint. Lorsqu'ils comparaissent devant les magistrats, ils ont perdu leur vivacité d'esprit, ou le contrôle d'eux-mêmes, et n'ont qu'une envie : en finir pour rejoindre leur cellule et se reposer. Les magistrats, à l'inverse, sont au mieux de leur forme. En cela, comme en bien d'autres points, la défense est placée en état d'infériorité.

Un jour, alors que j'attendais de comparaître devant un juge, un gars gardé dans la cage d'à côté s'étranglait. Il râlait et étouffait. Le gardien de service s'approcha, assena un grand coup de pied dans la porte et gueula, sans la moindre compassion :

– Tu vas arrêter d'nous faire chier !

L'autre continuant à s'étouffer, un médecin fut appelé et diagnostiqua que le gars avait avalé une fourchette. Comment avale-t-on une fourchette ? C'est un moyen de protestation, de révolte et de détresse auquel s'adonnent certains. C'est assez terrible de voir combien l'être humain, privé de tout, acculé au désespoir par ses semblables, parvient à se faire du mal pour souffrir moins, pour appeler à l'aide, pour clamer sa désespérance. En effet, lorsque l'on se heurte à un pouvoir absolu et arbitraire, deux solutions se présentent : combattre l'adversaire afin de le meurtrir ou retourner la violence contre soi-même afin de ne pas agresser l'autre.

Je fus finalement présenté au juge chargé d'instruire les affaires de fausse monnaie qui ne m'interrogea guère puisque mon avocat était absent. Il me plaça sous mandat de dépôt et je compris qu'il n'était peut-être pas question que je sorte avant plusieurs mois.

En fin de journée, épuisés, Serge et moi fûmes séparés, lui partait pour Fleury-Mérogis et moi pour la Santé. Nous nous aperçûmes alors qu'être ensemble nous avait procuré une force considérable et nous subîmes fort mal la séparation puisque nous étions affectivement liés comme peuvent l'être deux frères. Nous savions que nous pouvions compter l'un sur l'autre, quoi qu'il se passe.

# CHAPITRE III

## LA SANTÉ

Je pris place dans un fourgon cellulaire composé de nombreuses petites cages. Ces dernières contenaient deux détenus, menottés, assis côte à côte, serrés l'un contre l'autre, sans pouvoir bouger leurs jambes tellement la place était exiguë. Nous étions comme des animaux dans une bétaillère. Le conditionnement était alors rude et conduisait à penser que nous n'étions plus des hommes et que nous ne méritions plus le moindre respect. Un gardien se trouvant à l'intérieur interdisait de parler.

Le trajet menant à la Santé fut rapidement couvert. Là, nous descendîmes et fûmes dirigés vers « la fouille [1] », un local où nous fûmes fouillés à corps pendant que nos affaires étaient inspectées. Certains objets, interdits ici, autorisés ailleurs, étaient confisqués. Pourquoi ces différences d'une prison à l'autre ? Pourquoi être autorisé à acheter du café dans une prison et n'avoir le droit qu'à de la Ricoré dans une

---

1. La « fouille » est un local, généralement situé près du greffe, dans lequel les prisonniers sont contraints de se déshabiller lorsqu'ils entrent ou sortent d'une prison. Par extension, ce terme désigne également des cellules ou des salles utilisées pour procéder aux fouilles périodiques de sécurité. La « petite fouille » est le nom donné au paquet, souvent une enveloppe ou une pochette, dans lequel sont conservés les objets précieux d'un détenu. Ces objets (bague en or, devises étrangères, papiers d'identité) ne seront restitués qu'au moment de la libération.

47

autre ? C'est ainsi ! Il ne faut pas chercher à comprendre diront certains, mais il s'agit, en fait, de la même démarche de conditionnement. L'administration tente de déstructurer l'individu, elle lui fait sentir qu'à ses yeux, il n'a pas de droit, qu'il n'a pas le pouvoir de décider et qu'il doit simplement obéir sans s'interroger. Un ordre tombe, fondé ou non, il doit être suivi. Ce jour-là, un maton me rappela :

– Ici, tu n'as aucun droit. Allez, mets-toi à poil.

C'est ainsi que je dus subir ma fouille. Ce n'était pas seulement de me déshabiller entièrement et de m'exposer au regard pervers du geôlier qui me blessait, c'était l'obligation de le faire dans un climat d'injure et de négation de ma dignité. Je n'étais plus qu'un animal. Je ressentis ce moment comme un viol. Bien sûr, il n'y avait pas de violence sexuelle, mais une violence sourde qui laisse sale. J'avais envie de refuser mais je savais que j'aurais été bastonné. Je me sentais bien ridicule, ainsi à poil, face à ce type en uniforme que je détestais. Pendant longtemps, pendant une dizaine d'années sans doute, à chaque fouille que je devais subir, j'avais envie de dire non, de me révolter et de frapper ceux qui me violaient ainsi. Un jour, à Fleury, vers 1983, étant face à un jeune sous-directeur obtus, je dis à ce dernier :

– Vous savez, vos fouilles, ce sont des viols. Vous nous obligez à renoncer à toute pudeur, à montrer notre sexe, c'est blessant.

– C'est votre problème Maurice, pas le mien, me répondit-il.

– Ah oui ? Eh bien, réfléchissez et imaginez ce que vous ressentiriez si je vous obligeais à vous mettre à poil devant moi.

– C'est pas pareil, je n'ai pas été condamné à faire de la prison moi. Vous n'aviez qu'à pas faire le con.

Tout est là, dans cet esprit. Il y a des choses inacceptables pour les hommes, mais tolérables pour celui qui a été condamné. Pourtant, le condamné est toujours un homme qui ressent la même chose que les autres et qui doit pouvoir surmonter psychologiquement certains excès, certaines brimades. En subissant ces fouilles, le prisonnier ne peut renoncer à sa fierté, à sa conviction d'être un homme, de ne pas être un animal. Certains succombent mais la plupart sombrent progressivement dans la haine, la haine du geôlier, puis celle de la société.

Après avoir connu la prison par chauffoir, je découvris celle par cellule de quatre prisonniers. La Santé était vétuste. Si l'on se réfère à l'ouvrage écrit en 2000 par Véronique Vasseur, médecin-chef de cette prison, les choses n'ont pas véritablement changé [2]. En 1977, la plupart des cellules, d'environ dix mètres carrés, abritaient quatre détenus. Deux lits superposés étaient scellés de chaque côté, une table en bois était placée au milieu et un petit placard, parfois deux, étaient accrochés aux murs. Les waters, installés dans un angle, sans le moindre dispositif de séparation, nous contraignaient à faire les uns devant les autres, tout en étant à peine séparés par une distance de deux mètres, alors que deux petites fenêtres évacuaient plus ou moins bien les odeurs. Il n'y avait pas de lavabo. Un robinet était placé au-dessus des waters et ceux qui voulaient se laver devaient procéder à leurs ablutions dans ces derniers ou au-dessus. Ayant toujours maintenu un impératif d'hygiène respectable, je m'étais acheté une cuvette en plastique et, tous les matins, je posais la cuvette sur les toilettes, j'y versais de l'eau et j'y faisais ma toilette.

L'état de délabrement de la Santé était considérable. Dans le couloir, les chasses d'eau débordaient couramment, projetant leur contenu par-dessus les coursives jusqu'au rez-de-chaussée. Parfois, le midi, lors de la distribution des repas, ce contenu tombait sur le chariot de la gamelle et, par conséquent, à l'intérieur des norvégiennes. Ni les gardiens ni les détenus auxiliaires servant la nourriture n'étaient choqués, ni nous-mêmes lorsque nous y assistions. Que pouvions-nous faire, à part nous révolter ?

En prison, la promiscuité devient rapidement insupportable, provoquant des conflits, soit verbaux, soit physiques, bousculades, coups de poing partant occasionnellement. La nourriture, aux limites du consommable, laisse affamés ceux qui n'ont pas les moyens de cantiner.

La cantine, c'est la commande d'objets et de denrées aux frais du détenu. Ceux qui ont de l'argent cantinent donc des produits d'entretien, pour l'hygiène corporelle, pour laver la cellule ou la vaisselle.

2. Véronique VASSEUR, *Médecin-chef à la prison de la Santé*, Paris, le cherche midi éditeur, 2000.

Ils achètent également des timbres et du papier pour écrire, du tabac et des victuailles. La liste des cantines offre des choix réduits, Ricoré, sucre, thé, gâteaux, conserves de pâtés, de maquereaux, de sardines, de thon ou de crème dessert. Il y a aussi des légumes et des fruits frais. À l'époque, le minimum pour cantiner raisonnablement était d'environ trois cents francs par mois, aujourd'hui, il est de mille francs. Certains disposent de sommes supérieures, d'autres de moins et d'autres de rien du tout. Je me suis toujours demandé comment faisait celui qui n'avait vraiment rien ! Il crève sans doute de faim. Bien sûr, il existe une certaine solidarité. Ceux qui partagent une cellule laissent rarement l'autre les regarder manger. Ceux qui ont des copains ou des amis sont aidés. D'autres trouvent du travail au service général. L'administration les exploite, leur donnant environ de cent à cinq cents francs par mois, aujourd'hui, selon le poste occupé. Certains travaillent au magasin de la cantine, d'autres à la comptabilité, à la bibliothèque ou à l'infirmerie. Enfin, les moins bien lotis sont chargés de balayer la coursive, de nettoyer les douches et servent de bonnes aux geôliers. Exploités par ces derniers, traités comme des larbins, sous-payés, ils se soumettent pour survivre. Les lois sociales que la France prétend défendre, en qualité de pays des droits de l'homme, sont totalement méprisées par l'administration.

Le travail en prison n'est pas seulement affecté au service de l'administration pénitentiaire. Cette dernière cède des concessions à des entrepreneurs civils venus de l'extérieur. De grandes marques de vêtements de sport, de chaussures, de meubles, de matériels de bureautique et d'appareils ménagers, par exemple, « offrent » ainsi du travail. Plutôt que de décentraliser l'exécution de certaines tâches en Asie, ces industriels s'adressent à l'administration pénitentiaire. Ils se procurent sur place, sans les frais de transport ni de douane, une main d'œuvre servile, corvéable à merci, pour des salaires modestes. Le terme servile n'est absolument pas méprisant sous ma plume. Les détenus ont besoin de travailler pour manger et ils acceptent donc les conditions imposées. Ils n'ont pas le droit au SMIG, au chômage, ni aux congés de maladie. Lorsque l'employeur n'a pas de travail, il débauche, du jour au lendemain, pour une journée, un mois ou définitivement. Le détenu qui est blessé pendant le travail dispose de deux choix : continuer à travailler ou être mis à pied, sans revenu, sans indemnité. En échange de son labeur, il perçoit aujourd'hui une somme nette de mille à mille cinq cents francs par mois, très rarement plus. Il n'a pas le droit de se syndiquer.

Certains estimeront logique qu'un prisonnier soit mal rémunéré. N'est-il pas un délinquant ? Un criminel ? Soit ! Toutefois, le travail d'un homme, condamné ou pas, n'a-t-il pas toujours la même valeur ? Les lois du travail ne sont-elles pas fondamentales et ne doivent-elles pas être observées quel que soit le contexte ? La France, comme d'autres pays, condamne le travail forcé imposé par la Chine populaire aux prisonniers. La France a légalement aboli le travail forcé dans les prisons. Mais, factuellement, les prisonniers sont toujours exploités. Ils ne sont pas juridiquement contraints de travailler, mais le plus grand nombre d'entre eux y est obligé pour manger décemment, et cela dans des conditions inacceptables qui constituent même des cas de concurrence déloyale sur le plan économique. Les détenus sont même indirectement, juridiquement, forcés de travailler. En effet, celui qui refuse de travailler ne reçoit pas, ou peu, de réductions de peine et il ne bénéficie pas, ou rarement, des mesures de libération conditionnelle. Celui qui désire, et quel prisonnier ne le souhaiterait pas, obtenir des réductions de peine et une libération anticipée sait qu'il doit travailler ou étudier. Encore les études sont-elles rarement bien vues. Je me souviens d'une juge de l'application des peines qui déclarait préférer voir un détenu ramasser les papiers dans la cour, car elle savait qu'il travaillait, alors que celui qui étudiait n'offrait aucune garantie d'un labeur réel.

La faible rémunération des détenus soulève une autre question, celui de l'indemnisation des victimes. Depuis le ministère de Robert Badinter, cette dernière est devenue, à juste titre, l'une des préoccupations du ministère de la Justice. Nulle libération anticipée n'est accordée sans l'affirmation par le détenu d'une volonté évidente d'indemnisation. Or, une rémunération réellement équitable du travail des détenus permettrait une plus grande indemnisation des parties civiles. Lorsqu'un détenu reçoit un salaire de mille francs net par mois, il en utilise la presque totalité pour vivre. S'il percevait le SMIG, il disposerait de plus d'argent qu'il n'en faut pour répondre

51

aux dépenses courantes d'un prisonnier et il pourrait dès lors indemniser, grâce à son travail et à son salaire, les parties civiles. Il existe là une hypocrisie et une légèreté du système face à ce problème : exiger que le détenu paie et refuser de rétribuer son travail normalement.

Enfin, un individu sociable, respectueux de certaines valeurs, pourrait penser que le travail justement récompensé présente des vertus curatives, peut inciter un homme à découvrir ou à redécouvrir des valeurs communes au reste de la société. Que pense le prisonnier d'une telle exploitation ? Ces pratiques, loin de faire aimer le travail, coupent toute envie de « prendre la musette et d'aller à l'usine ». Un garçon arrêté pour vol ou escroquerie s'échine à coller des semelles de chaussures ou à rempailler des chaises pour un salaire de misère, mais il sait qu'il ne travaillera pas ainsi dehors, il n'aura aucune envie de le faire pour ce salaire de misère. Il apprend surtout que les patrons et l'administration volent, abusent et escroquent mieux que lui. Il rêve donc de faire mieux. C'est là une triste leçon d'exemplarité inversée.

À la Santé, contrairement à mon séjour à Rodez, je recevais des visites chaque semaine. Un samedi de janvier 1978, je me rendis au parloir en pensant à Claire, heureux à l'idée de la voir. Arrivé dans le couloir où se trouvaient les cabines, je rencontrai un maton qui me dit :

– Retire tes mains de tes poches.

Je le regardai, surpris, en me demandant ce que cela pouvait lui faire que j'aie les mains dans mes poches ou non. À l'époque, le personnel fixait toutes sortes d'interdits de ce genre : interdiction de parler dans les couloirs ou de marcher trop vite par exemple. C'était toujours le principe d'obéissance sur des points sans importance pour conditionner. J'obtempérai en répliquant :

– Voilà, vous êtes content !

Puis je pénétrai dans la cabine de parloir où Claire attendait déjà.

Une telle ironie dans la bouche d'un détenu ne laissa pas le gardien indifférent. Au bout d'un moment, la porte de la cabine s'ouvrit et ce geôlier commença à me dire que je n'avais pas à prendre les choses ainsi, puis il continua à épiloguer. Le parloir étant d'une demi-heure, je lui fis remarquer que je parlais avec ma fiancée et que je ne voulais pas perdre ce temps inutilement. Lui insista, sachant fort bien qu'il sabordait ainsi ma durée de parloir. Au bout d'un moment, excédé et ne parvenant pas à l'interrompre, je le laissai parler et je me retournai vers Claire en lui disant :

– Je t'aime, j'ai envie de toi !

Là, le maton se sentit ridicule et il partit en fermant la porte. Le parloir se poursuivit normalement. C'était assez pénible : trente minutes à se parler en étant séparés par un hygiaphone. Nous nous entendions mal, tant à cause de la vitre qu'en raison du bruit fait par les familles installées dans les autres cabines. En effet, les vitres arrêtaient une partie du son, aussi tout le monde parlait-il fort, or plus les gens parlaient fort et moins nous nous entendions, donc il convenait de parler encore plus fort. Mais le plus désappointant, pour des amoureux, c'était l'impossibilité de se toucher. Sans le savoir, nous faisions comme tous les autres, depuis longtemps, dans tous les lieux de ce genre, nous nous regardions, nous mimions le fait de nous embrasser, nous posions chacun une main d'un côté de la vitre, au même endroit. Nos mains étaient donc l'une contre l'autre, séparées par la vitre. Nous nous disions «je t'aime» du bout des lèvres. De tels parloirs étaient terriblement frustrants, mais nous ne pouvions nous en passer et nous y puisions un grand réconfort.

Le temps du parloir s'acheva et je sortis de la cabine, prenant la direction menant vers le quartier de détention. Le maton m'interpella et exigea que je le suive. Deux de ses collègues se joignirent à nous. Ils m'entraînèrent dans un coin isolé, un quartier désaffecté de la Santé. Je sentis que quelque chose d'anormal se produisait mais que pouvais-je faire d'autre sinon leur emboîter le pas ! J'éprouvais un malaise énorme. J'étais piégé et c'est terrible de deviner que l'on va à la catastrophe, que des gens qui ont sur vous un pouvoir absolu vont en abuser et que vous n'y pouvez rien. Crier ? Pour alerter qui ! Me mettre à courir ? Pour aller où ! Ne pas laisser voir sa peur, être courageux ! Arrivé devant une cellule, l'un d'eux ouvrit la porte et me dit d'entrer tout en jetant sa casquette à terre. Les autres en firent autant. Tout se précisait mais je n'avais aucune échappatoire. Tout au plus pouvais-je espérer qu'en obéissant je m'en sortirais. Ce jour-là, j'étais encore un gosse un peu niais, un gosse qui croyait être un homme, comme tous les gosses. Je n'éprouvais pas encore de véritable haine, je ne connaissais pas la violence, la vraie violence, celle qui atteint l'être humain au plus profond de son esprit et qui le marque à jamais, irréversiblement, en provoquant des séquelles psychologiques dévastatrices. J'avais peur comme un gamin de vingt ans peut avoir peur face à des hommes en uniforme qui détiennent un pouvoir terrible sur lui et je ne le laissais pas paraître. Je rentrai dans cette cellule, je pensais à Jean-Jacques, autrefois roué de coups en Belgique. J'avais envie d'appeler au secours.

– Allez, à poil ! me dit l'un des matons.

Je restai immobile, cloué, tétanisé par la surprise. Je n'étais pas certain d'avoir compris. Mon hésitation eut des conséquences redoutables. Des coups commencèrent à pleuvoir sur moi, je ne sais combien, je ne sais où. Je me protégeais avec les mains, trop peu porté sur la violence pour avoir le réflexe de riposter, et sans doute encore trop conditionné pour me révolter avec virulence contre l'autorité. Je ne comprenais pas et il n'y a rien de plus neutralisant que de ne pas saisir les causes motivant une bastonnade que vous subissez. Puis je sentis que l'on me gazait avec des petites bombes d'autodéfense. J'entendis encore :

– À poil ! Fous-toi à poil !

Je crois me souvenir qu'ils m'insultaient aussi, mais je n'en suis pas très sûr. Tout est devenu flou. Je vivais véritablement un cauchemar. Je sais que je me suis dévêtu sous les coups et que ces derniers ont continué à pleuvoir pendant un certain temps. Je n'avais pas véritablement mal de cette violence physique, car les blessures du corps sont toujours supportables. Non, ce qui était intolérable, ce qui cassait en moi, relevait plus du domaine psychologique. J'étais blessé dans mon âme. Ils cessèrent leur manège et partirent en emportant mes vêtements, me laissant seul, nu, bête, ridicule, avili, malheureux, contusionné, meurtri et psychiquement mutilé comme je ne l'avais et ne l'ai plus jamais été de ma vie.

C'était l'hiver, la fenêtre de la cellule était ouverte et je ne pouvais pas la fermer, car le mécanisme de verrouillage se trouvait à l'extérieur, dans le couloir. Il n'y avait rien, pas de meuble, pas de couverture, et je crevais de froid. Mon corps était glacé et ses extrémités bleuissaient toutes. Mes doigts de pieds, mes mains et mon sexe étaient bleus. C'était horrible, destructeur, et vingt-deux ans plus tard, j'en éprouve encore une souffrance incommensurable, une rage refoulée au tréfonds de mon être, avec l'envie de retrouver mes bourreaux et de leur rendre coup pour coup. Bien sûr, ce n'est là qu'une pulsion. Je ne connais même pas le nom de ces gens, je ne me souviens pas de leur visage et je n'ai que faire d'eux, car ma vie est bien loin de tout cela, mais lorsque j'y pense, c'est une plaie jamais refermée qui saigne, qui suinte une sorte de pus constitué de douleur, de vexation et de haine.

En fin de journée, un groupe de quatre ou cinq matons, commandé par un surveillant-chef, vint me chercher. Ils ouvrirent la porte, me regardèrent, puis la refermèrent. Peu après la porte s'ouvrit à nouveau et l'on me donna une tenue pénale. Ensuite, je fus conduit au mitard. Là, deux autres matons vinrent me chahuter en me disant :

– Alors, on est des enculés !

Je ne compris pas très bien ce qu'ils me voulaient et ils s'arrêtèrent face à mon silence. Je pense que ces deux-là n'étaient pas forcément aussi pourris que les trois autres, bien qu'ils soient venus me coller quelques coups désagréables. Ils réalisèrent sans doute qu'ils avaient en face d'eux un gosse et que quelque chose de particulier s'était produit. J'étais prostré, en état de choc, démoli et déstructuré. Je crois que jusqu'à ce jour, malgré quelques fanfaronnades, malgré quelques révoltes de gamin, de môme des banlieues, j'étais finalement respectueux de l'autorité, soumis à l'obéissance envers les gens représentant l'État. Dès lors, une rage, un mépris, un dégoût et une colère redoutable sourdirent de moi à l'égard des gens portant des uniformes. Le gosse que j'étais venait d'être tué... et, aujourd'hui, en prononçant ces mots, je pense à d'autres gamins qui, de nos jours, subissent encore de telles ignominies et j'ai envie de hurler, de hurler comme un animal blessé... Il n'y a rien de plus animal qu'un homme meurtri.

Le lendemain matin, je passai au prétoire, petit tribunal intérieur présidé par le directeur de l'établissement, voire un sous-directeur, assisté de deux autres responsables, sous-directeur ou chef de détention. Le détenu comparaît encore, en ce XXIᵉ siècle, sans avoir véritablement le droit de se défendre. Le directeur lui signifie le motif de sa comparution et lui demande ce qu'il a à déclarer, mais il est rare que cela change quoi que ce soit, le rapport établi par les matons étant toujours supposé fondé. La sanction tombe ensuite, à l'époque sans appel. Aujourd'hui, depuis les réformes mises en place par les socialistes, cette décision est soumise à un appel auprès du juge de l'application des peines mais, à de rares exceptions près, ces derniers ne s'opposent pas au verdict des directeurs d'établissement. La mesure est totalement inefficace et le procédé contraire aux conventions internationales portant sur les droits de l'homme. En effet, les décisions prises dans les prétoires ont pour effet d'aggraver la peine, dans sa durée comme dans son application. Dès lors, ces conventions prescrivent qu'un homme a le droit de se défendre et d'être représenté par un avocat. Or, les avocats sont exclus de ces procès et, malgré d'incessantes demandes de réformes, l'administration pénitentiaire s'oppose toujours à la présence des avocats, refusant toute publicité et toute remise en question de ce pouvoir de sanction, arbitraire et incontesté, détenu par des fonctionnaires qui sont juges et parties sans être magistrats.

En 1984, alors que je m'entretenais avec le directeur de la maison d'arrêt des hommes de Fleury-Mérogis, j'expliquai à celui-ci que j'étais souvent passé au prétoire sous de fallacieux motifs et que j'y avais été sanctionné. Il répliqua que les directeurs étaient conscients que bien des rapports étaient faux et qu'ils étaient le fruit des frustrations et des ressentiments de certains de leurs subordonnés mais qu'ils étaient obligés de sanctionner le détenu prétendument coupable. Dans le cas contraire, les mêmes surveillants auraient établi de nouveaux rapports jusqu'à ce que la condamnation tombât. Il ne s'agit donc pas toujours de réprimer un acte contraire au règlement mais plutôt, parfois, de satisfaire la soif de répression de fonctionnaires en mal d'autorité.

L'espace des prétoires est conçu pour organiser un rapport de soumission du détenu envers ce tribunal d'opérette. En général, les directeurs sont assis derrière une grande table, placée en hauteur, sur une estrade. Ils dominent le détenu qui est au pied de l'estrade, à une distance respectueuse, souvent derrière une petite balustrade. Des surveillants plus ou moins nombreux entourent le prisonnier. Vers 1983-1984, je passais très fréquemment au prétoire pour des motifs plus ou moins futiles. Parfois je ne disais rien, mais très souvent je transformais le prétoire en tribune oratoire, dénonçant le système. Un jour, j'entrai dans le prétoire et je me lançai dans une diatribe :

– Vous savez, votre prétoire est vraiment mal fait. C'est vrai quoi ! Regardez, votre table n'est pas placée sur une estrade, donc ce n'est pas vous qui dominez le détenu, mais lui qui se trouve plus haut puisqu'il est debout. Ce n'est pas bon, vous devriez mettre une estrade pour créer un état de soumission.

Le directeur me regarda comme un extraterrestre, il tenta de me ramener sur le motif de ma comparution, mais je n'en avais cure. Je savais que j'irais au cachot, je m'en foutais et j'avais envie de parler, de dénoncer leur manège. Finalement, le directeur me relaxa et me renvoya en cellule. Les surveillants qui attendaient dehors avaient préparé des chaînes et s'apprêtaient à se jeter sur moi lorsque je sortis du prétoire. Un gradé cria :

– Non ! Arrêtez, il retourne en cellule.

Sans doute avais-je dû parler très fort et eux imaginaient que j'avais pris plusieurs jours de mitard. Quelques jours plus tard, un nouveau rapport aussi peu crédible que le précédent m'envoya au mitard.

Toujours est-il qu'à la Santé, en janvier 1978, le directeur me reprocha d'avoir été incorrect avec son subordonné. Le rapport rappelait le fait que l'on m'avait demandé de retirer mes mains de mes poches et précisait qu'en présence de ma famille j'avais traité le surveillant d'enculé. Il ajoutait que l'on m'avait conduit dans une cellule de contention et que je m'étais alors précipité la tête dans un mur.

J'étais tellement en état de choc que je ne me souvenais plus très bien de ce qui s'était passé. Je pensais que j'avais peut-être déclaré cela dans un mouvement d'irritation et je ne niais pas. Je fus condamné à une peine avec sursis et renvoyé en cellule. Toutefois, sans doute pour éviter que le bruit de la bastonnade ne se répandît trop, je fus changé de quartier, là où il était évident que je ne connaissais personne.

Les matons avaient commis une erreur en précisant que les faits s'étaient déroulés en présence de Claire. Informée de cette histoire, Claire me dit que je n'avais jamais tenu de tels propos. Elle en parla à ma mère et toutes deux allèrent voir le directeur. Elles envisageaient que je dépose plainte. Toutefois, à l'époque, l'esprit du temps voulait qu'un détenu «ferme sa gueule et encaisse comme un homme». C'était stupide, mais c'était ainsi. Se faire bastonner par des matons, par des flics, c'était en quelque sorte normal, c'était l'ordre naturel des choses. On se taisait et on se vengeait éventuellement une fois libre, ou du moins on rêvait de se venger, car les actes de vengeance commis à l'extérieur étaient très rares proportionnellement au nombre de tabassages. C'est ma génération de détenus qui a développé une logique contraire, décidant que les abus commis par l'administration devaient être suivis de plaintes, même si ces dernières sont encore rares puisqu'elles n'aboutissent jamais. Les choses restèrent en l'état. Dans les mois qui suivirent, un jeune sous-directeur passa dans ma cellule et me dit :

– C'est vous qui avez eu des problèmes avec des surveillants ?

– Oui !

– Ah, vous l'aviez bien cherché parce que vous ne m'auriez pas parlé ainsi à moi.

Que dire à cela ? Rien ! J'en avais toutefois tiré une leçon. Je n'ai plus jamais accepté de me soumettre à une fouille en entendant l'ordre «à poil !». Je parlais, j'expliquais que j'acceptais d'être fouillé mais je précisais que mon interlocuteur devait me le demander poliment, comme le règlement le prévoyait. Un jour, un maton qui entrait dans les cellules d'attente de Fresnes et qui procédait avec la plus grande vulgarité m'invectiva de la sorte et, face à ma réponse, interloqué, il partit chercher des renforts, sans doute pour me passer à tabac, mais il dut apprendre qui j'étais et surtout que je n'étais pas seul, que j'avais des avocats et de la famille. Il revint, calmé, et me dit :

– Puisque je dois vous le demander poliment : déshabillez-vous...

Il était rouge de rage et de confusion.

Pendant mes deux premières années de prison, je ne suis passé que deux fois au prétoire. La seconde fois fut plus sereine. Une fouille générale fut ordonnée dans le bâtiment où j'étais détenu. Les matons procédèrent comme ils le font encore dans de tels cas : ils démolirent tout. Ils retournèrent les lits, mirent nos vêtements en vrac, jetèrent mes photographies au sol et confisquèrent divers objets. En rentrant en cellule, je trouvai les photographies de Claire à terre, l'une d'elle était souillée par des marques de chaussures. Mes trois codétenus et moi-même fûmes avertis que les gardiens avaient établi un rapport pour destruction de matériel administratif. En effet, comme dans toutes les cellules, dans toutes les maisons d'arrêt, nous utilisions une vieille couverture en guise de rideau afin de dissimuler les waters. Pour qu'elle tienne, des trous étaient percés afin d'y fixer des ficelles. La couverture était en place avant que le premier d'entre nous n'entrât dans la cellule et elle y resta après le départ du dernier. Nous fûmes tous quatre relaxés, ce qui était exceptionnel !

Le quotidien carcéral, presque toujours uniforme, répétitif et sans surprise, est occasionnellement perturbé par des séismes totalement inattendus. Un matin, la Santé fut mise en état d'alerte, les matons surgirent dans toutes les cellules et vérifièrent les effectifs. Leurs yeux fous, inquiets, excités et affolés, attestaient quelque événement anormal. Ils refusaient de lâcher le moindre mot et refermaient les portes, ajoutant les verrous de sécurité. Mes trois codétenus et moi-même nous posions des questions lorsque la radio divulgua une information justifiant cette agitation : évasion de deux détenus, dont Jacques Mesrine, et décès d'un troisième. Quatorze heures arrivèrent mais les parloirs furent repoussés. Enfin, avec beaucoup de retard, je pus me rendre aux locaux prévus à cet effet et j'y rencontrai Claire et ma grand-mère. Toutes deux étaient retournées et émues, elles venaient d'assister à la mort d'un homme. Des témoignages furent produits à l'époque, donnant lieu à une version officielle édulcorée, mais il est vrai que le témoignage humain est très subjectif, lié à toutes sortes de phénomènes extérieurs à l'action elle-même, résultant du choc éprouvé par les témoins et même par les acteurs qui déforment involontairement la perception des faits. Ma grand-mère vit des surveillants ouvrir la porte de la prison et parler aux policiers de garde, ceux-ci s'écartèrent et se précipitèrent dans la rue, allant vers l'angle de la rue de la Santé et de celle de Jean-Dolent. Elle quitta la file d'attente afin de regarder ce qui se passait, comprenant que quelque chose d'exceptionnel survenait. Elle vit le policier arriver près d'un homme tombé à terre au pied du mur et lui tirer dessus. Cet homme était l'un des trois évadés qui avait perdu l'équilibre et était tombé à terre, ne parvenant pas à se relever alors que les deux autres, Mesrine et son compagnon, quittaient les lieux en réquisitionnant une voiture. Le policier avait-il tiré en légitime défense ? Avait-il simplement achevé un homme à terre ? Chaque camp choisit sa vérité, voit ce qu'il pense voir, parfois avec sincérité, parfois dans la plus médiocre négation de la réalité. À l'intérieur, les divers témoignages des familles, les frustrations et les vexations quotidiennes firent que nous ne suivîmes pas la version officielle. Ainsi, petit à petit, le prisonnier rejette-t-il de plus en plus la société qui n'est représentée que par ses forces de répression, des « soudards munis d'un permis de tuer ».

Un après-midi, en rentrant de promenade, un homme mûr, père de famille, fut trouvé pendu dans sa cellule. Il s'était suicidé. Qu'avait-il fait pour être en prison ? Il avait volé quelques bouteilles dans un supermarché et avait été condamné, pour cela, à une peine de prison. Évidemment le vol doit être sanctionné, mais un simple remboursement, une amende ou une peine assortie de sursis auraient suffi pour ce père de famille. Sa condamnation brisa sa vie et équivalait à une peine de mort. Il en mourut, de sa main, bien sûr, les juges n'avaient pas à se poser de questions, à éprouver la moindre culpabilité, mais les prisonniers subissent ces maux, souffrent douloureusement dans leur esprit, laissent leur rancœur gonfler et se marginalisent encore plus. Lorsqu'un suicide survient en prison, l'administration « lève généralement le pied », le personnel est plus conciliant, l'espace d'une journée, sentant qu'une tension redoutable plane et que la détention[3] risque d'exploser.

Je fus ensuite jugé pour les délits de fausse monnaie. Les affaires comme la mienne passaient devant les juridictions correctionnelles. Au regard du Code pénal, au maximum, j'encourais une peine de cinq années de prison, ce qui était énorme. Je croisais des garçons condamnés pour fausse monnaie dans des procédures plus graves et des récidivistes ayant écoulé plusieurs centaines de milliers de francs qui étaient condamnés à quelques mois. Les plus fortes condamna-

---

3. Le terme « détention » désigne la partie de la prison à l'intérieur de laquelle les détenus vivent.

tions, infligées à ceux qui possédaient les plaques ayant servi à imprimer les faux billets, prononcées par des cours d'assises, s'élevaient à sept ou huit ans. Je fus condamné à la peine maximale, cinq ans, dont un an de sursis il est vrai. Oubliés le procès de Rodez et la chance que les magistrats de cette juridiction avaient souhaité nous donner. Cette peine était réellement hors norme, tant par rapport au délit lui-même que du fait de la personnalité des délinquants. Pourquoi fut-elle si élevée ? On me reprocha de ne pas avoir dénoncé ceux qui m'avaient fourni les faux billets, on évoqua les faits jugés à Rodez en considérant que la condamnation avait été faible. En outre, quelques semaines auparavant, le parquet avait reçu des consignes de sévérité de la part de la chancellerie. Le garde des Sceaux d'alors, Alain Peyrefitte, avait avancé l'idée du « choc salutaire de la prison pour les délinquants primaires ». C'était un concept assez surprenant dans la bouche de cet homme qui, avant de devenir ministre de la Justice, avait présidé une commission rendant un « Rapport sur la violence » dans lequel les commissaires considéraient la prison totalement négative et criminogène pour les jeunes délinquants primaires. Il est vrai que le même rapport, signé par Alain Peyrefitte, déclarait que la peine de mort n'était pas exemplaire alors qu'il fut un adepte de cette pratique. Je n'ai jamais compris que les journalistes ne mettent pas le doigt sur l'opposition existant entre les conclusions de cette commission et les politiques pénale et judiciaire orchestrées par ce ministre. J'ai parfois eu l'impression que la chancellerie travailla en sens inverse, de 1977 à 1981, comme si elle cherchait à accroître la délinquance, la criminalité et l'insécurité afin de mieux pouvoir la dénoncer ensuite.

Dès lors, je ne me fis plus guère d'illusion sur le système. Je considérai que je vivais dans un monde où il y avait ma famille, mes amis, les gens que j'aimais et « eux », les représentants de la société, des tortionnaires légaux qui abusaient de leur pouvoir. J'étais au bord d'une rupture complète. Une seule chose me retenait encore et maintenait mon équilibre : l'amour. Je croyais en la force de l'amour. Cela peut paraître une niaiserie, mais j'estimais vraiment que l'amour permettait de tout affronter et, si j'ai cessé d'adhérer à une telle certitude pendant longtemps, je confesserai que j'ai retrouvé cette conviction par la suite. J'avais alors la chance d'aimer et d'être aimé. Claire et moi nous écrivions souvent deux lettres par jour. J'ignore aujourd'hui comment nous parvenions à respecter un tel rythme ! Je me réfugiai donc dans cet amour, j'y puisai ma force, j'y investis ma conviction que la douceur, la tendresse et la gentillesse devaient prédominer dans la vie.

Toutefois la vie est beaucoup plus complexe. Claire m'aimait-elle réellement ? Je n'en sais rien aujourd'hui. Peut-être était-ce le cas. Toujours est-il que j'étais enfermé, acculé au désespoir et que, pour moi, aimer c'était être libre. L'amour me transportait au-delà des murs, hors de cet enfer. Au contraire, Claire vivait réellement, elle affrontait la vie, ses joies et ses tentations. Nous suivions une évolution différente. En 1977, nous avions dix-huit et vingt ans. En 1978, Claire qui n'avait pas vécu avait dépassé ses dix-neuf ans, elle était belle, elle avait envie d'être heureuse, de s'amuser et elle le pouvait. Au bout d'un an de parloir, notre relation lui apportait surtout de la douleur et des frustrations. Le processus était inversé dans son cas : notre amour devenait une cage qui l'opprimait. C'est l'exemple assez banal d'une situation à laquelle beaucoup de prisonniers sont confrontés. Un jour, la fidélité s'émousse, puis l'amour s'use et le besoin de vivre autre chose entraîne une rupture. Quelques détenus, surtout au début de leur peine, sont suffisamment lucides pour vouloir rompre. Je l'avais moi-même proposé à Claire en mai 1977. La femme amoureuse refuse sincèrement, surestimant ses forces. Encore n'est-ce pas là une généralité, car j'ai vu des épouses patienter et attendre leur mari pendant dix, voire quinze ans. Ma compagne actuelle a elle-même patienté près de cinq ans. Lorsque la rupture survient, le prisonnier est rarement en état de la vivre avec aplomb. Dans un contexte normal, se faire plaquer est souvent difficile à accepter. Il y a la perte de l'amour de l'autre, la jalousie et la blessure infligée à notre fierté.

Faute d'expérience, Claire ne savait pas comment rompre et moi je ne savais pas comment assumer cette rupture. Les choses se passèrent mal. Du côté de Claire, le désir d'en finir et l'impossibilité d'aider l'autre à supporter sa douleur, de mon côté, le refus que les choses s'arrêtent ainsi.

Lorsque nous sommes amoureux, nous éprouvons généralement la sensation d'être magnifique et génial. Dans les yeux de l'autre, l'être le plus moche se sent beau et le plus bête intelligent. L'amour nous donne une valeur, il nous transcende. Le prisonnier, totalement déshérité, continuellement abaissé par ses geôliers, soumis à des images peu flatteuses, peu revalorisantes, subit plus difficilement que tous l'abandon amoureux. Dehors, face à un tel échec, chacun peut trouver un refuge. Parler avec des amis, se confier à un proche, aller au cinéma, visiter des musées, se promener dans la campagne ou chercher toutes sortes de subterfuges pour tenter de remplir le vide. Le prisonnier n'a rien, rien du tout, il est seul face à lui-même.

Peu avant, en septembre 1978, ayant décidé de reprendre mes études, j'avais été placé dans le « quartier bas » de la Santé où les détenus sont seuls en cellule. C'est là que l'administration plaçait les détenus particuliers, une grande partie de ceux qui passaient aux assises pour des faits de grand banditisme et ceux qui étudiaient. Les cellules faisaient quatre à cinq mètres carrés et nous disposions d'un petit lavabo.

Mon monde, si artificiel, dès lors uniquement fondé sur l'amour, s'écroulait. J'étais cassé, comme un objet que l'on jette à la poubelle. Je n'avais plus de valeur, la vie n'avait plus de sens. Je songeais à la mort, chaque jour. Ma déstructuration était complète. J'éprouvais continuellement une envie de suicide, incapable de ressentir réellement de la haine et de nourrir une rancœur salutaire à l'encontre de mes geôliers. Je devais tout encaisser, leur stupidité, les petites vexations quotidiennes de la prison, sans pouvoir me raccrocher à quoi que ce soit. Un jour je tentai de m'ouvrir les veines. N'ayant pas la moindre connaissance en anatomie, je m'attaquais au tendon du poignet lorsque je fus appelé à l'avocat. Jean-Louis Pelletier était venu me rendre une petite visite. Je ne lui dis pas ce que je faisais, ni même où j'en étais psychologiquement, mais en rentrant en cellule, j'abandonnai mon projet.

Désespéré, n'osant pas hurler par fierté et pour éviter d'ennuyer mes voisins, je tapais dans le mur donnant sur l'extérieur, ne faisant ainsi aucun bruit. Lorsque l'envie de mourir me reprenait, j'imaginais Claire se foutant de moi, ironisant sur mon cadavre et je trouvais alors un peu de force pour continuer. Par la suite, je me suis demandé si le suicide était un acte de courage ou de lâcheté. J'ai parfois conclu que c'était de la lâcheté, parfois du courage. En fait, je crois que c'est surtout le signe d'une souffrance sans limites, un acte de négation de soi et de reniement de ceux qui vous aiment. Le suicide doit être proscrit parce qu'il fait souffrir nos proches, il suscite le sourire de ceux qui nous détestent et laisse les autres indifférents. C'est un postulat aisé à avancer quand on est fort, quand on a vécu, quand on parvient à surmonter ses doutes et ses maux, mais c'est une affirmation illusoire et dérisoire lorsque l'on est jeune ou quand la douleur nous étreint au point de nous réduire à néant, de nous faire nous sous-estimer.

J'oscillais alors entre l'envie de mourir et celle de survivre. En 1978, muni d'un CAP d'aide-comptable, je passai deux examens de comptabilité autorisant la reprise d'études permettant d'accéder à une préparation à un diplôme ouvrant la voie au DECS. Je les réussis, ce qui me donnait à peu près la reconnaissance du niveau d'un baccalauréat. À cet instant précis, je me situais entre la rupture complète, la mort et une fort hypothétique réinsertion. Pour que cette dernière fût possible, il aurait fallu que je puisse sortir. Un dossier de libération conditionnelle avait été établi. Ma mère était allée voir le juge de l'application des peines de la Santé. Celui-ci ne connaissait pas mon dossier et, lorsque ma mère lui fit part de ma peine et des motifs d'inculpation, il lui dit qu'elle ne devait pas tout savoir et que j'avais dû commettre d'autres délits. Il la reçut une seconde fois en lui déclarant que j'avais en effet été fortement condamné. Aurais-je obtenu ma libération conditionnelle ? Difficile à dire. J'attendis.

En août 1978, mon arrière-grand-père succomba d'une crise cardiaque. Je sollicitai l'octroi d'une permission de sortie qui fut refusée. J'en demandai ensuite une autre en expliquant que mon arrière-grand-mère agonisait et qu'elle allait bientôt mourir. Je demandai donc à la voir une dernière fois et je me heurtai à un nouveau refus. Mon frère, alors détenu à Saint-Martin-de-Ré, avait obtenu une permission de sortie la veille du décès. Il assista aux funérailles, démoralisé, et se mit en rupture de ban. Peu après, Serge, mon ami d'enfance, condamné à quatre ans de prison, dont un an avec sursis, fut libéré. En janvier 1979, alors que je rentrais de promenade, un surveillant m'interpella :

– Maurice, pour votre permission c'est d'accord !

– Ma permission ? Quelle permission ?

– Vous n'êtes pas au courant ? s'exclama le maton, gêné.

– Euh, eh bien moi je veux bien sortir en permission mais je n'en ai pas demandé récemment.

– Vous n'êtes donc pas au courant ?

– Non ! De quoi devrais-je être au courant ?

– Euh, allez attendre en cellule.

Je rentrai donc en cellule et je compris ; mon arrière-grand-mère devait être décédée. Je fus ensuite appelé pour rencontrer l'assistante sociale qui confirma mon hypothèse. Ma mère avait envoyé une copie du faire-part de décès et avait rappelé que l'on m'avait interdit de sortir pour l'enterrement de mon arrière-grand-père, ainsi que pour revoir mon arrière-grand-mère. Elle demandait sèchement s'ils m'autorisaient à me rendre à cet enterrement. Le courrier était précisément arrivé le jour où la commission de l'application des peines se réunissait et l'on m'avait immédiatement accordé cette permission, sans que j'en fasse la demande.

Je sortis le surlendemain et j'assistai à l'enterrement le samedi 20 janvier 1979, au temple protestant de Vitry-sur-Seine. La journée fut troublante. Tout le monde était triste d'enterrer mon arrière-grand-mère et nous étions malgré cela heureux d'être réunis. Mon frère, alors en cavale, de passage à Paris, vint me voir, ainsi que Serge auquel j'avais téléphoné. Mon frère me demanda ce que je comptais faire. J'étais perdu, je n'en savais rien et je décidai de rentrer le soir même puisque ma permission n'avait été octroyée que pour la journée. Je crois que j'espérais toujours pouvoir revivre normalement, avoir ma libération conditionnelle. Que sais-je ! J'étais égaré, tout simplement. Peut-être ne voulais-je pas non plus profiter de la disparition de ma bisaïeule.

De retour en prison, ayant bu pendant le repas de famille, je m'endormis comme une souche. Ce ne fut que le lendemain que je repris mes esprits. Souffrant à nouveau de la prison, je me demandai pourquoi j'étais rentré. Quand un prisonnier revient de permission, il accepte encore plus difficilement qu'auparavant les brimades que lui infligent ses geôliers. En fait, il les supporte d'autant moins qu'il se dit qu'il est rentré sans que personne ne l'y ait obligé. De plus, certains matons en rajoutent, se livrant à des remarques et faisant « monter la pression » comme si ce retour volontaire leur déplaisait.

En retournant en Espagne où il vivait, Jean-Jacques fut arrêté sur la frontière et incarcéré à Perpignan. Serge lui fit passer des lames de scie et il s'évada quelques jours plus tard, n'ayant pas séjourné un mois dans cette maison d'arrêt. Il retourna vivre en Espagne où il tentait de régulariser sa situation. La justice espagnole refusait souvent d'extrader les Français puisque la France s'opposait elle-même à l'extradition des militants basques espagnols.

Trois mois passèrent dans le désespoir. J'étais véritablement arrivé au « bout du rouleau » et je pensais en finir lorsque je réalisai que j'avais le droit de demander une permission par trimestre. Je fis ma demande qui fut immédiatement acceptée. Je distribuai mes affaires ayant le plus de valeur à deux ou trois gars et je m'apprêtai à ne plus revenir. Cela manquait de discrétion mais, à l'époque, les choses se déroulaient presque comme si l'administration cherchait volontairement à accumuler les échecs. Grâce au nombre élevé de crimes commis par des permissionnaires en cavale, Alain Peyrefitte avait d'ailleurs réussi à faire voter des lois que la gauche, des intellectuels et nombre de gens qualifièrent de scélérates. Le régime giscardien, impuissant face au chômage croissant, lançait de grandes campagnes démagogiques dénonçant l'insécurité et détournant l'attention du grand public. Lorsque mon frère était sorti en permission, le jour même, ses geôliers lui avaient signifié que sa libération conditionnelle était rejetée et qu'il ne l'aurait jamais puisqu'il s'était autrefois évadé. Si les détenus qui ne rentrent pas de permission sont responsables de leur choix, l'administration pénitentiaire d'alors et le régime giscardien surent en faire leur profit afin de développer une politique et des structures répressives.

Le samedi 28 avril au matin, presque deux ans jour pour jour après mon arrestation, je sortis de la prison de la Santé avec la ferme intention de ne plus jamais y revenir. Je retrouvai ma mère et son compagnon ainsi que divers proches avec lesquels je mangeai. Je téléphonai à Serge que j'eus du mal à joindre et lui demandai de me retrouver au restaurant où nous étions. Dans l'après-midi, alors que nous étions seuls, Serge me questionna :

– Alors ? Qu'est-ce que tu fais ?

– Je me mets en cavale, je ne rentre plus dans cette putain de taule.

– Tu es sûr ?

– Oui ! Tu sais, Serge, je fais sans doute une terrible connerie, car cela va tourner à la catastrophe, mais je préfère crever que de retourner là-bas. J'en ai assez bavé, j'ai tout perdu et je préfère vraiment me faire tuer. Je sais que je me ferai tuer, mais j'm'en fous.

Serge m'écouta silencieusement. Il me comprit et il savait qu'il n'y pouvait rien. Sans doute espéra-t-il que les choses se passeraient mieux. Peut-être mit-il aussi ces propos sur le compte du stress d'un gars qui vient juste de sortir de l'enfer et qui est complètement « déjanté ».

– Est-ce que tu as le numéro de téléphone de Jean-Jacques en Espagne.

– Oui, bien sûr ! Tu veux l'appeler ?

– Oui, pour organiser ma cavale.

Le soir même j'eus Jean-Jacques au téléphone et je lui annonçai que j'arrivais. Nous nous fixâmes un nouveau rendez-vous téléphonique pour le lendemain. Cette nuit-là, je fis un cauchemar, entendant des chaînes cliqueter. Je me réveillai en sursaut. Ma chienne, Maïa, était là, à mes côtés, et elle s'était agitée, faisant ainsi s'entrechoquer les maillons de son collier en fer. Le dimanche, Serge et moi allâmes me faire établir des faux papiers. Serge, que j'avais en partie « dédouané » dans notre mésaventure au point de lui assurer une peine inférieure à la mienne, me dit qu'il était hors de question que je lui rende l'argent autrefois emprunté. Assez comiquement, mes dettes, qui avaient joué leur rôle dans mon enracinement dans la délinquance, étaient toutes soldées. Je passai dire au revoir à ma mère qui comprit que je rejoignais mon frère. Le lundi matin, alors que la justice ne me recherchait pas encore, j'étais déjà en route pour l'Espagne. La frontière franco-espagnole présentant un risque, puisque mon frère était localisé là-bas, je suivis une filière détournée. Serge m'accompagna à Amsterdam d'où je pris l'avion pour Malaga.

Au moment où les matons de la Santé comprenaient que je ne rentrerais pas, je survolais la France à bord d'un avion hollandais, direction le soleil de la Costa del Sol. Le ciel était bleu, les hôtesses de l'air sympathiques et le repas délicieux. Je regardais au-dessous de nous, là-bas, comme le monde était petit, comme les matons me semblaient petits, tout petits par leur médiocrité, et surtout comme la vie était belle vue de si haut.

L'avion se posa à Malaga, mon frère m'y attendait. Nous nous serrâmes fort l'un contre l'autre, heureux sous le soleil, heureux d'être ensemble. Nous ne nous étions pas vus en dehors de l'univers carcéral depuis l'été 1976, nous étions tous deux en cavale. Jean-Jacques disposait de fonds nous permettant de laisser s'écouler le temps. Nous étions loin de la justice française. J'avais l'impression de recommencer à vivre, mais tout cela n'était qu'apparence, car je savais que je ne mènerais jamais l'existence dont je rêvais, tranquillement avec la femme que j'aimais. Au fond de moi, la prison était toujours présente, par l'expérience que je venais de subir mais aussi et surtout faute de perspectives d'avenir. Je cultivais la certitude d'une mort plus ou moins proche, mais ce serait au moins une mort en liberté et là, la vie me semblait merveilleuse, car l'idée de mourir sans chaînes me faisait aimer la vie, alors que la vie sans liberté me faisait aimer la mort. Être disposé à mourir rend plus fort puisque l'on sait que plus rien ne peut arriver, rien d'autre que la mort. J'étais triste d'avoir perdu l'amour, égaré mes rêves et mes passions, mes convictions et mes espoirs, les valeurs dans lesquelles je croyais, mais j'étais heureux, heureux à l'idée que seule la mort abrégerait mon temps de liberté...

# CHAPITRE IV

## LA CAVALE

À l'époque, Malaga était une ville dans laquelle de nombreux voyous en cavale résidaient. Pourquoi ? Je ne l'ai jamais véritablement su, c'était ainsi. Peut-être simplement parce que la région était très touristique et que la meilleure façon de vivre pour un homme en rupture de ban consiste à se faire passer pour un touriste perdu parmi les autres touristes. Jean-Jacques avait loué une belle villa à flanc de colline, dominant la mer. Cela aurait pu, dû, me rendre heureux, me redonner goût à la vie, mais ce confort me semblait bien artificiel. Je savais que mes comptes demeuraient en suspens. De plus, notre situation interdisait tout travail et toute vie régulière. Il était évident qu'il faudrait, à un moment ou à un autre, aller chercher de l'argent. Les dés étaient jetés, définitivement, et je ne pouvais que perdre la partie. De plus, j'avais un camarade en prison auquel je pensais, qui désirait s'évader et que je souhaitais aider. Je savais qu'il me faudrait retourner en France et que mes pas me conduiraient à la mort.

Jean-Jacques et moi sortions beaucoup et menions l'heureuse vie de vacanciers aisés. Toutefois, au bout d'une dizaine de semaines, il fallut aborder la question financière et attaquer une banque. Un ami quadragénaire vint de Paris avec le matériel nécessaire et nous passâmes à l'action, très loin de notre retraite, dans un autre pays, sans qu'il y eût de problèmes.

69

Dès lors, nous avions pris les armes. Je sentais une révolte de plus en plus grande monter en moi et je me serais bien engagé politiquement, dans des groupes d'action politique d'extrême gauche, mais ce n'était heureusement pas l'heure pour moi. Un jour, nos idées de gauche nous firent renoncer à une chance unique. Jean-Jacques avait rencontré une famille de Sud-Africains en vacances et s'était lié avec eux. Le père occupait une bonne place en Afrique du Sud et il proposa de nous y recevoir. Avisé de notre situation, il expliqua que c'était sans importance et que nos situations se régleraient aisément. Nous n'étions en cavale que pour des délits relevant de la correctionnelle et les rapports entre la France et l'Afrique du Sud n'étaient pas au mieux, même si des politiciens français soutenaient le régime de l'apartheid. L'offre s'avérait alléchante, c'était une autre existence, dans un pays magnifique, loin de la France, de ses institutions et de ses forces de répression. Cependant, un volet de cette offre sous-entendait une adhésion à une idéologie aux relents déplaisants. Nous étions blancs, notre hôte providentiel aussi, et nous devrions nous intégrer totalement dans des structures blanches militantes : en fait, devenir des racistes et des fascistes ! Pour survivre, un homme peut songer à s'impliquer dans un régime qu'il n'approuve pas totalement, mais il est difficile, voire impossible, de se rallier à une idéologie totalement opposée à la sienne sans être porté par une raison altruiste. Un espion peut simuler son rattachement à un parti adverse pour le combattre, par exemple. Mais là, nous aurions procédé ainsi simplement pour notre confort. C'était d'autant plus irréalisable que nous étions jeunes, spontanés, et que nous éprouvions des difficultés à ne pas dire ce que nous estimions juste et conforme à nos idées. Nous renonçâmes donc à cette aventure qui aurait totalement changé nos vies.

Serge nous rejoignit à plusieurs reprises. Un jour, il conduisit ma mère jusqu'à nous. Elle resta là quelques jours. La pauvre vivait un enfer, devinant fort bien où nous conduiraient nos choix, pleinement consciente que nous étions dans une impasse et que cette vie apparemment tranquille ne reposait que sur du sable, des sables mouvants qui allaient immanquablement nous engloutir.

De son côté, Serge menait une vie marginale, gagnant son argent à sa façon. Si, quelques années auparavant, nous avions l'impression de vivre comme dans un film, nous savions maintenant que nous étions plongés dans la réalité. Tout était vrai, la cavale, les calibres, les fusils à répétition, les gilets pare-balles, les faux papiers et les flics. Nous ne rencontrions pas de problèmes avec la Garde civile et les *municipales* espagnols. Ces derniers respectaient la tranquillité des étrangers. Toutefois, un jour, alors que j'allais récupérer une voiture volée laissée en planque, un garde civil m'arrosa de plomb sans sommation. Bien qu'étant armé, je ne songeai même pas à riposter et je détalai, évitant tout conflit. Je dus finalement me jeter dans la mer depuis une petite falaise d'une quinzaine de mètres. Je faillis être englouti par les remous et, pour rester à flot, je fus dans l'obligation d'abandonner mes vêtements et mon pistolet. J'en fus quitte pour rejoindre la côte plus loin et pour me rallier à mon frère et à Serge en me promenant en slip, comme un baigneur revenant de la plage, portefeuille trempé à la main. C'était la deuxième fois de ma vie que je me faisais tirer dessus sans riposter, alors que je prenais simplement la fuite, et je me dis que ce serait la dernière.

Comble du voleur, pendant l'été, notre maison fut cambriolée alors que nous étions à la plage et une mallette contenant tous nos jeux de faux papiers et l'argent fut dérobée. Or, la location prise à Marbella s'achevait et un autre locataire était enregistré. Il était impossible de signer un autre contrat de louage. Il ne nous restait qu'une solution, franchir la frontière et retourner en France acheter d'autres papiers. Nous partîmes en direction des Pyrénées, Serge dans une voiture, en tête, Jean-Jacques et moi dans l'autre. Par le petit poste que nous entendions prendre, les gardes-frontières arrêtaient rarement deux voitures de suite. En conséquence, dans le pire des cas, celle qui serait contrainte de se soumettre à un contrôle forcerait le passage et, au bout de quelques kilomètres, il suffirait au passager de celle-ci de monter dans l'autre véhicule. Si les deux voitures devaient passer la frontière en force, la seconde essuierait les coups de feu éventuels. Miraculeusement, tout se déroula sans anicroche. Les douaniers ne se préoccupèrent absolument pas de nous mais nous étions quasiment en panne d'essence.

Du côté français, nous nous arrêtâmes dans une petite auberge, afin de nous détendre, et nous téléphonâmes à un ami vivant à Perpignan afin qu'il vînt nous retrouver avec de l'argent. Cette auberge se nichait au bord d'un torrent, au fond d'une petite vallée encaissée. Elle était presque vide et son propriétaire nous reçut comme des princes, branchant le chauffage de sa piscine pour nous, après le repas. Le matin, en me réveillant, j'ouvris les volets de ma chambre. De la vigne vierge encadrait la fenêtre, les montagnes nous entouraient, des oiseaux chantaient et le bruit de la rivière chahutant les pierres de son lit procurait l'étrange sentiment d'être hors du monde et du temps. Notre ami arriva avec deux bidons d'essence et de l'argent.

Nous prîmes la route de Paris. Si beaucoup de voyous se disaient marginaux, la plupart adoptaient les mêmes us que les travailleurs. Dans la capitale, au mois d'août, presque tout le monde était en vacances ! Se procurer des faux papiers pendant cette période relevait de l'exploit. Il fallut faire le tour de toutes les adresses connues pour obtenir satisfaction.

Nous devions nous renflouer, au moins provisoirement, puisque nous ne disposions que d'une maigre réserve financière en France. Nous attaquâmes une banque. Nous la quittâmes, après y être demeurés un peu trop longtemps, et notre voiture tomba nez à nez avec un véhicule de police débouchant sur notre droite. Nous eûmes la chance d'être plus rapides, Serge et moi sautâmes à terre, armes braquées en direction de nos adversaires. Ces derniers ne bougèrent pas, demeurant figés. Jean-Jacques dégagea notre voiture. Serge remonta, côté passager arrière gauche, tout en conservant son arme braquée par la fenêtre, après quoi je pris place, côté passager avant, toujours l'arme levée. Jean-Jacques démarra et nous vîmes la voiture de police partir en chemin inverse, vers la banque. Ni eux ni nous n'avions envie de nous confronter les uns aux autres. Je ne pense pas que c'était de la peur, comme nous, les autres ne devaient pas souhaiter se servir de leurs armes.

Il existe plusieurs façons de vivre en cavale, les deux principales sont à l'opposé l'une de l'autre, soit s'enterrer dans un coin de campagne, loin de tout, soit vivre au grand jour dans des endroits luxueux, là où la police ne met pas trop les pieds pour ne pas déranger les bourgeois et les touristes. Alors que Jean-Jacques décidait de retourner en Espagne, moi qui ne parlais pas un mot d'espagnol et qui pensais à ce camarade que je souhaitais faire décrocher de prison, je décidai de rester en France. Je choisis donc de vivre au grand jour.

Parfois, je passais devant la Santé qui me rappelait ainsi que je n'étais pas quitte et que ma liberté n'était qu'éphémère. Dès lors, je marchais bien à la mort. Peut-être, d'ailleurs, mon choix de ne pas repartir en Espagne était-il inconsciemment inspiré par la volonté d'en finir, car je restais convaincu qu'un jour ou l'autre cette liberté arrachée et réappropriée me serait reprise, d'une façon ou d'une autre. Tout, depuis le 28 avril, n'était composé que d'artifices et d'apparences laissant l'essentiel de côté. L'argent facilement acquis partait vite. Un jour, ma voiture étant tombée en panne, Serge et moi allâmes en chercher une autre, une 604. Pourquoi une si grosse voiture ? Ce n'était pas spécialement par goût des grosses voitures, mais la 604, alors signe ostentatoire d'une grande aisance, permettait à quelqu'un présentant bien de passer sans problème devant les flics respectueux des apparences. Avec une telle voiture, je n'étais jamais arrêté sur des barrages ou lors de contrôles routiers. Les choses, pourtant si simples, tournèrent mal. Des vigiles nous surprirent dans le parking souterrain où nous dérobions cette 604. Ils me rouèrent de coups de matraques et j'allais perdre conscience lorsque Serge parvint à me dégager. Il sortit son arme mais les vigiles n'en eurent cure. Peut-être ne la virent-ils pas du fait de la faible luminosité. Je m'emparai moi-même de mon arme. Nous fîmes feu, sans nous concerter, pour achever de me dégager, sans songer aux conséquences. Serge m'aida à me relever et m'épaula jusqu'à sa voiture. J'étais complètement « groggy » et des élancements terribles traversaient mon crâne. À la maison, je tombai comme une masse, sonné, sur un lit. Ce ne fut que le lendemain que nous apprîmes l'issue fatale, j'avais blessé l'un des vigiles mais l'autre, atteint par Serge, était mort des suites de sa blessure. Nous fûmes plongés en état de choc, égarés, perdus, ne sachant plus trop que faire. Jamais je n'avais songé que je puisse blesser un homme ; au contraire, je pensais être tué, sans avoir l'intention de me laisser abattre il est vrai.

Ce ne fut qu'ensuite que nous réalisâmes que nous avions laissé des empreintes digitales sur place. Au sentiment de culpabilité s'ajoutait l'escalade judiciaire. Plus la moindre issue ne subsistait. Nous étions dans une impasse. Nous décidâmes de partir un mois « au vert » et prîmes un chalet en location dans le port de Deauville. Si la situation n'était pas si dramatique, nous aurions pu apprécier l'endroit. Cela nous permit tout juste de nous remettre, de nous convaincre qu'il fallait maintenant tenter de survivre, de prolonger un peu nos existences. Serge avait la vie fortement ancrée en lui. Nos conversations tournaient parfois au morbide. Serge m'expliqua qu'il avait rêvé qu'il agonisait sur une sorte de place dont il ne parvenait pas à s'échapper, faute d'issue. Moi, il savait depuis longtemps que j'avais la certitude que je crèverais sur un trottoir, sous la pluie, vieux cauchemar remontant à la fin de mon adolescence je crois.

Le retour à Paris ressembla fort à la fin d'une pièce de mauvais genre. Nous achetâmes de nouvelles armes, des automatiques, un revolver et des pistolets-mitrailleurs. Tout était prêt pour la tombée du rideau. Nous sentions que la fin approchait. Avec ma compagne d'alors, je sortais au restaurant, tentant d'oublier la réalité, et nous visitions des musées. Un après-midi, nous allâmes au cirque. J'avais perdu toute notion de bonheur mais, en voyant les enfants rire face aux pantalonnades des clowns, je me souvins combien l'innocence de la jeunesse était douce au cœur.

Je me promenais dans Paris, regardant les gens, la vie, lorsque l'information tomba brutalement : Mesrine venait de terminer son parcours. Il avait été abattu sur la place publique par des flics de l'antigang. Acte de guerre dans un système sans alternative. Le gibier qui veut être libre doit aller jusqu'au bout en sachant que le chasseur ne l'épargnera pas. Mourir libre ou vivre esclave, il n'existait pas d'autre solution. La première hypothèse s'avérait bien préférable. Nous étions véritablement dans la peau d'animaux à bout de souffle. Enragés, diront certains, et donc à abattre ! Possible, mais je pense plutôt désespérés, égarés et perdus, préférant être ailleurs.

Par la suite, en prison, j'ai rencontré plusieurs gars qui avaient atteint ce stade de non-retour et qui auraient préféré mourir plutôt que de se rendre, crever comme un chien sur un trottoir que de retourner dans l'enfer carcéral. La plupart étaient à l'opposé de la bête sanguinaire, aucun ne souhaitait véritablement tuer, presque tous auraient voulu que la réalité fût différente, mais tous considéraient que la mort était préférable. En face, les flics, sûrs de leur bon droit, les poursuivaient avec la conviction que celui qui refusait leur loi justifiait leur droit de tirer. Tirer pour tuer ? Tirer pour neutraliser ? Sans doute les flics, comme les voyous, ne se posent-ils pas trop de questions, ne pensant pas qu'ils vont tuer. Ils laissent le hasard intervenir. Une balle qui sort d'une arme peut simplement blesser, arrêter l'autre, le neutraliser, elle peut également le tuer, ou plutôt le «blesser mortellement», terme plus pudique, expression qui commence à déculpabiliser puisqu'elle dit d'abord «blesser», attestant qu'il n'y a pas eu véritablement volonté de tuer. Je me souviens d'un gars qui, se sachant pris, dégoupilla sa grenade avec l'intention de mourir, mais son matériel de mauvaise qualité n'explosa pas et il purgea sa peine. Un autre se tira une balle de 357 dans la poitrine, mais il survécut. Tant d'autres ont tiré tout autour d'eux en espérant qu'une balle les faucherait, mais ils ont survécu.

La fin de Mesrine a fait couler beaucoup d'encre. Certains parlèrent d'exécution publique. Lors de mon arrestation, un flic me dit :

– Tu vois, nous on arrête les gars quand on en a la possibilité.

C'était une allusion à la mort de Mesrine. La police d'alors œuvrait avec des techniques et des méthodes différentes par rapport à aujourd'hui. Le pouvoir giscardien exigeait des résultats. La presse se faisait l'écho d'actions spectaculaires. Mesrine n'était pas le premier à être neutralisé de la sorte. Des garçons, suspectés d'un hold-up commis à Corfou, furent mitraillés sur un péage d'autoroute. Plusieurs années auparavant, un voyou mis en cause dans l'exécution d'un juge fut abattu dans un guet-apens tendu autour de sa maison. L'un de mes oncles par alliance tomba dans une telle souricière. Avec ses amis, il avait prévu de commettre un braquage. Un service de police avait obtenu l'information. Ses membres se «mirent en planque» autour du lieu prévu. Ils laissèrent le vol se dérouler puis, lorsque l'équipe de braqueurs sortit, ils les mitraillèrent sur place. Seul mon oncle en réchappa, chargé de plomb, d'abord laissé pour mort. Le nombre de bavures était élevé. Un groupe de policiers, procédant à une arrestation, sonna à une porte mais se trompa d'étage. Celui qui ouvrit était un innocent collectionneur d'armes en train de nettoyer l'un de ses modèles, il fut abattu. En 1979, un flic opérait une surveillance devant un pavillon suspect. Un autre service de police le vit et le tua en le prenant pour un malfrat. Des jeunes refusant d'obtempérer aux ordres de la police étaient tués de temps en temps. Il ne s'agit pas dans mon propos, contrairement à ce que d'aucuns pourraient penser, de porter une accusation, cela d'autant moins que je suis convaincu que la plupart des bavures puisaient leur origine dans la peur des policiers. Ces derniers étant des hommes comme les autres, ils ne sont pas à l'abri de la panique qui fait tirer plus vite que la situation ne l'exige. Évidemment, la mort de Mesrine ne relevait pas de ce registre. Elle fut prévue et planifiée à l'avance.

Si les bavures surviennent encore, moins nombreuses qu'autrefois me semble-t-il, c'est sans doute parce que les policiers en question sont pris de panique et ne parviennent pas à contrôler leur intervention, à dominer leurs armes. Ils sont encore indéniablement mal formés et mal préparés pour affronter certaines situations. Il semble évident que des gens instables sont aussi occasionnellement enrôlés au sein des forces de police et armés. Certains, fort réceptifs aux idées fascistes, acceptent facilement les discours selon lesquels il faut éliminer ce qu'ils considèrent comme de la mauvaise engeance ! Un homme auquel l'État remet une arme avec le pouvoir de tuer ne devrait-il pas faire l'objet de tests médico-psychologiques et de dépistages de motivations sérieux ? En outre, est-il raisonnable d'armer des policiers simplement chargés de faire de l'îlotage ou d'intervenir dans des cités peuplées de gosses ? Il existe plusieurs types de polices : des polices destinées à lutter contre la grande criminalité, devant intervenir dans des situations potentiellement violentes, et des polices de proximité. Certains policiers doivent savoir manier les armes, pour leur propre survie et pour éviter les bavures commises à l'encontre des passants ou de leurs collègues. De leur formation dépend leur efficacité. D'autres, simplement destinés à mettre des contraventions et à aller au contact des jeunes, sont factuellement sous-entraînés et incapables d'affronter sans risque une action violente. Les premiers doivent donc être armés, mais les seconds ? Leurs armes ne leur servent guère. Aux côtés d'une police armée et performante face à la violence devrait coexister une police désarmée chargée des relations avec la population civile.

Serge et moi exécutâmes un braquage sur un champ de courses afin de nous renflouer. Pour les braquages, nous utilisions une voiture pour l'opération elle-même, avec laquelle nous nous rendions à un relais où se trouvait un second véhicule. Nous procédions alors à l'échange, abandonnant la première voiture. C'est la stratégie classique de la « voiture relais », protection impérative et sûre, qui contraint à se procurer une seconde voiture. Peu après, nous partîmes donc chercher une nouvelle voiture, trouvant une Simca 1307 vers Fontenay-aux-Roses. Nous laissâmes cette voiture dans une petite rue de Gentilly avec l'intention de revenir la chercher le lendemain pour changer les plaques et les serrures, puis nous rentrâmes. Serge conduisait alors une Peugeot 104 blanche et il me ramenait à mon hôtel, au Châtelet, alors qu'il occupait un meublé dans l'est de Paris. Fourbu, je dormais à moitié, ouvrant les yeux de temps à autre, regardant où nous étions, puis refermant mes paupières. À un moment donné, je sentis la voiture accélérer et je devinai que quelque chose d'anormal se produisait. Éveillé pour de bon, je vis une voiture de police sur notre gauche, plus rapide que la 104, qui tentait de nous bloquer la route et d'obliger Serge à se rabattre sur le côté du trottoir.

Dans la voiture de police, l'un des flics avait décrété :

– Allez, on se les fait.

Pourquoi Serge ne s'était-il pas arrêté ? Je l'ignore ! Nous possédions tous les deux des papiers en règle et nous en avions également pour la voiture. Nous avions déjà subi des contrôles de ce genre sans problème. Je n'ai donc jamais compris. S'il s'était arrêté, sans doute rien ne se serait-il passé ce jour-là, un autre jour indéniablement, mais pas cette nuit-là. Serge était certainement aussi fatigué que moi, par notre situation et par le braquage évoqué plus haut ; tout cela a dû jouer et provoquer un mauvais réflexe. Au lieu de s'arrêter, il a accéléré. Dès lors, tout était joué. Plus ou moins serré par la voiture pie au niveau d'une voie tournant sur la droite, Serge braqua son volant et entra dans celle-ci. Malheureusement, c'était une impasse au bout de laquelle nous dûmes quitter notre véhicule. Ensuite, les événements se précipitèrent fâcheusement. Nous étions descendus chacun de notre côté, les policiers également, deux du côté passager,

77

un du côté conducteur. Je crus en voir quatre, ce qui atteste la faible valeur des témoignages. Dès le début, un premier policier me fit face. Il déclara plus tard que j'avais braqué mon arme vers lui puis il ajouta qu'il n'était pas armé et que je fis demi-tour pour contourner la 104 par l'avant, alors que lui-même passait entre notre voiture et la leur afin d'aller de l'autre côté. Je n'avais pas pu tirer sur ce type, j'avais tourné les talons et je me trouvais maintenant à environ deux mètres à l'avant de la 104 lorsque la voix du brigadier commandant la voiture de police cria :

– Tirez, tirez les gars, ils sont armés [1] !

Des coups de feu résonnèrent immédiatement. J'ignorais qui tirait. Selon le témoignage du policier qui a ouvert le feu, Serge aurait tiré le premier, sur le brigadier avec lequel il se battait. Le policier témoin aurait posé son arme sur la poitrine de Serge et aurait fait feu à bout touchant. De mon côté, à cet instant précis, ébloui par les phares de la 104 doublés de ceux de la voiture pie, entendant cet ordre, j'aper-çus une silhouette en uniforme survenant sur la droite de la 104, à ma gauche donc. Était-ce elle qui tirait ou quelqu'un d'autre ? Était-ce sur moi que l'on tirait ? J'ouvris le feu et je tuai, sans le vouloir, par peur, pour la seule fois de ma vie.

Je rejoignis Serge qui se dégageait de l'emprise du brigadier afin de fuir avant de tomber quelques mètres plus loin, mort, foudroyé. Le policier survivant s'était déjà déplacé, ayant rejoint le côté droit de la 104, et j'ouvris le feu dans sa direction afin de couvrir ma fuite alors qu'il m'atteignait à la main.

Blessé, je réussis à quitter les lieux en franchissant un muret don-nant sur un jardin privatif. Là, complètement piégé, je dus escalader le mur d'une maison, haut sans doute de cinq à six mètres, afin de retomber dans une rue. Je partis ensuite, sanguinolent. Je traversai une partie de Paris, ralliant le Châtelet, alors que les voitures et cars de police tournaient dans tous les sens, sirènes hurlantes et gyro-phares affolés.

---

1. Ces faits résultent tant de mon témoignage que de celui du policier ayant participé à cette fusillade.

Le lendemain, j'appris par la radio toute l'ampleur du désastre. Serge et deux policiers tués. Je me rendis chez un médecin compréhensif pour me faire soigner. Il sortit les morceaux de balle logés dans ma main puis il plaça une attelle autour de mon doigt, deux phalanges ayant été partiellement broyées. Plus tard, pendant la garde à vue, les flics de la Brigade criminelle me demandèrent qui m'avait soigné. Je leur répondis que je l'avais fait seul en achetant le matériel nécessaire dans une pharmacie. Ils se montrèrent sceptiques face à la qualité du pansement mais je répliquai, consécutivement à leurs remarques, que j'avais effectué mon service militaire dans les pompiers de Paris et que j'avais donc la qualité de secouriste. Malgré cela, ils me contraignirent à ôter pansement et attelle en me conviant à remettre l'ensemble, seul. J'y parvins tant bien que mal, le résultat étant moins esthétique bien qu'acceptable.

Je rencontrai ensuite la compagne de Serge à laquelle je conseillai de partir à l'étranger, un temps, en disposant de l'argent réuni par Serge et dont elle était dès lors dépositaire. Je lui expliquai qu'en ce qui me concernait les choses se termineraient bientôt. Le ressort était définitivement rompu et je n'étais même plus animé par l'instinct de conservation. Je pense que j'attendais la mort en me disant que j'allais enfin être tranquille. Plus aucune motivation, à ce moment précis, ne me permettait de combattre pour survivre. J'enviais Serge d'être mort les armes à la main, je culpabilisais de lui survivre. Comment vivre dès lors !

Hébergé par un voyou du milieu traditionnel qui possédait un hôtel de passe dans un quartier de Paris, je demeurai là toute la journée, tentant de faire le point. Je joignis mon frère pour lui résumer, à mots voilés, la situation. Afin de ne pas exposer notre conversation aux possibles indiscrétions téléphoniques, je lui conseillai de lire un journal qui évoquait le drame. Je savais que Jean-Jacques décoderait le message et aurait ainsi une partie des détails. Il me recommanda de passer immédiatement à l'étranger, en Suisse allemande où nous avions des amis.

Le soir, en taxi, je rejoignis mon hôtel afin d'y récupérer mes affaires, ainsi que mon luger « grillé » qu'il convenait de jeter dans la Seine au plus tôt. Le matin, j'avais emporté ma sten. Je la laissai à une connaissance pour la récupérer plus tard. Arrivé au Châtelet, je ressentis un mauvais pressentiment et je faillis ne pas m'arrêter, faisant exécuter un tour complet du pâté de maisons. Ce ne fut que plus tard que je compris pourquoi un malaise s'était emparé de moi, mais j'étais sous antibiotique et sous analgésique, ce qui ne favorisait pas la réflexion. Aucun policier en uniforme n'était en poste dans ce quartier pourtant d'habitude si «fliqué». Il était vide de tout «risque», comme si l'on avait voulu dégager la zone afin d'y attirer le petit poisson que j'étais. De plus, à l'angle même de la rue où je fis stopper le taxi, stationnait une voiture bâchée, or, depuis l'exécution de Mesrine, la police utilisait de tels véhicules desquels les flics en intervention surgissaient plus rapidement. Je vis ensuite que cette voiture appartenait bien au groupe mis en planque.

J'entrai dans l'hôtel et j'enregistrai à nouveau quelques anomalies dans le décor coutumier. Dans le salon, généralement vide, un groupe de trois ou quatre gars patibulaires patientait. Ils appartenaient à la Criminelle. J'aurais dû réaliser, demander n'importe quel renseignement au concierge de nuit qui ne me connaissait pas et ressortir. J'étais trop las et je demandai la clé de ma chambre. Les flics qui ne possédaient qu'une vieille photographie de moi ne m'avaient pas encore reconnu mais ils se tenaient sur leurs gardes. Ils se levèrent. Je me retournai et les vis s'avancer vers moi. Ils ralentirent légèrement alors que je glissais ma main sous ma veste afin de faire croire que j'étais armé, mais la rapidité des mouvements et du déroulement de l'action m'empêcha de donner plus de crédit à mon geste. Je n'avais rien à sortir qui pût ressembler à une arme. L'un des flics au moins fut en partie mystifié. Par la suite, il me demanda ce que j'avais voulu faire en portant ma main à ma ceinture. Il avait bien compris, mais je n'eus pas envie de lui confirmer le but poursuivi, surtout que cela avait été une réaction résultant d'un conditionnement méthodique. Depuis ma sortie, je m'étais mentalement préparé à une arrestation sans arme, me disant que, si j'en avais le courage, je simulerais le fait d'être armé. Cela fut-il du courage, ce jour-là ? Je ne le crois pas, j'estime que mon geste survint à la suite de cette préparation psychologique. Mourir plutôt que d'être capturé.

Je ne fus donc pas tué. Je fus ceinturé, jeté au sol et, alors que je ne résistais pas, je reçus des coups de toutes parts. Les flics, vainqueurs, se défoulèrent. Relevé, tenu par les bras, et surtout à moitié étranglé par mon écharpe qu'un des flics avait complètement serrée autour de ma gorge, je fus sorti de l'hôtel et emmené au-dehors. Je ne parvenais presque plus à respirer, faute d'air. Mes yeux se voilaient mais j'apercevais encore les lumières dans la nuit et, très vaguement, les immeubles bordant la rue. Je captais ces images avec la certitude que ce serait les dernières que je verrais. Je fus jeté dans un véhicule dont je ne conserve aucun souvenir alors que des flics surgissaient de la voiture bâchée.

Du Châtelet au quai des Orfèvres, le trajet fut rapidement couvert. Là, les chasseurs me traînèrent jusqu'à l'étage de la Criminelle. L'agitation était intense. J'avais été dénoncé, comme bien souvent à l'occasion de telles arrestations. La police n'invente pas des pistes, elle les suit en partie et, surtout, elle se fait guider par des délateurs. Ces derniers sont motivés par toutes sortes d'intérêts, faiblesse, peur, appât du gain ou blanc-seing afin de commettre eux-mêmes des délits de moindre importance.

J'appris par la suite que j'avais été en affaire avec un indicateur. Je le nommerai, pour acte, Attila. Un tel nom, totalement inventé par moi, n'aurait rien d'impossible comme surnom d'activité et il me permet de laisser dans l'ombre cet anonyme dont j'ignore l'évolution depuis tant d'années. Ce type, très cynique, présentait fort bien. Sympathique, affable et serviable, il trafiquait dans tous les domaines, à un petit niveau bien entendu. Il rencontrait beaucoup de gars en cavale et ne les dénonçait pas tous. Il aurait été très vite, beaucoup trop rapidement et inutilement, repéré. Il bénéficiait ainsi de la confiance d'un grand nombre de personnes et se voilait ostensiblement dans les atours de la grande moralité du brave voyou, dénonçant avec virulence la pourriture des balances et des flics. Contre des sommes raisonnables, il rendait service, procurant des armes ou des papiers à ceux qui en avaient besoin puis, fort ponctuellement, il frappait, toujours sur les coups les plus exceptionnels possibles, ceux pour lesquels les flics étaient prêts à tout. En échange, ces derniers fermaient les yeux et l'autorisaient à poursuivre tranquillement ses affaires. Vers 1979, certaines de ses victimes commencèrent toutefois à comprendre son rôle et s'efforcèrent de le faire savoir, mais l'information circulait d'autant plus difficilement qu'elle émanait de gars enfermés, incapables de prouver leur propos, alors que d'autres n'avaient pas rencontré de problèmes. En outre, lui, loin d'être stupide, niait intelligemment en expliquant que le gars qui l'accusait devait être mal informé, voire victime d'une intoxication, et avoir du mal à juger correctement de la situation alors qu'il subissait les souffrances de la prison. Il était donc fort et efficace.

Ce qui me paraît plus dramatique, ou intéressant, dans cet exemple, c'est que le luger que j'avais utilisé dans la fusillade de la rue Monge, face aux policiers, m'avait été vendu par lui. Je fus donc, en l'occurrence, armé par un indicateur de police que les flics laissaient trafiquer en échange de renseignements ! Ce fut d'autant plus cynique que ce gars savait que je ne le dénoncerais pas pour cette vente d'armes. Ce type poussa d'ailleurs le cynisme assez loin. Il détenait une de mes armes. Il la revendit à mon frère, sans lui dire qu'elle m'appartenait.

La police a besoin des indicateurs. Lorsque j'étais enfant, mon père, flic, m'avait expliqué qu'ils n'aimaient pas les indics mais qu'ils se servaient d'eux. Depuis toujours la trahison est utilisée mais cela laisse parfois des relents désagréables lorsque l'on songe que ce luger m'a été vendu grâce à ces pratiques.

Au quai des Orfèvres, je fus jeté à terre, dans un local occupé par deux bureaux, et savamment piétiné pendant plusieurs minutes. Un flic jaillit comme un possédé dans la pièce et cria :

– Arrêtez les gars, ne le frappez plus, la presse est prévenue qu'on l'a arrêté.

Je ne sus jamais trop comment la presse avait obtenu l'information. Cela présenta pour moi un avantage évident, même si j'étais psychiquement débranché. On me releva et on m'assit sur une chaise. Les faits étaient établis et je n'eus qu'à les confirmer. Pourquoi ne pas avoir nié ? Je l'ignore. Je crois que j'étais psychiquement mort, je me moquais de tout, et cela ne me gênait pas. Au contraire, la mort de Serge me donnait-elle peut-être envie de leur dire qu'eux aussi avaient subi des dégâts. Je n'en sais rien. Dans la vie, face à des situations extrêmes, la vérité et les motivations deviennent totalement confuses. L'homme ne sait plus forcément très bien pourquoi il fait quelque chose. Ultérieurement, il peut éventuellement essayer de deviner, de rechercher les raisons et de reconstituer le pourquoi et le comment des événements, mais découvre-t-il réellement la réponse aux questions posées ? Je suppose qu'à ce moment, j'étais mort avec une seule étincelle de vie : la haine face à la mort de Serge.

L'ambiance de la garde à vue se calma. Tout au plus un flic mentalement perturbé s'amusait-il à me coincer dans les couloirs, lorsqu'il en avait la possibilité, pour me cogner dessus, dans le ventre afin de ne pas laisser de marques. Ses collègues intervenaient rapidement pour l'en empêcher. Ce flic, « sans doute fort respectable et honnête », tenta d'ailleurs, jusqu'à mon départ, de s'approprier un poste de radio-télévision que je possédais. En effet, il ne le fit pas enregistrer dans l'inventaire de mes affaires. Je dus l'exiger à deux reprises, donnant lieu à un échange mesquin, à la fin de la garde à vue, entre un groupe de flics et moi.

– Vous n'avez toujours pas enregistré mon radio-télé !

– Non, on n'a pas eu le temps.

– Je veux que vous le fassiez.

– Mais enfin, qu'est-ce que tu vas en faire là où tu vas ?

– Je le ferai remettre à ma famille.

– Oh tu sais, on sait comment tu l'as acheté. Tu veux qu'on le saisisse ?

– Saisissez-le ou mettez-le dans l'inventaire avec mes autres affaires. Je l'ai payé avec de l'argent et j'ai la facture.

– Oh, allez, ça suffit les gars, filez-lui son appareil qu'on en finisse ! dit l'un d'eux qui n'avait véritablement pas envie de s'éterniser sur ce point. Peut-être même trouvait-il anormal qu'un de ses collègues ait envie de garder, de subtiliser ou de racketter même un objet appartenant à un prévenu.

Les interrogatoires avaient parfois été interrompus afin de permettre aux flics de dormir. J'étais censé en faire autant, isolé dans une petite cage. Toutefois, des flics en uniforme, chargés de me garder, m'empêchaient de plonger dans le sommeil. Dès qu'ils me voyaient clore les yeux, ils assenaient des coups de pied dans la porte grillagée. Ils ajoutaient des commentaires tendant à remettre en question ma virilité. Regardant mes boots, fabriquées dans un cuir très fin, ils les qualifiaient de « pompes pour gonzesses ». C'est la grande psychologie de ce type d'individus qui proclament « en avoir dans le froc » et tentent de discréditer leur adversaire en lui niant sa qualité d'homme afin de le traiter comme une femme. Ils sont d'ailleurs trop stupides pour s'apercevoir que cela sous-entend qu'ils ont de sérieux problèmes identitaires pour tenter de s'affirmer ainsi.

La garde à vue achevée, je fus conduit au dépôt, contigu à la souricière, gardé par des flics en uniforme, et servant à détenir les prévenus venant d'être arrêtés à Paris et attendant de comparaître devant un juge d'instruction. Les policiers de la Criminelle demandèrent aux mannequins[2] s'ils avaient bien reçu les consignes. Les fonctionnaires interpellés répondirent affirmativement. Après le départ des gars de la Criminelle, je fus passé à tabac, avec une certaine modération afin d'éviter les marques, mais suffisamment pour provoquer des douleurs. Je pense que les flics de la Criminelle avaient craint cela et que les consignes devaient aller dans le sens contraire, mais les mannequins avaient trop envie de s'amuser avec un type blessé et menotté ! Les coups cessèrent lorsque je les avertis qu'ils allaient me briser la main.

Le lendemain matin, après une nuit agitée, fréquemment interrompue par les provocations et les intrusions des gardes, je fus présenté au juge d'instruction. Celui-ci m'informa qu'il me plaçait sous mandat de dépôt et me demanda si je m'y opposais. Je répondis négativement. Comment aurais-je pu m'y opposer ! Il me demanda si j'acceptais de parler. Je répondis à nouveau négativement en déclarant que je souhaitais la présence de mon avocat, maître Jean-Louis Pelletier.

Je fus ensuite chargé dans un fourgon cellulaire et je partis pour une destination inconnue...

---

2. Policiers en uniforme.

# DEUXIÈME PARTIE


# L'INSURGÉ

# CHAPITRE V

## LES QHS

Le fourgon circulait dans Paris, toutes sirènes hurlantes, à une allure telle que j'étais projeté de tous côtés. J'ignorais totalement où nous nous étions arrêtés lorsque je découvris la cour principale d'une prison. Je ne reconnus pas la Santé. On me fit descendre, puis on m'obligea à porter mes valises, récupérées par les flics de la Criminelle lors d'une perquisition réalisée à mon hôtel pendant la garde à vue. Ne disposant que d'une main en bon état, je fis plusieurs voyages. Les geôliers auraient pu porter une partie des bagages afin de gagner du temps mais ils commençaient à tenter de me conditionner. Les flics semblaient trouver tout cela un peu long à leur goût et ils s'esquivèrent le plus vite possible. Ces arrivées sont souvent accompagnées d'anecdotes surprenantes. Lors d'un transfert de province, des policiers faillirent oublier un 357 dans les sacs de voyage d'un de mes amis.

Je demandais où j'étais. Personne ne répondit jusqu'au moment où l'un des matons me dit :

– À la Santé !

Au moins, je savais que je n'étais pas là. J'en déduisis qu'il s'agissait de la prison de Fresnes, dans la banlieue sud, à quelques kilomètres de mon ancien domicile maternel. Conduit à la fouille, je dus y subir les quolibets des matons et de leurs indicateurs. Les matons me haïssaient déjà et ils tinrent tout de suite à se défouler, sans violence, car ils ne pouvaient pas se permettre une bavure. Ils procédèrent à l'inventaire de la totalité de mes affaires, imaginant et exprimant les commentaires les plus ineptes sur chacun de mes vêtements. En trouvant une robe de chambre et son pantalon en soie, ils se trémoussèrent comme des putes, prétendant ainsi me ressembler une fois vêtus de ce vêtement d'intérieur. Ils démontraient bien là leur vulgarité et leur niveau mental mais ils ne s'en rendaient pas compte, et puis ils me touchaient, malgré tout, dans ces jeunes années où l'on pense qu'un homme doit défendre des apparences. Ensuite, à la vue du cordon tressé servant à fermer la veste de ce *home wear*, un gradé mima un geste de pendaison et précisa sa pensée en s'exclamant :

– Oh, ça on lui laisse !

Hilare, il était fier de sa glorieuse boutade. Un peu plus loin, des détenus asservis pouffaient de rire. Dans les maisons d'arrêt, le travail est généralement réservé à des détenus dont l'administration pénitentiaire est sûre, mais certains postes sont catégoriquement réservés à des prisonniers prêts à une collaboration remarquable. Ceux de la fouille sont spécifiquement réservés à ce genre d'individus. L'endroit est stratégique puisque c'est là que sont conservés les objets interdits. Il règne alors une franche complicité entre gardiens et auxiliaires. Les seconds ne sachant plus véritablement où est leur véritable place. Cela ne présente rien d'exceptionnel. Des détenus ont toujours été prêts à changer de camp pour satisfaire leurs intérêts personnels. Peu avant que je ne connaisse la prison, au début des années soixante-dix, l'administration recrutait encore des prévôts. Ces derniers, choisis parmi les prisonniers, participaient au gardiennage du mitard. Souvent, ils frappaient leurs semblables en compagnie des geôliers. Ces derniers n'étaient déjà que des brutes mais les prévôts étaient souvent pires, tentant de plaire à leurs maîtres, sachant d'ailleurs qu'un retour en détention parmi les autres prisonniers aurait pu leur coûter la vie. C'était des gens cyniques, un peu comme dans le film américain *Boobaker* ou comme les kapos des camps de concentration.

Les matons me contraignirent à me déshabiller et je dus assister à tout cela dans cette inconfortable posture, puis je dus traîner les affaires qu'ils me laissaient jusqu'aux limites d'une salle distante d'une quinzaine de mètres. Mon paquetage avait été confectionné comme cela se faisait depuis des décennies et comme ils sont encore réalisés, en ce XXIᵉ siècle. Une couverture est mise à terre et les affaires y sont jetées, pêle-mêle. Si le nombre de vêtements est trop important, une seconde couverture est utilisée. Le prisonnier rejoint ensuite sa cellule en tirant son barda sur le sol, puis il récupère ses couvertures pour faire son lit. L'hygiène laisse à désirer mais, à l'époque, les couvertures étaient déjà généralement sales lorsqu'elles étaient attribuées en dotation.

On me conduisit jusqu'à la première division de la prison, dans un quartier à part, isolé du reste de la détention par une grille et un portique de sécurité. C'était le QHS. Le surveillant-chef commandant l'escorte me prévint :

– Attention, ici c'est le silence complet ! Interdiction de parler !

Parler ? Parler à qui, me dis-je, je ne connais personne ici. J'entrai dans ma cellule et la porte se referma sur moi. Ce moment est pénible, que ce soit la première fois dans une vie ou lors d'un retour en prison. Subitement, le silence tombe sur vos épaules et il vous laisse seul face à vous-même, face à votre capacité de résistance et confronté à vos problèmes, à l'immense rupture qui s'opère entre la vie d'autrefois et celle qui va devenir la vôtre. Vous êtes écrasé et vous éprouvez le désir de tout casser. Certains ressentent sans doute l'envie de pleurer, voire de hurler. Hurler ! Pleurer ! Tout casser ! Cela dépend de votre rage, de votre résignation ou de votre force à affronter les lieux. Il n'y a là ni courage ni faiblesse, seulement souffrance, désespérance ou colère.

La cellule mesurait sans doute six mètres carrés. Elle était équipée d'un lit en fer, scellé au mur gauche, d'un tabouret vissé au sol, d'une petite tablette en bois fixée dans le mur droit, d'un water-closet sur la droite de la porte, d'un petit lavabo à côté et d'un placard en béton construit au pied du mur. Une fenêtre, ouverte à plus d'un mètre soixante du sol, était close de barreaux doublés d'une grille. J'entendis alors des voix venant du dehors. Elles provenaient des cellules d'à côté. Je mis mon pied sur le tuyau qui courait le long du mur dans lequel était percée la fenêtre afin de m'élever jusqu'à celle-ci sans être en position trop instable.

– Il y a quelqu'un ? dis-je pour signaler ma présence.

– Oui ! Qu'est-ce que tu veux ?

– Euh, je viens d'arriver et je ne sais pas où je suis. On m'a dit la Santé mais je ne reconnais pas les lieux.

– Non ! T'es à Fresnes, au QHS.

– Ah !

Je ne savais pas trop quoi dire lorsque j'entendis :

– C'est toi, Philippe ?

– Euh, oui, qui c'est ? répondis-je interloqué.

C'était un de mes camarades, que je n'avais pas vu depuis près de deux ans et demi, la vie nous ayant séparés. Je découvris alors que les QHS accueillaient pas mal de garçons que j'avais côtoyés à l'extérieur. À l'époque, lorsque nous ne nous connaissions pas, à de rares exceptions près, nous avions au moins des relations communes. Cela donnait l'impression d'une grande famille. Mon camarade avait été arrêté dans le cadre d'affaires assez dures. Avec d'autres amis communs, il avait commencé à s'emparer d'une petite ville de province, les armes à la main, afin d'en piller tous les établissements financiers, mais il avait dû se retirer après une fusillade nourrie avec les forces de l'ordre locales. Il n'était pas tant en QHS pour cette affaire que pour une accumulation d'évasions réussies. Quelque temps plus tard, j'eus la surprise de voir débarquer mon oncle par alliance, celui qui était tombé dans un traquenard policier lors d'un braquage. Il avait récemment tenté de s'évader d'une grande prison parisienne les armes à la main. Le GIGN était intervenu et l'avait neutralisé en lui tirant dessus. Plusieurs doigts de ses deux mains avaient explosé sous l'impact. Il est vrai que le GIGN aurait pu le tuer et ne l'avait pas fait. De telles retrouvailles, même si nous aurions souhaité les faire dans un autre cadre, remontaient un peu le moral.

Bien des choses ont été écrites sur les QHS. À quoi bon en rajouter ! L'utilisation de ces lieux, savamment conçus, se généralisait alors en Europe et au Canada. Ils étaient principalement prévus pour les détenus politiques, IRA en Angleterre, RAF en Allemagne et BR en Italie. Dans ce dernier pays, politiques et droits communs réputés dangereux étaient regroupés. Les prisons françaises abritaient des détenus politiques, corses et bretons, mais ces derniers ne posaient pas de réels problèmes et ils restaient dans des quartiers politiques. Toutefois, en 1979, des activistes d'extrême gauche surgirent, transfuges du GRAPO, membres de la nouvelle Action directe, voire encore Palestiniens de Septembre noir, Iraniens, Libanais, brigadistes italiens, égarés de la Fraction armée rouge allemande, de l'ETA espagnol ou même de l'IRA. Les QHS ouverts vers 1975 et réservés aux droits communs en rébellion servirent à enfermer ces politiques auxquels l'État niait avec plus ou moins de virulence le statut politique. L'arrivée des premiers membres d'Action directe fut d'ailleurs assez comique en 1979-1980. C'était la première grande vague d'arrestations dans ce milieu révolutionnaire et, à Fresnes, les premiers jours furent un peu froids entre politiques et droits-communs. L'un d'eux nous expliqua ensuite qu'il ignorait tout de nous mais qu'il savait que l'administration pouvait utiliser des mouchards. Il avait craint que nous en soyons jusqu'à ce qu'il réalise qui nous étions et ce que nous pensions de l'État et de ses forces de répression. Certains d'entre nous jouissaient d'une culture politique. Je n'en avais guère acquise. Tout au plus avais-je lu le *Manifeste du parti communiste* et un passage du *Capital* sur la plus-value. J'aimais l'image du Che révolté. Cela ne permettait guère de me livrer à de profondes analyses, mais chaque jour qui passait me propulsait de plus en plus dans la révolte. L'État lui-même commit l'erreur de mettre en contact l'esprit et les moyens dont disposaient un grand banditisme aux sympathies d'extrême gauche et un activisme politique généralement d'extrême gauche. L'ensemble des pays capitalistes tombait dans la même erreur, permettant à des hommes qui ne se seraient jamais rencontrés autrement de faire connaissance et d'apprendre à s'estimer. La passerelle entre marginaux et politiques, qui a par la suite été dénoncée par divers services de police, était une création aberrante des gouvernements sécuritaires.

Les QHS étaient conçus pour provoquer une rupture mentale du prisonnier en recourant à l'isolement sensoriel. Presque pas d'espace, des lieux toujours semblables, la solitude, l'absence de couleur, un conditionnement physique et psychique imposé par les matons et surtout l'impossibilité d'organiser quoi que ce soit par soi-même. L'homme n'adapte plus rien à sa personne, il doit s'adapter à son environnement au point de se fondre avec lui. L'importance de l'exemple du tabouret scellé échappera à beaucoup mais cette anecdote n'en est pas moins révélatrice. Le tabouret était fixé au sol à une distance de la table supérieure à celle suffisant à tout individu. Pour manger, pour écrire, le prisonnier se trouve toujours trop loin, quelle que soit sa taille, et il doit se tenir assis sur le bord et se pencher en avant. Cela n'a l'air de rien, mais dans une vie normale, l'homme dispose les objets pour qu'ils se plient à sa nature. Là-bas, il doit renoncer aux normes correspondant à sa morphologie et perdre sa différence. Lorsque plus rien n'est adaptable, on risque de perdre son identité. De même disposions-nous d'une planche de bois sur laquelle nous pouvions coller des photos. J'en mis une de ma chienne. Cette photo se trouvait donc au milieu d'un mur. Un jour, je découvris que, lorsque je parlais de ma chienne, que ce soit au parloir avocat ou au parloir famille, je montrais toujours un mur de la pièce : ce mur, quelle que soit la pièce, était devenu ma chienne. Un dernier exemple illustrera mon propos ; lorsque je cantinais des légumes, je les épluchais, assis sur le tabouret, toujours à la même place. N'ayant aucune autre référence spatiale, au bout de plusieurs mois, pour évoquer des légumes je me référais au tabouret. Le psychisme commençait à dérailler.

Bien entendu les matons en rajoutaient. Ils réduisaient nos rations alimentaires, de façon totalement illégale. Un jour, en rentrant du palais, je les vis en train de manger dans notre gamelle. Ils se livraient à toutes sortes de vexations, de brimades, et ils créaient des rapports de force dans lesquels ils étaient fatalement gagnants.

Le sous-directeur responsable du QHS de Fresnes poussait l'humour plus loin, tentant de nous faire assimiler que nous étions détenus dans un lieu qui n'existait pas, fruit de notre imagination. Lors des visites individuelles qu'il devait nous rendre hebdomadairement, plusieurs d'entre nous s'exclamaient :

– Je n'ai rien à faire en QHS, je veux en sortir.

– Ah ! mais non, vous n'êtes pas en QHS (quartier de haute sécurité), vous êtes en QPGS (quartier de plus grande sécurité).

La semaine d'après, nous nous exclamions :

– Je veux sortir du QPGS.

– Ah ! mais non, vous n'êtes pas en QPGS, vous êtes en QSR (quartier de sécurité renforcée).

Et ainsi de suite, nous n'étions sans doute pas là, nous ne devions pas plus exister que ces quartiers tellement dénoncés qu'ils n'avaient plus de nom. La meilleure façon de régler un problème devenu politique n'est-elle pas d'en nier la réalité et, par conséquent, son nom.

Assez paradoxalement, loin de nous broyer, l'administration pénitentiaire nous poussait et nous acculait simplement à accroître notre révolte. Nous avions alors perdu tout respect pour l'autorité, apprenant à traiter les directeurs de prison et leurs matons comme des pantins ridicules et comme des canailles. La société étant uniquement représentée par eux, je pensais qu'elle était aussi pourrie qu'eux. C'est terrible de constater l'impact que la bassesse éventuelle et la malhonnêteté d'un fonctionnaire peut exercer sur un jeune. Ce fonctionnaire représente l'ordre et la société. S'il est mauvais, le jeune des banlieues qui ne dispose pas de moyens d'analyse suffisants finit par amalgamer société et fonctionnaire abusif dans un même rejet. C'est d'ailleurs le même processus qui s'impose avec les hommes politiques corrompus. Comment et pourquoi un jeune banlieusard, plus ou moins exclu par sa condition sociale, respecterait-il une morale que les représentants de l'État, nommés ou élus, ne respectent pas eux-mêmes ? Le pire est que le jeune sera le plus durement sanctionné alors que le fonctionnaire et l'homme politique bénéficieront souvent de circonstances atténuantes.

Fresnes se situe juste à côté de la ville où j'avais résidé pendant plusieurs années. Une de mes amies habitait, à près de trois cents mètres de là. La nostalgie surgissait assez rapidement lorsque j'y pensais. J'imaginais la vie d'au-delà les hauts murs. Les maisons d'arrêt se trouvant à l'intérieur des villes, les fenêtres des cellules s'ouvrent souvent en vis-à-vis sur les immeubles environnants et les détenus en viennent, volontairement ou non, chacun selon son caractère, à apercevoir des bribes d'autres vies. À la Santé, en 1978, la vue depuis mon lit donnait sur une fenêtre d'immeuble derrière laquelle un couple se couchait, chaque soir, alors que je commençais à m'endormir. Leur lumière était allumée et me plaçait, pendant un petit moment, en situation de voyeur. J'imaginais que cela aurait pu être ma fiancée et moi. Je conserve même le souvenir qu'à une époque, d'un autre côté de la Santé, une femme se déshabillait, fréquemment et régulièrement, à la même heure, assez longuement ; sa fenêtre n'étant séparée que par une petite rue, elle savait quels émois elle provoquait. Exhibitionnisme et voyeurisme sont les deux facettes d'une même misère.

J'étais le plus jeune détenu des QHS et les matons espéraient trouver en moi un point faible, le maillon fragile de la chaîne. C'est une pratique constante. Les jeunes détenus sont souvent plus exposés aux brimades que les autres. Ils ont d'ailleurs toutes les dispositions pour se mettre en tort. En effet, lorsqu'un vieux détenu, ou un détenu expérimenté, est importuné, il trouve assez facilement la parade. Au contraire, les jeunes, spontanés, répondent très vite à la provocation par l'insulte, se mettant ainsi en faute sur le plan réglementaire. Avec l'âge, puis la culture, j'appris comment affronter les pièges tendus par les matons. En attendant, ces derniers s'amusaient avec moi plus qu'avec les autres. Lorsque nous sortions en promenade, nous subissions une fouille par palpation. Nous restions vêtus et les matons nous palpaient pour vérifier si nous n'avions rien. Certains, fort rares, s'amusaient à effleurer nos parties. Nous pensions qu'ils étaient homosexuels et qu'ils appréciaient cela, et nous les repoussions plus ou moins délicatement. Leurs collègues demeuraient silencieux dans ces cas-là. Lors de ces fouilles, il convenait de lever les bras afin de leur permettre de vérifier que nous ne cachions rien entre le corps et les bras. C'était logique mais, à quelque niveau que je lève mes bras, certains n'étaient jamais contents. Un jour, alors que j'avais levé mes bras en l'air, ne pouvant faire mieux, l'un d'eux me dit :
– Levez vos bras !
– Mes bras sont déjà levés.
– Levez vos bras !
– Je vous emmerde !

Parfois je trouvais une autre réponse, mais elle signifiait toujours combien ils m'exaspéraient. Dès lors, mon impatience et ma colère me valaient de passer au prétoire. Leurs rapports d'incident ne mentionnaient jamais le début de l'histoire, le fait qu'ils me demandaient de prendre une position que j'avais déjà adoptée. Ils stipulaient sim-

plement que je les avais insultés. C'était vrai et je ne le niais pas !
Parfois, j'en rajoutais encore au prétoire. Bien des années plus tard,
de passage à Fresnes, lors d'un transit, un maton me hurla un ordre
inutile. Je m'arrêtai et le regardai alors qu'il était à quelques mètres.
Il se précipita vers moi en récidivant. Je le regardai sans rien dire.
Il fut déconcerté et me cria :

– Vous êtes sourd ?

Je restai immobile, le regardant comme si je ne comprenais pas, le
décontenançant encore plus, puis je me remis en marche en lâchant :

– Vous m'importunez !

Sans doute aurait-il pu rédiger un rapport d'incident, mais j'étais
plus âgé que lui et il ne comprenait pas véritablement ma phrase, ma
réaction. Il aurait dû expliquer la raison de ce « vous m'importunez »,
pas véritablement grossier, pas vulgaire. Et puis surtout, les directeurs d'établissement m'abordaient autrement. Ils savaient que la
répression ne servait pas à grand-chose avec moi. Tout est là !

Le surnom de « maton », souvent utilisé sous ma plume, pourrait
avoir deux origines. Pour les détenus, il s'agit de signifier que ces
types les matent et les espionnent continuellement même lorsqu'ils
sont aux toilettes, pour les matons cela revient à affirmer et à reven-
diquer leur droit de mater les détenus et de les faire plier. Or, les
jeunes détenus sont supposés être malléables et matables. Ils subissent donc les foudres des geôliers et sont envoyés au mitard jusqu'à
ce qu'ils plient, jusqu'à ce qu'ils montrent leur capacité à résister et
à se foutre du cachot, ou jusqu'à ce qu'ils crèvent.

Je parvins donc à cumuler les expériences du cachot, bien plus
que les autres détenus du QHS. Cela me laissait imperméable car le
QHS et le mitard ne différaient guère. Un jour, nous étions convenus, en parlant par la fenêtre, de commencer une grève de la faim
collective afin de demander la suppression des QHS au Parlement et,
dans une première étape, pour obtenir l'inscription du thème sur les
rôles de l'Assemblée nationale. Tout était prêt lorsque je fus appelé
par le sous-directeur.

– Maurice, on sait que vous allez tous faire une grève de la faim.
Ce n'est pas votre intérêt, vous êtes jeune et cela peut nuire à votre
dossier judiciaire. Renoncez-y.

Puis il me laissa entendre qu'il parlerait de moi au juge.

Peu après, je sortis en promenade et je racontai mon entrevue aux autres, m'exclamant que le directeur m'avait proposé un plat de lentilles pour m'acheter. En rentrant en cellule, je fus immédiatement envoyé au mitard pour rébellion. Je me mis en grève de la faim. Toutefois, ne sachant pas si les autres faisaient de même et n'ayant pas l'intention de confirmer notre projet, je me trouvais en peine d'expliquer mon geste. Lors du prétoire, le directeur des prisons de Fresnes me demanda :

– Pourquoi faites-vous la grève de la faim ?

– Parce que je ne tiens pas à m'étrangler avec un os de poulet !

– Quoi ?

– Parce que je ne tiens pas à m'étrangler avec un os de poulet !

– Qu'est-ce que vous voulez dire par là ?

– Simplement que vous voulez nous faire crever mais que vous ne pourrez pas dire que je me suis suicidé dans votre cellule en avalant un os de poulet.

Le dialogue était on ne peut plus rompu et je n'eus plus le déplaisir de constater que l'on tentait de m'acheter. En prison, se positionner s'avère essentiel, c'était fait. Mais la jeunesse impliquait que je paie durement le prix de mes choix.

Les séjours au mitard sont fort désagréables, c'est leur raison d'être, mais le prisonnier finit par s'y accoutumer. Les deux ou trois premiers jours sont les plus difficiles dans la mesure où le rythme de vie est complètement modifié. Ensuite, celui qui jouit d'un bon caractère s'adapte. Parfois, l'ambiance était tellement tendue entre les matons et moi que je savais que je n'allais pas tarder à retourner au cachot et je n'avais plus envie d'en sortir. Une seule fois, à Fleury, au début des années quatre-vingt, je fis des problèmes.

– Maurice, vous sortez aujourd'hui.

– Non !

– Comment ?

– Non, je reste, je ne sors plus.

Le maton était sidéré. Il appela un gradé.

– Maurice, votre peine est finie, vous devez sortir.

– Non, je refuse.

– Mais enfin Maurice, si vous refusez, on va vous mettre un rapport d'incident et vous repasserez au prétoire.

– Ah oui ? Et vous me mettrez au mitard ? J'y suis déjà !

Là, cela ne fonctionnait plus. Pour un fonctionnaire, beaucoup de choses sont prévues mais pas celle-ci.

– Mais pourquoi vous ne voulez pas sortir ?

– Écoutez, si je sors, vos matons vont encore me chercher et dans quelques jours je serai de retour avec un autre rapport. Je reste là, c'est plus facile pour tout le monde.

– Sortez Maurice, il n'y aura pas de problème, je vous le garantis.

Je finis par sortir et je fus tranquille pendant un certain temps. Si les matons aiment s'amuser à torturer psychologiquement les prisonniers et si leurs chefs les couvrent continuellement par tranquillité et par facilité, il n'en demeure pas moins que la hiérarchie commence à s'inquiéter lorsqu'un détenu ne fonctionne plus selon la norme, dans le cadre de leur logique. Leur cerveau cherche alors à comprendre d'où vient l'anomalie. C'est digne de Kafka et de sa *Colonie pénitentiaire*.

Au mitard, les matons sont encore plus puissants et plus assurés de leur impunité qu'ailleurs. Le repas est servi dans des assiettes en plastique dans lesquelles le dessert est souvent mélangé aux légumes et à l'entrée. N'est-ce pas là un acte inutile ! Vous mangez pour ne pas dépérir, mais vous enragez et vous rêvez de vous venger. À Fleury, vers 1982, le repas était servi dans une petite cuvette. Lors de mon premier séjour, je refusai de manger ainsi, signifiant que je ne faisais pas la grève de la faim, que je voulais manger mais que je n'entendais pas manger dans une cuvette, comme un chien. Ce sentiment était d'autant plus accru par le fait que les matons passaient la cuvette sous la grille doublant la porte d'entrée, comme si nous étions dans un chenil. Deux repas sautèrent, alors que j'expliquais que je voulais manger. La situation devenait difficile pour mes geôliers puisqu'il est interdit de priver un détenu de nourriture. La direction décida donc de servir ma gamelle dans deux assiettes en plastique. Je me remis à manger et lors de mes séjours suivants, sur le chariot de la gamelle, je vis des cuvettes pour les autres et mes assiettes en plastique...

Les matons allaient parfois jusqu'à pratiquer des restrictions alimentaires, totalement illégales. Le repas, identique à celui de la détention, était fort maigre en quantité. N'ayant pas le droit de disposer de cantine pour améliorer l'ordinaire, le pain était le seul moyen de ne pas crever de faim, mais ils en donnaient le moins possible. Un jour, trop affamé, j'en réclamai mais ils me le refusèrent. Mon avocate venant me rendre visite, elle exigea de voir un gradé et lui expliqua qu'ils devaient me nourrir normalement. Je pus ainsi manger du pain à satiété.

Les visites fréquentes des avocats contribuent largement à assurer la survie d'un prisonnier. Parfois, au mitard de Fresnes, j'en fis indirectement profiter d'autres détenus. Je savais que mes avocats, conscients de cette partie de leur rôle, assuraient une présence presque journalière. Mes gardiens ne l'ignoraient pas non plus ; or, tous les jours, au cachot, des prisonniers étaient roués de coups. C'était tel que, vers 1982, un sous-directeur de Fresnes, intègre et humain, décida de quitter l'administration pénitentiaire pour rejoindre le corps des juges de l'application des peines. J'entendais les coups sourds s'abattre et les gars crier. Je frappais alors dans ma porte, appelant ainsi les matons. L'un d'eux surgissait, rouge de colère ou d'effort, et me demandait ce que je voulais. Je demandais n'importe quoi, pour justifier innocemment mon intervention, tout en lançant un regard vers le couloir pour faire comprendre que j'entendais tout. Les geôliers identifiés, les coups cessaient, jusqu'à la fois suivante.

Pour moi, le mitard était surtout et avant tout synonyme de froid. Lorsque nous arrivions, nous étions contraints de nous dévêtir entièrement. Les matons confisquaient nos vêtements et les troquaient contre une tenue pénale dont la veste et le pantalon, fabriqués dans un tissu rêche, toujours sales, portés « mille fois » sans être lavés, trop larges pour les petits ou trop étroits pour les grands, et les boutons généralement incomplets, ne permettaient pas de se protéger. Nous disposions également d'un caleçon des surplus américains, d'une chemise et d'une paire de savates, mais la dotation ne comprenait ni pull-over, ni chaussettes, ni chaussures qui étaient interdits. En hiver, les mitards étant peu chauffés, nous gelions. Des morceaux de couverture étaient remis le soir, pour dormir, ainsi qu'un matelas en mousse. Jamais je n'ai reçu une couverture entière. Un morceau était systématiquement long, un autre large, permettant tout juste de faire une sorte de couverture en deux pièces. L'ensemble était ignoble de crasse, puant, taché, et il fallait vraiment être frigorifié pour les utiliser. Nous l'étions pendant les périodes de froid et nous appréciions ces guenilles après avoir passé la journée à grelotter. En effet, au matin, les geôliers reprenaient le matelas et les couvertures.

Je trouvais deux moyens pour lutter contre le froid. Le premier consistait à m'enrouler contre le tuyau d'eau chaude servant de chauffage qui longeait le mur, allant d'une cellule à l'autre, à une trentaine de centimètres au-dessus du sol. C'était difficile et très aléatoire, car une infime partie du corps bénéficiait du réconfort de ces tuyauteries tièdes. Le second consistait à dormir. Il était bien entendu impossible de dormir à terre, le sol en pierre aurait tôt fait de refroidir mon corps et de me plonger en état d'hypothermie, aussi ai-je appris à dormir sur la tablette sur laquelle je mangeais, tablette qui mesurait à peine quarante centimètres sur cinquante. Comment pouvais-je tenir ainsi sans tomber ? Je l'ignore.

Les conditions d'hygiène étaient déplorables puisque les vêtements n'étaient pas changés, pas même le linge de corps. En outre, à Fresnes, l'administration avait conçu un système ingénieux pour empêcher les détenus de se laver. Était-ce délibéré ou non ? Lorsque l'on voulait de l'eau, il convenait d'appuyer sur un bouton qui acheminait l'eau. Si vous lâchiez le bouton, l'eau arrêtait de venir. Or, le bouton se trouvait à plus d'un mètre de distance du petit lavabo. Je finis par trouver l'astuce. Je me plaçais devant le lavabo, sur un pied, puis avec mon second pied j'appuyais tant bien que mal sur le bouton. J'étais en déséquilibre et cela ne fonctionnait pas toujours mais je parvenais tant bien que mal à me laver. Bien entendu, l'eau était froide puisque, aujourd'hui encore, la plupart des prisons, à l'exception des plus récentes, ne distribuent que de l'eau froide dans les cellules.

Dans les anciennes prisons, la majorité donc, les mitards grouillent de rats ; Besançon, Clairvaux, Fresnes et la Santé n'y échappent pas. Un jour, j'eus la surprise de voir une demi-bouteille en plastique près des waters à la turc. Je me demandais quelle pouvait en être l'utilité. Je le compris plus tard en voyant un rat sortir du trou. Il convenait de poser la bouteille à l'envers, cul en l'air, dans le trou, afin de boucher la sortie des canalisations donnant dans la cellule. En 1987, à Besançon, la nuit, les rats grouillaient et sautaient en l'air afin de tenter d'atteindre le bat-flanc sur lequel je dormais.

En QHS, la vie quotidienne se déroulait d'une façon bien réglée. Dès l'ouverture, vers sept heures, nous sortions de la cellule récupérer les vêtements que nous étions obligés de sortir la veille. La promenade était accessible une heure le matin et autant l'après-midi. Les repas, vers onze heures et dix-sept heures trente, interrompaient la monotonie jusqu'à l'heure de la fermeture des portes vers dix-huit heures. Une fois par semaine au plus, nous disposions du droit de regarder la télévision pendant deux heures, chacun à tour de rôle. Si nous étions dix, c'était une fois tous les dix jours. Cette séance de détente fut très rapidement transformée en punition par nos geôliers. La programmation était prévue de quatorze à seize heures, pendant la promenade. Il n'y avait rien à voir, à l'exception de dessins animés ou d'émissions comme « Aujourd'hui madame ». Nous faisions très vite le choix de ne pas nous y rendre. Les matons décidèrent que la séance de télévision était obligatoire, ce qui n'était pas très légal. Un jour, il m'arriva de refuser d'y aller en demandant à me rendre en promenade. Ils rejetèrent cette requête mais cela se produisit alors que l'une de mes avocates me rendait visite. Je lui exposai la situation et elle exigea que je puisse me rendre en promenade comme j'en avais le droit. Je n'eus plus de problème par la suite à ce sujet.

La quasi-absence d'activités me fit plonger dans un vide temporel destructeur. Je tentai de prendre contact avec le service social afin de poursuivre mes études, non pour préparer un avenir qui n'existait plus mais pour occuper mon esprit. Je n'obtins jamais de réponse. Il me restait le courrier : j'écrivis donc, j'écrivis beaucoup, jusqu'à dix lettres par jour. Cela présentait toutefois un inconvénient. Dans son courrier, un homme ne se contente pas de décrire des choses anodines, il laisse son humeur s'exprimer, ses frustrations et ses colères apparaissent. Lorsque vos gardiens vous harcèlent chaque jour, vous êtes excédé et vous le faites savoir. En juillet 1980, en écrivant à ma mère, dans une colère dominée, je mentionnai « les bipèdes qui me gardent ». J'avais pris soin de ne pas écrire d'insultes tout en recherchant un mot qui laisse percevoir combien je subissais le joug des matons. Malgré cela, je fus emmené au prétoire et condamné à quinze jours de cachot pour avoir insulté le personnel dans mon courrier. Je ne pouvais même pas expliquer à ma mère pourquoi j'étais au mitard puisqu'il aurait fallu que je cite mon propos, ma lettre ayant été confisquée. Je devais donc la renvoyer à mes avocats qui, seuls, pouvaient l'informer dans les détails. Certes mon propos exprimait bien ma rage, mes frustrations, mais il était pondéré et s'adressait non pas au personnel mais à quelqu'un qui m'était proche. Le droit d'expression, la possibilité de parler à ses proches, cette merveilleuse soupape qui permet de faire baisser l'oppression qui ronge les entrailles d'un être humain et qui assure un rééquilibrage de la tension psychique, ne nous était même pas reconnu. Même lors des parloirs, les geôliers écoutaient tout ce que nous disions et, au moindre écart, un rapport était rédigé. Parler, s'exprimer, défoule et ce défoulement était proscrit.

Dans un tel contexte, la haine se développe. Cette implacable ennemie de l'homme procure à ce dernier, lorsqu'il est à bout, les ressources nécessaires pour vivre. Elle se construit sur les malaises quotidiens, sur les conflits insolubles et sur la peur. Les malaises quotidiens ne manquaient pas, résultant simplement de l'enfermement, de la procédure judiciaire en cours ou des frustrations. Les conflits ne pouvaient être résolus puisque les antagonismes se forgeaient entre les matons et nous, prisonniers. Or, les matons détenaient le pouvoir absolu, un pouvoir arbitraire, sans limites réelles, sans liberté reconnue à l'autre. Dès lors, ils ne pouvaient jamais avoir tort, même lorsqu'ils commettaient des abus.

Un jour, revenant du mitard, je récupérai mon paquetage. Tout avait été enfermé dans des couvertures. En les ouvrant, je découvris pêle-mêle mon linge, des tomates écrasées, du sucre éparpillé, deux cakes émiettés. L'acte de vandalisme, patent, était attesté : la boîte de sucre avait été sauvagement déchirée et l'emballage des cakes arraché. Les couvertures, maculées, n'étaient plus utilisables. Je demandai donc que ces dernières soient changées, ce qui prit plusieurs jours pendant lesquels j'eus le choix entre les récupérer en l'état ou patienter. Pourtant, l'intendance en disposait de grandes quantités en réserve. J'écrivis également au directeur des prisons de Fresnes afin de signaler

101

un abus dont la preuve était là, bien évidente, flagrante et incontestable. Rien ne fut fait, au contraire, puisque les matons laissèrent ostensiblement, devant ma porte, ces couvertures, afin de me faire comprendre qu'ils ne regrettaient rien. Certains se moquaient même de moi et me disaient de les reprendre. Pourtant, le directeur avait dû être un peu ennuyé car, obtenant une copie d'une partie de mon dossier pénitentiaire lors d'un procès en 1982, je découvris ma lettre de réclamation dans laquelle les points les plus importants avaient été soulignés en rouge avec un point d'interrogation. La méthode avait surpris, elle était pourtant fréquente mais les détenus s'en plaignaient rarement par écrit. Nombre de détenus ont vécu la même expérience. Ces abus étaient et sont connus mais couverts, dissimulés et demeurent impunis. Comment punirait-on un gardien fautif face à un détenu ? Seules les fautes risquant de provoquer une évasion étaient (et sont) sanctionnées avec force. Là, l'administration ne plaisantait guère et condamnait parfois de façon disproportionnée. En effet, lorsqu'une évasion réussissait, la hiérarchie cherchait un bouc émissaire, celui qui serait le fautif et prendrait pour tout le monde. Le détenu était le premier coupable s'il s'agissait d'une tentative, mais si le prisonnier n'était plus là pour prendre, ou si l'information d'un tel échec du gardiennage circulait, quelques responsables étaient découverts parmi ceux qui étaient de service. Mon propos, tenu au passé, demeure encore fondé de nos jours.

Dans ce contexte, la haine se développe. Le détenu honnit le maton qui lui fait subir toutes sortes de vexations et, réciproquement, le maton exècre le détenu. Je mis longtemps à réaliser combien les matons abominaient ou, plus simplement, méprisaient les détenus. En fait, j'en pris pleinement conscience quelques années plus tard en lisant des numéros de leurs bulletins syndicaux dans lesquels l'hostilité la plus primaire suppure, dégouline et suinte. Leur haine se fonde sur leurs propres frustrations et se justifie par le passé des prisonniers. Théoriquement, administrativement et juridiquement, le maton ne doit pas tenir compte des motifs pour lesquels un homme est en prison. Dans les faits, le motif est connu et il justifie la haine. S'il est inconnu, ce n'est pas mieux : le prisonnier est là, c'est donc qu'il le mérite et qu'il est mauvais. Dès lors, tout est permis et certains estiment même devoir faire souffrir ce sale détenu, ce nuisible. Au-delà, le maton souffre de ses propres problèmes. Professionnellement, sa hiérarchie ne marque guère d'estime pour lui, son métier ne suscite guère d'admiration et provoque parfois de la gêne ou de la répulsion. Familialement, comme tout le monde, il a des soucis, or les gens faibles ont tôt fait de chercher un exutoire à leur propre souffrance, rôle aisément attribué au détenu. La jalousie surgit parfois, jalousie lorsqu'un détenu est entouré par une famille qui lui assure des revenus, jalousie en voyant des détenus faire du sport, dormir, étudier ou lire alors que ce maton travaille, jalousie encore lorsque certains gardiens, complexés, vivent seuls et constatent que des femmes viennent voir des prisonniers, parfois de fort jolies et intelligentes femmes. Ce dernier point pourrait passer pour un fantasme mais j'ai occasionnellement perçu, dans le regard de quelques matons, une puissante antipathie dirigée non plus vers moi mais à l'encontre d'une de mes amies. Par la suite, alors que la tension avait baissé entre le personnel pénitentiaire et moi, l'un d'eux m'expliqua qu'il ne comprenait pas que des femmes intelligentes viennent voir des détenus. Bien sûr, lors de cette conversation, il fit une exception pour moi... Exception qui n'était qu'une tournure de courtoisie et de prudence.

La haine croît donc entre les deux camps, toujours latente et endémique lorsqu'elle semble absente, prête à ressurgir au moindre conflit. Chez les matons, chez les détenus, elle demeure, sauf en de rares individus de l'un ou l'autre des bords qui ne s'y laissent pas piéger. Elle règle une vie dans laquelle les relations sont presque exclusivement réduites à des rapports de force. Qui a tort ? Le détenu ou le maton ? Le premier est trop malheureux pour faire autrement, au bord du gouffre, il hait pour survivre et pour supporter les brimades. Le second ne pourrait-il pas modifier son attitude, tenter de faire baisser la pression qui monte du fait d'actes gratuits. Toutefois, n'est-il pas réduit, par sa fonction, à éprouver cette haine ? Comment enfermer un homme chaque jour sans nier ce qu'il est : un homme ? Comment réussir à nier l'humanité d'un prisonnier sans le haïr ? Seuls des hommes forts, bien formés et équilibrés peuvent affronter l'ensemble des contradictions découlant de ce métier. Or, le personnel pénitentiaire n'est pas recruté parmi les hommes, ou les femmes, les plus compétents. Selon moi, il devrait exister deux types de surveillant(e)s. Le premier se composerait de gens uniquement chargés du gardiennage, presque sans contact direct avec les détenus. C'est facile dans les prisons modernes avec ouverture automatique des portes et c'est sans doute possible dans les anciens établissements. Un corps axé sur la répression, ne nécessitant pas de formation réelle. C'est d'ailleurs le rôle principal actuellement joué par les matons. La seconde branche du personnel pénitentiaire devrait être mieux formée, être préparée aux contacts humains pour se charger des aspects de réinsertion. Aujourd'hui, ce rôle est confié aux travailleurs sociaux qui ont souvent chacun près d'une centaine de dossiers individuels à gérer et sont donc incapables de suffire à la tâche.

En attendant, la haine est là, sourde, destructrice et déstabilisante pour les détenus comme pour le personnel. Souvent, plus personne ne sait pourquoi la haine est si forte, pourquoi les conflits sont là. Chacun se range dans son camp et éprouve une profonde exécration pour ceux d'en face. Peu importe l'origine de la haine, peu importe si elle détraque les surveillants qui sont dès lors incapables d'accomplir leur tâche et peu importe si les prisonniers sont encore plus désocialisés. La machine fonctionne ainsi et tant pis pour les bavures, pour les quelques détenus mourant bizarrement et pour les matons occasionnellement agressés par un détenu désespéré. Le matons auteurs de bavures sont couverts et le détenu devenu violent est considéré comme une bête enragée. Tout va pour le mieux aux yeux de l'institution.

# CHAPITRE VI

## LE PROCÈS

Au début du drame, j'étais complètement dépassé par ce qui s'était produit. Certains appelleraient cela un sentiment de culpabilité, pas moi ! Pourquoi ? Parce que ce genre de sentiment ne regarderait que moi et les personnes que j'ai pu faire souffrir. Peut-être m'arrivera-t-il d'écrire le mot mais je ne l'aime pas. Pour pasticher une personnalité politique, je dirai que la plupart des prisonniers sont coupables mais pas responsables. Dès lors, mon propos devient condamnable pour la majorité des gens. Comment cela, pas responsable ! Un gosse des banlieues qui se plante complètement de chemin devrait être entièrement responsable de ses actes alors que le fonctionnement de la société lui échappe aux trois quarts. Il devrait assumer cette responsabilité de ses actes alors que la vie lui a donné un minimum de bonnes cartes. Comme le fils de médecin, sa carrière est planifiée, dès sa naissance, l'un sera médecin et l'autre employé ou ouvrier. Le môme né à Neuilly-sur-Seine y prospérera et celui qui grandit à Sarcelles y croupira. Comment pourrait-il rompre avec cette fatalité, ce gosse des banlieues ? Il ne peut se poser la question qu'une fois parvenu à l'adolescence, au mieux, et y répondre progressivement, mais il est déjà trop tard, l'échec scolaire est consommé et il lui reste simplement à renoncer au confort et aux ambitions qui pourraient naître en lui. Un certain nombre de gosses des banlieues s'insurgent et décident de forcer la chance. Ils rejettent la loi et l'ordre bourgeois, et ils se mettent en marge.

Ils ont tort. Je ne dis pas qu'ils ont tort par sens moral, par respect de la morale bourgeoise, non, je dis qu'ils ont tort car ils en viendront à commettre des actes qu'ils auraient dû s'abstenir de faire. Ils ont tort car la seule solution, c'est le travail. Oh, pas le travail de leurs parents qui les maintiendra en l'état, non, le travail ambitieux, les études par exemple, car il n'est jamais trop tard pour s'élever intellectuellement et, par conséquent, socialement. Ils peuvent aussi tenter de trouver des boulots à forte ascension sociale. Toutefois, s'ils estiment qu'il est trop tard pour réussir, il reste le militantisme. Quand la société paraît trop injuste, quand la vie personnelle semble trop nulle, quand un jeune pense que sa mort n'est pas plus préoccupante que son existence, je lui conseillerai de militer dans un groupe défendant des idées ou une cause qui lui paraissent justes. En tentant d'améliorer la société, avec d'autres, en se battant, il s'épanouira. J'ai souvent envié les jeunes qui, de par leur environnement, jouissent d'une culture sociale et politique qui leur permet d'appréhender la vie au mieux, de se poser des questions et d'y répondre.

La vie précipite les gosses des banlieues, plus que d'autres, dans des situations difficiles, aussi leurs échecs et leurs mauvais choix ne leur sont-ils pas totalement imputables. Si la responsabilité individuelle existe et ne doit jamais être niée, le système judiciaire ne reconnaît souvent que celle-ci, rejetant la responsabilité collective. Tout dans la procédure judiciaire est d'ailleurs fait pour culpabiliser et responsabiliser celui qui est en infraction et uniquement lui. Ce dernier ne doit pas tenter d'attirer l'attention sur l'injustice sociale, il doit se taire et se reconnaître coupable et responsable. Certains prisonniers revendiquent d'ailleurs leur responsabilité. « Ce sont des hommes » et ils veulent assumer, ils refusent d'être victimes du système, ne fût-ce qu'un peu, et ils affirment avoir fait leur choix. Soit, ils ont bien réalisé leur choix, mais avaient-ils une gamme de choix très large ! La plupart n'ont même pas choisi leur vie, d'autres l'ont choisie comme un pis-aller, et la plupart ignoraient jusqu'où leur choix les conduirait.

En pensant à ma propre vie, je me suis souvent demandé comment j'aurais pu détourner le cours de l'histoire. Il n'y en aurait eu qu'un, ne jamais venir en prison, donc ne jamais mettre le doigt dans l'engrenage de la délinquance, début de la voie de la criminalité. On ne refait rien, la vie est ce qu'elle est et chacun doit porter le poids de ses actes, de ses choix et non-choix, c'est normal, logique, sain et légitime, mais la justice et les hommes « irréprochables » devraient peser également le poids de leurs actes, de leur égoïsme et de leur prétendue bonne conscience.

La justice frappe sans compassion, sans égard, ces gosses des banlieues, tout en ménageant les grands bourgeois et leurs propres pairs. Épisodiquement, des magistrats sont pris en indélicatesse, or ces derniers comparaissent rarement devant les tribunaux. Sous le ministère de Robert Badinter, plusieurs magistrats marseillais avaient été pris la « main dans le sac ». Ils se servaient sans scrupules parmi les objets volés conservés au palais de justice. Ils avaient, soit eux, soit leurs collègues, envoyé en prison les voleurs en question et, à leur tour, ils « empruntaient » ces produits de rapts. Ils furent alors « durement » sanctionnés, à savoir mutés à d'autres postes où ils continuèrent à condamner. Les humbles sont toujours plus coupables et responsables que les riches.

Personnellement, je tentais d'affronter la situation. Si j'avais écouté les fonctionnaires qui m'entouraient, je n'aurais eu d'autre choix que de me suicider. Encore certains souhaitaient-ils me conserver en vie pour assister à mon exécution. L'un d'eux vint me le dire un jour. Je séjournais au mitard, une fois de plus, il était gradé, il ouvrit la porte, étant accompagné de jeunes gaffes [1], mais ils restèrent tous derrière la grille doublant la porte. De là, il me dit :

– Vous savez ce que j'aimerais, Maurice ?

Je le regardai, surpris, avant de dire :

– Non !

– J'ai toujours rêvé d'assister à une exécution et j'espère que j'assisterai à la vôtre.

Ce qui est terrible, avec le sentiment de culpabilité, c'est que vous ne parvenez plus à vous défendre. Vous ne trouvez pas les mots et vous vous laissez abattre par vos adversaires. Il n'y a rien de plus

1. Gaffe est un synonyme de maton.

délicat que de se sentir en tort. Même si vous savez que certaines circonstances ont influencé votre existence, vous ne parvenez pas à les évoquer. Moi, j'étais d'autant plus handicapé que je n'avais jamais voulu la mort de personne, j'avais détesté la prison pour mon frère, puis pour moi, et je la déteste toujours pour tout le monde. Alors que pouvais-je dire ! J'essayais de comprendre. À peine sorti de l'adolescence, immature, laminé et anéanti par la prison, je devais me reconstruire dans un tel contexte ou crever. Pendant ce temps, la procédure judiciaire suivait son cours, elle avançait même excessivement vite. Au début, le juge m'interdit tout contact avec ma mère et avec qui que ce soit. Tout au plus toléra-t-il la présence de mon avocat, imposée par la loi.

Dès mon arrestation, les hommes politiques, ministres de la Justice et de l'Intérieur, montèrent au créneau, face aux médias, en affirmant que je serais condamné à une peine exemplaire. Comment était-ce possible ? Aujourd'hui, lorsqu'un homme politique ou un homme d'affaires influent se mettent hors la loi, tous s'accordent à dire que la justice doit rester sereine et indépendante. À moins de parler pour ne rien dire, comment pouvait-on donc affirmer que je serais condamné à une peine exemplaire si ce n'était en décidant d'influencer la justice. Un jour, dans le cabinet du juge, j'informai ce dernier que j'avais une déclaration à faire. Je précisai alors que j'étais pleinement conscient que je n'avais aucune chance de me défendre puisque le président de la République, le garde des Sceaux et le ministre de l'Intérieur avaient tenu de tels propos. De fait, le juge instruisait sur mon dossier jusqu'à trois fois par semaine, et même le jour de Noël, ce qui était sans doute unique.

Très vite, je compris que je devais m'évader, non seulement pour fuir la prison, mais également pour survivre. Même si ma vie ne m'intéressait guère, je découvrais une raison de la conserver : ennuyer ces gens qui voulaient voir ma tête rouler à terre ou plutôt dans le panier. Dès lors, je figurai bien en tête dans les projets d'évasion tramés dans les QHS. Il y en avait de nombreux. Bien que nous ne puissions ni nous voir ni nous parler, nous disposions de moyens variés pour communiquer. Les petits messages passaient par-dessus les murs des cours de promenade et livraient les informations. Parfois, un papier passait dans notre cour sans nous être destiné, nous devions donc le faire suivre. Le risque consistait dans le fait que le maton qui circulait sur le chemin de ronde dominant les cours aperçoive quelque chose et demande à ses collègues d'intervenir. Il fallait donc rapidement avaler le papier avant l'ouverture de la cour de promenade.

Pendant que les papiers volaient, nous nous racontions des blagues ou nous nous chahutions gentiment. Puisque je parlais assez précieusement pour un taulard de l'époque, on commença à me dire que j'étais du seizième arrondissement de Paris, jusqu'au jour où je fus surnommé « Louis XVI », tant pour ce parler qu'en raison de la peine que j'encourais. Parfois, nous poussions un peu loin les plaisanteries. Nous nous promettions de nous offrir des coupe-cigares, par exemple. De cette attitude, des conséquences heureuses découlaient. Aucun de nous ne s'apitoyait sur son sort. Pour s'apitoyer, il faut quelqu'un pour vous plaindre. Si vous n'avez personne pour larmoyer, vous résistez, vous vous blindez et vous devenez fort. Dans notre parcours, dans nos aimables délires, une seule fois, je crois, nous fûmes désarmés. À la radio, avec d'autres, j'entendis un flash d'information selon lequel le frère d'un de nos camarades, présent au QHS, s'était suicidé. Le disparu en question avait été un militant très engagé contre les prisons, fort résistant, et il venait de se tuer à Clairvaux. Nous « montâmes donc aux fenêtres ». Au début, nous fûmes trois à nous interpeller afin de savoir si nous avions tous entendu l'information. C'était le cas. Nous décidâmes d'appeler notre camarade en tapant sur le tuyau de chauffage[2]. Celui-ci se joignit assez rapidement à nous. Il fut aussitôt évident qu'il n'écoutait pas la radio. Que pouvions-nous faire ? Lui dire les choses ainsi, depuis une

---

2. Les tuyaux de chauffage passant d'une cellule à l'autre, il suffit de taper dessus avec un bol, un verre, ou tout autre objet, pour signifier que l'on veut se parler. Il existe alors deux solutions, soit vous parlez à la fenêtre, soit vous placez un verre sur le tuyau et vous parlez dedans, puis vous écoutez sur le tuyau, comme vous le feriez avec un téléphone. Je fus surpris, un jour, lors d'une émission de télévision, d'entendre Geneviève Anthonioz de Gaulle, nièce du général de Gaulle, expliquer qu'elle pratiquait ainsi, avec ses camarades, pendant la Seconde Guerre mondiale, alors qu'elle était elle-même prisonnière. Nous n'avions rien inventé.

fenêtre ? C'était impossible. Nous nous tûmes. Le lendemain, le sous-directeur du QHS, toujours très humain, fit ouvrir sa porte et lui remit un journal relatant l'information avant de faire refermer la porte. Je fus toujours impressionné par la force de caractère de ce garçon qui dut surmonter le choc, seul, sans pouvoir réellement s'épancher sur un ami. À l'époque, je songeai qu'à sa place je deviendrais fou si un tel drame s'abattait sur moi. J'ignorais que dix-sept ans plus tard je devrais subir le même drame. Encore ne serai-je pas dans la même situation et aurais-je la chance d'être face à un directeur réellement humain.

La communion dans la souffrance passa et nous reprîmes nos « électrochocs psychiques ». La solidarité entre nous était remarquable et je ne pense pas avoir connu beaucoup de groupes au sein desquels les composants étaient aussi unis. Les désagréments de l'un d'entre nous devenaient ceux des autres.

Tant pour lutter contre cette solidarité, peut-être, que pour des impératifs de sécurité, nous étions périodiquement changés de cellule et transférés dans une autre prison. Les changements de cellule étaient programmés tous les dix ou quinze jours et ceux de prison tous les quatre ou cinq mois. Ce n'était pas très efficace, car nous devinions à peu près quand il convenait de s'attendre à subir le transfert. De plus, si nous étions impliqués dans un projet d'évasion, notre départ ne changeait rien, les choses reprenaient ailleurs, et cela d'autant plus aisément que nous passions de Fresnes à Fleury-Mérogis, puis de Fleury à Fresnes, avec parfois un passage à la Santé.

Les instructions et les procès, tout fatigants qu'ils fussent, rompaient la monotonie. Nous circulions dans des fourgons hermétiques mais nous parvenions toujours à apercevoir des images du dehors, surtout en regardant vers l'avant, par la cabine du conducteur : la façade d'un cinéma, des gens circulant dans la rue, toutes ces scènes de vie banales que le prisonnier oublie progressivement. En qualité de DPS [3] doublée de celle de détenus des QHS, nos transferts se déroulaient dans des conditions de sécurité extrêmes. Un jour, lors

---

3. Détenu à particulièrement surveiller.

d'une extraction, je ne pus même pas compter le nombre de véhicules d'escorte. Il y avait des fourgons et des voitures avec des flics en uniforme, portant des fusils ou des mats, et des voitures de civils armés de pistolets-mitrailleurs assez particuliers, comme l'uzi israélien. Ce déploiement de forces était ridicule tellement il était disproportionné. En outre, le cortège progressait jusqu'au cœur de Paris presque sans s'arrêter, à une allure impressionnante. Un jour, je vis une femme âgée qui traversait sur le passage piéton, elle fut entourée de véhicules qui passèrent devant elle et derrière, sans ralentir. La pauvre était paniquée. Une autre fois, un motard mit un grand coup de botte dans la voiture d'un automobiliste qui ne se rangeait pas assez rapidement. Enfin, lors d'une autre extraction, à Alésia, près de Denfert-Rochereau, un gars fut encerclé par plusieurs flics brandissant leurs mitraillettes et plus ou moins bousculé. Le pauvre roulait normalement, dans sa voie, venant en sens inverse du convoi dans lequel j'étais. Or, la voie sur laquelle nous circulions étant encombrée, les voitures de tête passèrent sur l'autre, en sens inverse. Lui arrivait en face et il eut le tort de ne pas pouvoir se ranger. Dès lors, il était devenu un suspect.

À deux reprises, je craignis que des coups de feu n'éclatassent dans le fourgon cellulaire. En effet, ces deux fois-là, un flic avait armé, l'un sa mitraillette, l'autre son pistolet, et tenait son arme droit devant lui, doigt sur la détente, malgré les soubresauts du véhicule et l'instabilité de chacun des passagers. À chaque fois, la première victime aurait été le collègue placé en face ! Ce n'était donc pas un acte d'hostilité à mon encontre mais plutôt une totale preuve d'incompétence. Bien sûr, sauf lorsqu'ils se faisaient sous escorte du GIGN ou de la Criminelle, ces déplacements causaient souvent des conflits entre escortes et prisonniers. Nous étions menacés de mort, bousculés, et nous les insultions ou les bousculions en guise de réponse. Un jour, j'eus tout de même une surprise. Le chef d'escorte prévu dans le fourgon cellulaire, un garde mobile, ordonna à ses subordonnés de ne pas me mettre les habituelles menottes. Il me laissa libre en me demandant de ne pas causer de problème. En fait, quelques semaines auparavant, ce sous-officier était venu s'entretenir avec moi. Il m'avait tenu un discours assez surprenant, se positionnant en qualité de soldat et d'ennemi, sans agressivité, me déclarant qu'en temps de guerre mes actes auraient été acceptables mais que j'étais du mauvais côté, de celui du perdant.

À l'époque, faute d'avoir délibérément commis un homicide, je m'orientais précisément dans ce sens : accepter le fait que je m'étais engagé volontairement dans un combat contre des ennemis portant un uniforme. Je devais accepter la mort, le fait de tuer, et me considérer comme responsable d'un choix non réalisé. Je ne connaissais pas les gens d'en face, je ne savais rien d'eux, comme dans une guerre. Je pensais à Serge, mon ami d'enfance, et j'éprouvais une haine redoutable. Ce ne fut qu'au moment du procès que les adversaires prirent un visage, celui de leurs épouses, veuves, présentes. Que leur dire ? Rien ! Tout propos aurait été une insulte ! Mes problèmes ne les concernaient pas. Elles devaient affronter une situation pénible, blessante, pleine de questions sans doute. Elles avaient des enfants à élever. Je tentais de comprendre alors comment leur expliquer quelque chose. Le procureur me reprocha de ne pas m'être excusé. Comment peut-on s'excuser dans un tel cas, aucune excuse n'est prononçable, les excuses sont dérisoires et offensantes. Le silence seul semblait acceptable.

Le galop de l'instruction se poursuivit. Une reconstitution était prévue pour la fusillade avec les policiers, elle n'eut pas lieu. En effet, j'avais décidé de ne plus parler, tant parce que j'étais fatigué que parce qu'il importait de ralentir la procédure. Le juge décida de l'annuler et de fermer le dossier. C'est très rare qu'un juge annule un acte aussi important qu'une reconstitution en l'espace de quelques jours, mais c'est légal puisque tous ces actes sont à la discrétion du magistrat instructeur. Le dernier jour où je vis ce juge, je lui déclarai que je savais qu'il avait procédé en suivant les ordres de sa hiérarchie et que l'instruction n'avait pas été sereine, n'ayant qu'un but, conduire à une condamnation rapide. Il me répliqua qu'il avait agi en toute indépendance. Les méthodes de ce juge, actuellement chargé de dossiers de terrorisme, sont aujourd'hui décriées par ses propres collègues.

Dès lors, la condamnation semblait programmée à tout le monde même si presque personne au sein de la défense ne voulait trop en parler avec certitude. Seule l'une de mes avocates, fort jeune, le clamait avec virulence, pensant qu'il convenait d'adopter une défense violente et offensive. Elle considérait qu'il fallait attaquer le système, la police et l'institution. Elle avait sans doute raison car, avec une défense modérée, les choses étaient jouées, mais comment oser prendre le risque de se lancer dans une guerre totale le jour d'un procès où une tête risque de tomber !

Avant le procès, la presse m'avait déjà condamné, suivant en cela la volonté gouvernementale. Seul *Libération*, et peut-être quelques autres organes de presse que je ne lisais pas, avait franchement pris position en ma faveur. L'opinion publique s'était forgé une idée, or les jurés font partie de l'opinion publique. Les dés étaient déjà jetés même si je ne l'avais pas encore totalement compris. Ce ne fut qu'au cours des débats que je n'eus plus le moindre doute. Quoi que la défense fasse et dise la peine de mort serait prononcée.

Des tractations eurent lieu afin de trouver quel président et quels assesseurs me jugeraient, ensuite d'autres furent également engagées afin de me juger au plus vite. Le président qui dirigea les assises a expliqué tout cela par la suite. Il était clair que le pouvoir souhaitait une condamnation rapide. Plusieurs organes de presse constatèrent que l'on me jugeait, non seulement pour mes actes, mais aussi afin de répondre au sentiment d'insécurité. Ce n'était plus seulement moi que l'on jugeait, mais un contexte général.

En octobre 1980, je découvris donc ce qu'était un procès d'assises, une sorte de pièce de théâtre où tous les rôles sont définis. L'accusé ne doit pas s'exprimer spontanément, il doit le faire lorsque le président l'y invite et seulement pour répondre à des questions qui contiennent déjà la réponse. Cela m'a semblé être une vaste fumisterie. Les choses commencèrent dans un contexte détestable puisque mes avocats avaient reçu des lettres anonymes et des menaces de mort. Comment peut-on menacer de mort un avocat ? Seul des fascistes procèdent ainsi, car le fondement de la démocratie consiste précisément à assurer une justice sereine et un procès équitable. Sérénité et impartialité ne sont sans doute pas les deux principales caractéristiques de la justice dans des affaires médiatisées, mais au moins la déclaration de principe implique-t-elle une apparence. Pourquoi, donc, vouloir tuer un avocat ? L'avocat, loin d'être un complice

113

de son client, comme le prétend l'imagerie populaire, est un auxiliaire de justice. Lors des commissions d'office, les dossiers lui sont même imposés. Enfin, si un prévenu n'a pas d'avocat, le juge lui en désigne un le jour du procès.

S'il arrive que des liens de sympathie et d'amitié se développent entre avocat et client, ce n'est pas systématique, parfois la relation est limite, évoluant sur les marges de l'antipathie réciproque. Et même lorsque l'amitié naît, cela n'implique pas qu'une complicité s'ensuive. L'avocat a une famille et une vie professionnelle qui lui sont précieuses et qu'il n'entend pas remettre en question. Lorsqu'il « tord un peu le cou au droit » afin d'aller dans le sens des intérêts de son client, il ne procède pas différemment d'un procureur qui joue du droit dans l'autre sens afin de parvenir à une condamnation, et tout cela se passe dans le cadre du respect de la loi. Il est évident que l'avocat sait des choses sur son client et qu'il ne dénoncera pas ce dernier, mais c'est le principe de base du métier qui doit s'exercer dans la confiance, comme celui de médecin ou de curé. Un avocat qui dénoncerait son client commettrait même une faute. Tout au plus pourrait-il renoncer à assurer sa défense. Quel courage ce serait puisqu'il laisserait le dossier à un autre ! Sans doute doit-il le faire lorsqu'il considère que ce qu'il sait l'empêchera d'assurer la défense dans les meilleures conditions. L'avocat, loin d'être un complice du prévenu, est un maillon essentiel et indispensable du bon fonctionnement de la justice. Il est aussi, parfois, l'alibi de la bonne conscience démocratique.

L'aspect théâtral est accru, lors de grands procès, par la distribution des places. En effet, les places assises, précieuses et insuffisantes en nombre, sont distribuées, comme pour un spectacle. Elles furent d'ailleurs judicieusement réparties. La moitié de la salle, sur ma gauche, était occupée par des hommes aux cheveux coupés très courts, près du crâne, comme l'étaient ceux des fonctionnaires de police et de l'administration pénitentiaire, alors que la mode était encore aux longues chevelures. L'autre moitié, sur ma droite, réunissait la société civile. Il y avait là quelques personnalités dont une actrice en quête de sensations.

Le policier qui m'avait blessé et qui avait tué Serge ne rappela pas le jour du procès qu'il s'était trouvé face à mon arme, au début de la fusillade, et qu'il aurait suffi que j'appuie sur la détente pour le tuer. Il ne dit pas que j'aurais pu le tuer si j'avais eu la volonté de le faire mais il déclara que j'avais voulu le tuer et qu'il avait été blessé, plus tard, après que Serge eut été atteint, après que les coups de feu eurent retenti. Il conforta ainsi l'idée de la préméditation d'homicide volontaire. Pourquoi une telle déclaration en contradiction avec les éléments matériels du dossier survint-elle le jour du procès ?

Sur le plan juridique, tout gravitait autour de la préméditation. Quelques mois auparavant, lors de l'exécution de Mesrine, s'était développé le concept pseudo-juridique de légitime défense permanente des policiers, fondé sur le fait que les voyous préméditaient systématiquement de les tuer. Retenir l'homicide volontaire avec préméditation dans mon cas constituait le second volet de ce principe en matière de jurisprudence.

Le médecin psychiatre vint rendre compte de l'expertise qu'il avait menée avec l'un de ses confrères. Tous deux estimaient que j'étais immature et, surtout, que j'étais réinsérable. Le procureur ne laissa pas passer un tel propos. Il tenta donc de discréditer le médecin en faisant accroire que la psychiatrie n'était pas une science. Ce psychiatre était un professeur renommé, expert judiciaire fréquemment désigné par la justice dans les affaires parisiennes. Il ne semblait pas très bien comprendre ce que lui reprochait le procureur ; il avait simplement exécuté la mission qui lui avait été confiée. Mais comment condamner à mort un immature réinsérable ! Était-ce moi que l'on jugeait ? Le réquisitoire du procureur se scinda approximativement en trois parties. Dans la première, il s'en prit à l'insécurité, à Mesrine et à tout ce qui troublait alors l'ordre public. Dans la seconde, il attaqua le psychiatre et son rapport, ainsi que la presse qui, pendant le procès, s'était mise à rapporter les faits avec une certaine modération. Le procureur critiqua la presse de gauche, bien sûr, mais il était outré que des journaux comme *Le Figaro* et *France-Soir* puissent en faire autant. Il émit même des menaces, à peine voilées, contre la liberté de la presse, reconnaissant la validité de cette dernière tout en déclarant aux journalistes : « *Mesdames et Messieurs de la presse, votre éthique a ses limites* », sous-entendant : « *Sachez vous-mêmes vous discipliner ou calmer ceux d'entre vous qui sont trop remuants* ». Enfin, le dernier tiers me concernait.

Il resta les plaidoiries des avocats. La défense fut en partie paralysée par la certitude que l'issue était connue, pourtant elle fut brillante grâce à la sensibilité de Danièle Marion-Fondanèche, la force et l'humanité de Jean-Louis Pelletier, la blessure évidente des deux. Toutefois, la fin du procès semblait être un hallali et je ne me faisais plus aucune illusion, j'attendais la mort. Les jurés se retirèrent. Je patientai dans une salle, à l'arrière de la cour d'assises.

En France, l'organisation des délibérés des cours d'assises est assez surprenante. Les neuf jurés se retirent en compagnie du président et des deux assesseurs. La justice est donc représentée par trois magistrats, en l'absence de tout représentant de la défense. Certains arguent du fait que l'accusation, en la personne du procureur, est également absente. Soit, mais dans des procès où le pouvoir est impliqué, ce qui était mon cas puisque des membres de l'exécutif avaient affirmé que je serais condamné à une peine exemplaire, l'absence de représentants de la défense pouvait laisser libre cours à une manipulation. En outre, plus grave, en cas de pression ou de machination, le silence devant être conservé par les jurés, ceux qui trahiraient ce secret risqueraient une condamnation. Ainsi, en 1978, Jean-Louis Pelletier et plusieurs jurés furent-il condamnés pour avoir trahi le secret des délibérés. En effet, lors d'un procès, les jurés avaient voulu condamner la femme de Jean-Charles Willoquet à une peine de cinq ans de prison. La cour leur expliqua que plusieurs chefs d'accusation avaient été retenus contre elle et que plusieurs peines devaient être prononcées, mais qu'ils pouvaient la condamner à deux fois cinq ans et qu'elle ne subirait qu'une peine de cinq ans. La confusion des peines fut toutefois refusée [4]. Les jurés dénoncèrent ce fait et ils furent jugés pour cela. Leur mise en cause du système ne fut pas inutile, car la jeune femme en question obtint finalement satisfaction.

Une telle législation, encore en usage, est, dans certains cas, d'une iniquité absolue. Imaginons, par pure hypothèse, car cela ne s'est pas produit, qu'une manipulation de ce type ait eu lieu lors de mon

---

4. Confusion des peines : procédure par laquelle deux peines sont fondues en une seule.

116

procès. J'insiste bien sur le fait que cet exemple, qui ne pourrait être évoqué, est totalement imaginaire. Imaginons donc, pendant les délibérés au cours desquels ma condamnation à mort fut décidée, un premier juré, catholique pratiquant et, en cette qualité, totalement hostile à la peine de mort. Cet homme, comme premier juré, aurait dû signer la feuille des réponses aux questions impliquant ma condamnation, ce qu'il aurait refusé de faire, rendant le procès nul. Les juges auraient fulminé et enragé, l'un des assesseurs l'aurait menacé, l'aurait insulté et aurait fini par le contraindre à signer en exerçant à son encontre une pression psychologique insurmontable. Une telle aventure, si elle était survenue, aurait constitué un véritable déni de justice, mais le juré qui viendrait à rendre publique une telle aventure serait passible d'une condamnation, les magistrats non. L'avocat qui aurait connaissance d'un tel fait ne pourrait même pas s'en servir sauf à encourir le risque d'être suspendu. Bien entendu, c'est un cas extrême, inimaginable face à l'institution judiciaire française, et pourtant... Un homme aurait pu être condamné à mort dans un tel contexte, après des menaces perpétrées à l'encontre d'un juré hostile à la condamnation... Cet homme n'aurait même pas le droit de le dire, même pas le droit de produire des témoins muselés par la loi.

Ce 28 octobre, les délibérés s'achevèrent assez rapidement. Nous fûmes rappelés. Je me souviendrai toujours de ce moment-là. Je regardai les jurés afin de tenter de capter un signe qui me permettrait de savoir tout de suite. Je vis un jeune rentrer en souriant. C'était un étudiant en biologie dont je ne divulguerai pas le nom bien que je l'aie toujours conservé en mémoire. Ce garçon était fort jeune, un gamin un peu plus âgé que moi. Le premier jour, il m'avait surpris par sa façon de se tenir, il semblait fier et satisfait d'être là. C'est vrai qu'il était important, pouvoir décider de la vie ou de la mort d'un autre ! Toujours est-il qu'en ce 28 octobre 1980, il rentrait dans la salle en riant. Comment pourrait-on sourire après avoir condamné à mort un homme, pensai-je ! Il était évident que la peine de mort avait été rejetée. Immédiatement derrière lui venait un autre homme, plus âgé, la cinquantaine sans doute, catholique pratiquant, je crois, qui, lui, versait discrètement des larmes. Comment était-ce possible ?

La peine de mort fut donc prononcée. Le président eut un geste inutile, lisant jusqu'au bout l'article du Code pénal décrivant le mode opératoire de l'exécution. En prononçant ces mots, il me regardait, comme s'il espérait me faire craquer. Je m'en moquais vraiment, j'étais déjà mort. Dostoïevski fait dire à l'un de ses héros qu'il était inutile d'exécuter un condamné à mort dans la mesure où ce dernier était déjà mort au moment d'arriver sur l'échafaud. Il savait de quoi il parlait puisqu'il fut lui-même condamné à la peine capitale pour avoir été membre du groupe Pétrachevski.

La moitié de la salle, celle sur ma gauche, se leva et applaudit des mains et du verbe. L'autre moitié sursauta, se tourna vers ceux qui acclamaient le verdict et émit un cri d'indignation. Dans le même temps, Claire hurla :

– Assassins !

Je vis un garçon, son frère je crois, tenter de la calmer. Pendant une seconde ou deux, je fus heureux ! Pourquoi ? Parce que la femme que j'avais le plus aimée au monde, pour laquelle je serais mort et qui m'avait quitté, avait eu un petit geste, non d'amour, mais de sympathie.

Assez comiquement, tous les journalistes quittèrent la salle pour aller rendre compte à leurs journaux. Le spectacle était terminé. Nous restions, presque seuls, pour le procès civil, celui au cours duquel est fixé le montant de l'indemnité due aux parties civiles. Après l'avoir fixée, le juge me demanda si j'étais d'accord. Bien sûr ! Pourquoi ne serais-je pas d'accord ?

Jean-Louis Pelletier n'avait pas voulu que ma mère assistât au verdict, non pour moi mais pour elle, afin de lui éviter un choc trop rude en plein palais de justice. En conséquence, elle était restée au cabinet de Pelletier, en compagnie de la femme de ce dernier. J'appris plus tard qu'à l'énoncé de la sentence, elle voulut se précipiter par la fenêtre. S'il est très difficile pour des parents de survivre à leur enfant, assister à leur condamnation à mort, attendre lentement leur exécution puis apprendre que celle-ci a eu lieu constitue l'une des pires blessures subies par une mère. La mienne entrait dans une période pendant laquelle elle vécut ce calvaire quotidiennement, se réveillant chaque matin en réalisant que le cauchemar était réel. Bien plus tard, en août 1981, elle écrira : *« C'est le bout du chemin. Plus jamais une mère ne vivra ce que j'ai vécu. Regarder chaque jour le corps de son enfant, ce corps fait d'une belle chair, cet être fait d'un doux sourire, d'un regard triste cachant son désespoir. Tenter de graver ineffaçablement le son de cette voix qui s'effacera peut-être trop vite du souvenir. »*

Les gardes mobiles qui m'entouraient m'épiaient discrètement. Ils avaient sans doute craint de devoir se précipiter sur moi pour me calmer à l'énoncé du verdict, ce que je leur ai épargné. Certains journalistes estimèrent que j'étais resté froid et insensible, même à ce moment-là. Comme aux autres moments, je me demande bien ce que j'aurais dû faire ! Me rouler par terre, hurler, m'arracher les cheveux. Je pense que j'aurais surtout aimé être ailleurs.

Avec mes avocats, je m'entretins des conditions de cassation, puis nous prîmes rendez-vous pour le lendemain. Je n'avais pas envie de les quitter, pas envie d'être seul dans une cellule, mais il le fallait bien. Je me levai et je partis. L'escorte me conduisit jusqu'à l'escalier en colimaçon qui mène de la salle des assises jusqu'aux souterrains de la souricière. Dans ces derniers, la pénombre régnait toujours. Ce soir-là, mes pas et ceux des gardes mobiles résonnèrent sur le sol assez particulièrement. Sur les côtés du couloir, de petites portes semblaient donner sur ce qui dut être d'anciennes cellules, alors désaffectées. Je pensai à ceux qui furent enfermés ici, à la Conciergerie, pendant la Révolution, avant même, à l'époque des rois. Tant d'autres m'avaient précédé depuis si longtemps. Combien croupirent là, attendant la mort, marchant à l'échafaud. Princes, nobles, manants, pauvres hères, tous rendus égaux par une condamnation à mort. Ce couloir était lugubre et il tenait pleinement son rôle, c'était une des antichambres de la mort par lesquelles les hommes imbus de leur bon droit et bien-pensants faisaient passer ceux qui devaient disparaître.

Quelques mois auparavant, un soir, en quittant la souricière, les gardes mobiles m'avaient fait une « haie d'honneur », alignés sur deux rangs depuis la cellule de la souricière jusqu'au fourgon qui devait me ramener à Fresnes, ils m'avaient conspué, hurlant *« À mort ! Va à la bascule à Charlot ! Crève ! »*, tout en levant le poing en l'air. Ce 28 octobre, je m'attendais à une scène identique, je demeurais droit et fier, mais je fus surpris. Les gardes mobiles constituèrent une nouvelle haie d'honneur mais ils conservèrent le silence le plus complet. Pas un mot ne sortit des rangs, pas un geste hostile ne s'esquissa. Ce fut comme si la paix était tombée sur le champ de bataille. J'eus l'impression qu'ils ne voulurent pas piétiner ce qu'ils pouvaient déjà considérer comme un cadavre.

# CHAPITRE VII

# CONDAMNÉ À MORT

À Fresnes, le directeur de la maison d'arrêt et le sous-directeur du QHS étaient là pour m'accueillir. Depuis plusieurs jours, l'administration préparait ce moment. Où allait-on me mettre une fois condamné, au QHS ? Hors de question ! Quelques semaines auparavant, j'étais à Fleury-Mérogis où nous préparions une évasion, une fois de plus. À mon grand dam, peu avant le procès, je fus transféré à Fresnes où un quartier des condamnés à mort avait été aménagé trois ou quatre ans plus tôt. Sans le savoir, l'administration avait ainsi empêché une évasion. Nous étions en effet plusieurs à vouloir partir. J'avais été invité au dernier moment et les plans avaient été avancés afin de permettre mon évasion avant le jugement. La veille de mon transfert, j'avais commencé à scier mes barreaux. Tous les soirs, nous devions scier en dissimulant les marques avec de la mie de pain colorée en noir. Le jour, nous faisions disparaître les lames de scie grâce à un plan. La vieille méthode des bagnards d'autrefois, douloureuse et incommodante. Les lames de scie, réduites à une dizaine de centimètres, enveloppées dans un emballage supportable, étaient enfoncées dans le rectum, introuvables et indécelables. Cela fut d'ailleurs l'occasion d'un moment particulier pendant mon procès puisque j'avais toujours les lames en place. Un soir, en rentrant, un gradé me demanda de me baisser et de tousser, ce que je n'avais jamais accepté de faire. Ce jour-là, après un refus, je le fis, trouvant cela comique puisque cette mesure inutile et vexatoire ne provoqua

121

pas l'expulsion de l'objet. Le pauvre type qui croyait me vexer était en train de se faire berner.

Le 28 octobre, donc, un des directeurs me fit une réflexion, je m'énervai, puis je les informai que j'étais calme et qu'il fallait qu'ils me laissent tranquille. Tous deux réalisèrent qu'il ne tenait qu'à eux d'être confronté à un détenu qui allait leur causer des problèmes, n'ayant plus rien à perdre, ou à un prisonnier serein. Le climat s'adoucit. Je fus obligé d'ôter tous mes vêtements et d'enfiler une tenue pénale. C'était la première fois que j'en voyais une dans cet état : propre, neuve, à ma taille et complète ! Un condamné à mort n'est pas n'importe quel taulard, il convient de le maintenir propre et en bonne santé, pensez, quelqu'un pourrait venir le voir, et puis c'est une chose unique, ou presque, en France, un animal en voie d'extinction. On en prend soin, c'est bon pour l'image pénitentiaire et cela donne bonne conscience. On est humain alors que lui est un horrible criminel ! On le tuera avec humanité, dans le respect des règles et selon l'art et le rituel prévus.

Harassé et fourbu, je m'endormis assez rapidement. Au mitard et au QHS, j'avais appris à dormir, quel que soit le contexte. Je savais que le manque de sommeil paralyse, handicape et ôte toute aptitude à se défendre ou à combattre. Il s'avérait donc essentiel que je dorme pour affronter la situation.

La cellule que j'occupais se trouvait dans un bâtiment annexe. Une aile abritait les détenus politiques corses. Ces derniers passaient dans le couloir du quartier des condamnés à mort afin de prendre leur douche. De temps en temps, l'un d'eux frappait discrètement à la porte, donnant un petit signe de vie. Je ne sus jamais qui agissait ainsi, mais c'était un geste agréable et sympathique. Avant moi, un seul condamné avait occupé les lieux, et il avait été exécuté, m'apprirent les matons. Était-ce vrai ou faux ? Qu'importe, les lieux sont toujours porteurs de légendes, de bruits et de rumeurs qui circulent.

La cellule du condamné à mort conditionne le reste de son existence. Elle est presque entièrement vide ! Je n'étais pas dépaysé en quittant les QHS, un lit, un tabouret et une tablette scellés, des waters et un lavabo. Je n'avais rien d'autre. Tout se trouvait dans la salle de surveillance : papier hygiénique, papier à écrire, stylo-bille, livres, Ricoré, sucre et radio. Je devais demander ce dont j'avais besoin et le rendre après usage.

La caractéristique principale découlait des conditions spécifiques de surveillance. Les matons montaient une garde continue, jour et nuit, vingt-quatre heures sur vingt-quatre. En conséquence, une ouverture était creusée dans le mur de la cellule donnant sur une autre pièce. Un cahier, conservé dans la salle de surveillance, servait à consigner tous mes faits et gestes : à telle heure, est allé aux waters, s'est couché, a mangé, a lu, a demandé de quoi écrire, tous mes mouvements, intimes ou banals, faisaient l'objet d'une mention.

J'attendais d'un côté du mur et les surveillants se succédaient, selon les tours de garde, de l'autre côté. Chacun dans notre pièce, nous nous regardions. Eux disposaient d'une table et d'une chaise tournées vers moi, alors que ma tablette et mon tabouret leur faisaient face, comme si une même table siégeait moitié dans une pièce, moitié dans l'autre, avec un mur au milieu. Lorsque je mangeais, je les avais en face de moi. Cette promiscuité entraînait des relations étranges. La plupart d'entre eux étaient partisans de la peine de mort et nous nous détestions mais nous jouions aux dames, voire aux cartes. Je gagnais souvent, presque toujours, et je les suspectais de me laisser gagner volontairement. En effet, tout le système était prévu afin que le condamné à mort conservât son calme, qu'il ne s'énervât pas et qu'il ne provoquât aucun incident résultant d'une erreur de service. Les choses étaient si nettes qu'un jour, un surveillant qui ne parvenait pas à dissimuler son hostilité à mon encontre et qui dépassait les limites fut exclu des gardes du quartier des condamnés à mort.

À leur contact, j'apprenais des choses sur l'ambiance existant dans leur profession. L'un d'eux, cumulant plus de vingt ans de service, travaillait consciencieusement mais sans s'en laisser imposer par ses chefs et par leur système. Il était tenu de remplir, comme tous ses collègues, un cahier personnel dans lequel il inscrivait tout incident susceptible de se produire pendant son service.

– Vous savez, Maurice, normalement je dois toujours écrire quelque chose. Il le faut, même s'il ne s'est rien passé. Il y a des jeunes qui racontent donc n'importe quoi, cela leur permet de se faire bien voir des chefs. Moi, il n'y a rien, regardez !

Son cahier livrait, ligne après ligne, la date du service, l'heure et la mention RAS. À la suite de cette conversation, je surveillais les autres et presque tous passaient un bon moment à remplir leur cahier. J'ignore ce qu'ils écrivaient avec précision mais le système suintait la délation forcée. Le rapporteur dénonçait les détenus, parfois pour des peccadilles qui ne justifiaient même pas un rapport d'incident officiel mais qui prouvaient que le surveillant avait au moins observé quelque chose. Il mouchardait également ses collègues : celui qui parlait à un détenu pour d'autres motifs que ceux découlant du service, celui qui avait pris un café dans une cellule ou celui qui parlait mal du directeur !

Ce surveillant m'expliqua combien il lui était pénible de vivre à l'intérieur de la prison. En effet, les surveillants qui ne vivaient pas à Paris bénéficiaient d'un logement dans un bâtiment, hors de la détention mais à l'intérieur de l'enceinte. Il était donc obligé de rentrer avant une certaine heure et s'il rentrait en ayant un peu bu le planton dressait un rapport pour décrire son état. Il m'expliqua aussi divers détournements et malversations couramment pratiqués dans l'établissement.

– Parfois, on voit des chefs qui quittent les cuisines avec un gros paquet dans un journal. Si on leur demande ce que c'est, ils nous répondent que ce sont des abats pour leur chien. En fait, c'est de la viande prélevée sur les rations et dont ils nourrissent leur famille. C'est pareil avec les fruits et tout le reste.

C'est au cours de telles indiscrétions que je réussis à obtenir des renseignements détaillés sur le dispositif de sécurité, jusqu'au plan de la partie de la prison où je me trouvais. De tous ces surveillants que je pus croiser ainsi, avec lesquels, le temps faisant, je parlais, entre deux parties de dames, un seul me parut totalement humain. C'était un militant socialiste méridional plein de convictions, fort surprenant pour l'époque. Avant son service, il passait dans une confiserie et il apportait des petits bonbons de confiseur. Il les posait près de la grille et m'invitait à me servir. Il était convaincu que les détenus devaient avoir une chance, que les plus dangereux, ou réputés tels, étaient comme tout le monde pour peu qu'ils fussent traités en être humain.

Un jour, un maton se mit à pleurer en face de moi. J'étais surpris et je me demandais ce qu'il avait. Il m'expliqua alors que l'on n'était pas encore à la fin du mois et qu'il n'avait plus d'argent pour payer son loyer et ses autres factures. Il était désespéré et ne savait plus comment s'en sortir. Je le considérai confronté à ses problèmes et, ce jour-là, je compris que les problèmes n'existaient pas réellement, qu'ils n'étaient que le fruit de notre subjectivité destiné à paralyser notre objectivité. Quoi, ce gars, plus âgé que moi de quelques années, ne parvenait plus à affronter la vie parce qu'il lui manquait un peu d'argent pour ses traites, alors que moi je croupissais dans une cellule de condamné à mort sans broncher ! Comment était-ce possible ! La vie nous expose à des situations difficiles qu'il convient de régler. Il faut réfléchir afin de les résoudre et, si elles sont insolubles, il convient simplement de passer à la suite, d'accepter notre incapacité et de vivre avec. Il n'existe donc pas de problèmes mais seulement des situations à affronter. Depuis, mon existence s'est déroulée ainsi : définir les situations, délimiter les obstacles, résoudre ce qui peut l'être et vivre avec ce que nous ne pouvons pas changer.

La vie continuait, parfois fort banalement. Je devais apprendre quelques règles que mes gardiens et moi adaptions au fil des jours. En effet, il n'existait pas de règlement absolu dans le quartier des condamnés à mort puisqu'il n'y avait presque pas de condamnés. Et là plus que partout ailleurs, la flexibilité, l'adaptation et l'individualisation étaient pratiquées. Ayant le droit d'écouter la radio mais pas le droit de conserver le poste, ce dernier était posé, dès que je le demandais, sur la grille séparant cellule et salle de garde. Ainsi, je choisissais mes programmes, j'allumais et je coupais le son sans rien demander. Pour aller aux waters, les choses requéraient plus de tact. Théoriquement, les gardiens me surveillaient sans discontinuer. La marge de manœuvre était limitée mais eux et moi, chacun tenant à sa pudeur et à sa dignité, trouvâmes, sans concertation, par simple intelligence, comment procéder. Lorsqu'une envie survenait, je réclamais mon papier hygiénique. Le gardien me le donnait, se levait et allait attendre dans un angle mort. Une fois la chose achevée, je rapportais immédiatement le papier et le gardien reprenait sa place. En revanche, quelques individus, très rares, dénués de toute fierté, demeuraient là, plantés sur leur chaise, et me regardaient faire. Ils ne restaient pas seulement assis, tournés vers moi, ils regardaient ce que je faisais. La première fois, je regardai l'un de ces types fixement dans les yeux puis je m'exclamai :

– Vous ne pouvez pas regarder ailleurs, non !

– Je dois vous surveiller.

Que dire ? Je laissai donc ces matons me regarder. Qui devait être le plus gêné ? Personnellement, j'étais resté plusieurs jours sans aller aux waters, cela d'autant plus que je ne savais que faire des lames de scie, puis j'avais fini par laisser la nature suivre son cours. Comment aurais-je pu la contrarier !

L'administration eut la duplicité de m'informer que je disposais d'une alimentation améliorée, comme le prévoyait le code de procédure pénale. Je ne l'avais pas remarqué et demandais en quoi elle était améliorée. Le directeur m'informa que je bénéficiais d'une double ration. C'était là faire preuve d'un grand humour puisque la simple ration était déjà immangeable. Je sollicitai donc une véritable amélioration, en qualité, non en quantité. À Fresnes, le service médical distribuait des régimes améliorés préparés à part. J'en demandais un ! Le directeur me dit que la décision dépendait du service médical, non de lui. C'était une fumisterie, bien sûr, car il aurait pu me faire remettre un tel régime, sans problème. Sur ses conseils, je formulai ma demande au service médical. Un matin, une jeune interne, fort belle, survint dans la salle de surveillance et me demanda ce que je voulais. Je le lui dis et elle me répondit qu'elle ne pouvait pas agir ainsi, qu'il fallait que je lui dise quelque chose le justifiant. Il m'aurait suffi de dire que je voulais un régime sans sel, ou sans sucre, ou renforcé en raison d'un état de faiblesse pour obtenir gain de cause, mais cela me semblait absurde. J'attendais la mort, chaque jour, j'avais juridiquement droit à un régime amélioré et on me demandait de tricher pour en avoir un. Je refusai de m'abaisser à cela et je n'obtins pas satisfaction, continuant à grignoter des choses ignobles. En février, je refusai leur repas, pendant plusieurs jours, tellement il était ignoble.

Pourquoi rejeter ainsi cette collaboration, pourquoi renoncer au repas, cela paraîtra futile, voire puéril, mais tant qu'un homme proteste, tant qu'il se révolte, il vit et, surtout, il conserve son identité, sa fierté. La fierté d'un homme ne se perd que le jour où il y renonce lui-même. Quoi que vous fassent vos ennemis, ils ne pourront jamais vous prendre votre fierté, vous seul pouvez la leur abandonner. Je ne savais sans doute pas grand-chose de la vie mais j'avais acquis cette certitude et je sais aujourd'hui que j'avais raison. Alors, il vous faut refuser des petites choses, refuser des compromis. Évidemment, dans des circonstances particulières, vous êtes contraint de céder sur plein de choses, de vous soumettre à des exigences face auxquelles vous demeurez impuissant, mais vous devez trouver quelques refus à exprimer.

L'une des meilleures façons de refuser, en prison, peut consister en un accroissement volontaire de la sanction. Refuser de sortir du mitard est un bon exemple, mais il existe d'autres moyens. Un garçon qui avait naguère réussi à s'évader passa de longs mois à dormir sur son bat-flanc, sans draps et sans couvertures. Moi-même, après 1983, alors que nous avions récemment obtenu le droit d'avoir des draps au mitard, je refusais de les prendre. Lorsque les matons me demandaient pourquoi, je n'estimais pas utile de leur expliquer que c'était un défi, une façon de leur retirer une partie de leur pouvoir en m'assurant une vie plus rigoureuse que celle à laquelle ils voulaient me réduire, car cela ne les concernait pas, cela ne se jouait pas entre eux et moi, mais entre moi et mon intégrité psychique, alors je leur répondais que je ne tenais pas à ce qu'ils viennent me pendre avec les draps pendant la nuit. Cela les déstabilisait plus qu'un discours philosophique tendant à leur expliquer que l'homme peut s'imposer une souffrance physique pour survivre intellectuellement.

L'un de mes premiers gestes, après ma condamnation, fut d'écrire à Claire. En effet, ma vie était gâchée et j'avais remarqué, lors du procès, qu'elle s'estimait responsable de ce qui s'était produit. Je lui adressai donc une lettre dans laquelle je lui expliquai qu'elle n'y était pour rien et que j'espérais qu'elle serait heureuse. Je n'eus jamais de nouvelles directes, mais j'appris plus tard qu'elle avait contacté ma mère afin d'offrir son assistance éventuelle. Je crois savoir que sa famille fit même signer des pétitions contre la peine de mort.

Dans un de ses romans, Malraux, qui avait été confronté à la peine de mort lors de la guerre d'Espagne, écrit qu'il n'y avait de justice que de justice politique. Mon modeste cas devenait progressivement un enjeu politique. Le régime giscardien avait voulu jouer avec ma vie dans le cadre d'un contexte sécuritaire, il avait donné une dimension politique à mon affaire, alors que les juristes qui avaient consulté mon dossier considéraient que celui-ci ne contenait pas la matière à une condamnation à la peine capitale. Giscard se retrouvait avec une affaire de droit-commun politisée. Ma mère entrait dans le combat avec la fougue, la détermination et l'obstination d'une mère. Déjà, lors du procès, elle avait beaucoup ennuyé la cour, cette femme qui demandait qu'on lui rende son fils, qui rappelait qu'elle avait été femme de flic et qu'elle comprenait fort bien la douleur des veuves des policiers. Ce n'était pas une mère résignée, c'était une mère blessée, une mère dont les viscères saignaient, une mère simplement et avant tout.

En considérant ses carnets de notes, il apparaît qu'elle rencontra des hommes politiques de tous bords, le magnifique Pierre Bas, député RPR de Paris, qui militait depuis longtemps contre la peine de mort, la solide socialiste Yvette Roudy, Seguin également, et Colette Macciocchi, député italienne au Parlement européen, ainsi qu'Yves Jouffa, président de la Ligue des droits de l'homme, Édith Villain, d'Amnesty international, la présidente de l'Association contre la peine de mort, le journaliste Gilles Millet et la Ligue des femmes. Elle s'agitait, elle criait, elle priait Dieu. Tout pour me sauver s'imposait et je suis convaincu que, sans elle, j'aurais sans doute été rapidement exécuté. Elle recruta aussi ses amis du milieu littéraire, les écrivains Jean-Luc Maxence et Michèle Moncey, parmi d'autres.

Elle se tourna vers l'Église, écrivit à monseigneur Lustiger et le rencontra. Elle fit interpeller le pape par un ami qui connaissait des gens à Rome. Jean-Paul II ou ses représentants firent savoir qu'il était hors de question qu'il intervienne dans les affaires intérieures de la France. Aucun espoir ne poindrait du côté de la hiérarchie ecclésiastique, ce qui n'empêchait pas divers prêtres et de nombreux croyants d'intervenir et d'aider.

Au Parlement européen, le vendredi 21 novembre 1980, les députés socialistes européens présentèrent une demande de motion d'urgence afin que la question de la peine de mort fût débattue de toute urgence. Roger Gérard Schwartzenberg et Yvette Roudy, pour

128

la France, Colette Macciocchi et Pannella pour l'Italie, ainsi que quelques autres tel monsieur Israël, s'opposèrent alors avec plus ou moins de virulence à des gens comme d'Ormesson et Forth. Cette motion devait conduire au vote d'une demande de l'assemblée prescrivant qu'aucun État membre de la Communauté européenne ne procédât à la moindre exécution de peine capitale tant que le débat n'aurait pas eu lieu[1]. La France fut mise sur la sellette. Roger Gérard Schwartzenberg s'exclama :

– Il y a quelques jours, la mère d'un condamné à mort, un jeune garçon de vingt-quatre ans, m'a téléphoné. Je n'oublierai jamais sa voix, sa dignité, sa détresse, et l'espoir qu'elle place dans cette assemblée... Je n'oublierai jamais cette voix, parce que cette mère espère encore que vous empêcherez son fils d'être guillotiné, mis à mort par une sombre nuit d'hiver. Les femmes et les mères donnent la vie. Leur voix est la plus profonde et la plus sincère : celle de l'humanité, de la compassion et de la pitié. Sachons, comme elles, Messieurs, faire œuvre de vie. L'Europe peut avancer d'un pas vers les forces de la vie et les principes d'humanité.

Le débat fut parfois virulent, entre messieurs Pannella et d'Ormesson, le premier rappelant l'amour que le second éprouvait pour l'Afrique du Sud[2], ajoutant que d'Ormesson parlait et écrivait beaucoup pour ne rien dire.

Ma mère venait me voir à Fresnes et je la vis se transfigurer, sa peau verdissait. C'est la seule fois de ma vie que j'ai vu quelqu'un prendre une telle teinte. Elle vivait l'enfer et je suis convaincu que la peine de mort était une sanction bien pire pour elle que pour moi. Lorsque vous éprouvez une souffrance personnelle, vous la supportez, car elle vous concerne, mais quand la douleur vient du mal que subit quelqu'un que vous aimez, c'est intenable. J'ai presque toujours aisément supporté ce que l'on me faisait, mais les maux infligés à mon frère ou à ma mère se sont toujours révélés bien plus insupportables. Ma mère devait donc endurer les affres d'une telle situation.

---

1. Compte rendu du débat du Parlement européen, en date du 21 novembre 1980.
2. L'Afrique du Sud était alors sous le régime de l'apartheid et Mandela, considéré comme un criminel, croupissait en prison.

Humble, modeste, pudique et discrète, elle se dressait et marchait vers les autres.

Depuis cinq ans qu'elle fréquentait les parloirs, elle connaissait les matons, leur dureté, leur manque de politesse et de courtoisie, leur cynisme, et elle ne les aimait pas, elle qui n'avait jamais haï personne, elle qui était si douce, si fragile, si serviable et si disponible pour les autres. Elle les ignorait, ne les regardait pas, ne les saluait pas et se souciait uniquement d'arriver le plus vite possible près de moi pour me voir. Ma grand-mère, femme forte et résistante, l'accompagnait souvent et la soutenait. Heureuse de me voir, elle me regardait, je le sus plus tard, en songeant qu'on allait me tuer, que dans quelque temps elle ne me verrait plus. Elle ne voulait pas que les parloirs s'interrompent, elle voulait imprimer le son de ma voix dans son esprit afin de ne jamais l'oublier. Elle redoutait de ne plus se souvenir, un jour, de ma voix. Impuissante, elle ne savait plus comment faire. Elle croyait en Dieu mais on ne peut attendre que Dieu, ou le hasard, décide, non, agir est essentiel. Les prières de Lustiger ne seraient pas assez efficaces. Quand le parloir s'achevait, elle s'attardait toujours un peu, essayant de gagner quelques secondes, juste quelques secondes de plus.

En sortant, ma mère passait à côté de la porte de ma cellule. Si je quittais la salle avant elle, elle grattait du doigt sur la porte de ma cellule, rapidement, fugacement. Cela lui procurait un bonheur immense, l'impression de poursuivre un peu notre entrevue, toujours trop courte, le sentiment de voler quelques secondes à l'implacable séparation, à la montre pénitentiaire invariablement fixée sur une demi-heure. La certitude de m'apporter quelque chose s'épanouissait en elle. Un jour, le maton de service lui en tint grief, lui interdisant de le faire et exigeant une évacuation rapide des lieux.

Un autre jour, elle apporta une rose afin de me l'offrir, une rose si innocente, si belle, simple geste d'amour d'une mère, envie irrésistible de faire un présent et de penser que cette fleur, ses couleurs donneront un peu de bonheur à son fils. Les matons refusèrent l'objet subversif et le laissèrent dans les mains de ma mère. Ils auraient pu la prendre, lui dire qu'ils allaient me la donner et m'informer qu'ils ne me la remettaient pas, cela aurait donné du bonheur à une femme qui ne leur avait rien fait, cela n'aurait rien coûté, mais cela aurait été humain ! La mère devait subir la peine... pour lui apprendre à être mère.

Plus tard, un maton m'interpella :

– Vous savez, Maurice, votre mère n'a pas l'air de nous aimer !

– Ah ? Pourquoi dites-vous cela ? répondis-je.

– Eh bien, quand elle arrive, elle a son chapeau sur la tête, elle ne nous regarde pas, elle ne nous parle pas.

– Mmh... Vous savez, vous gardez son fils, vous serez peut-être celui qui l'accompagnera à l'échafaud, alors ne lui demandez pas de vous aimer.

Je crois que ce gars n'était pas vraiment méchant, il ne réfléchissait pas et il semblait considérer que son métier ne l'impliquait pas personnellement, qu'il ne faisait pas de choix. C'est d'ailleurs le principe de la condamnation à mort prononcée par une cour de justice. Les jurés condamnent sans se sentir responsables de la mort d'un homme, car ils ne le tuent pas ; il reste la possibilité d'une grâce. Les chefs d'État ne sont pas responsables, car ce ne sont pas eux qui ont condamné. Le bourreau n'éprouve pas de culpabilité, car il ne fait qu'exécuter une sentence prononcée par d'autres. Nul n'est coupable, nul n'est responsable, et pourtant, quand on tue un homme, n'est-il pas sain qu'il reste un peu de responsabilité, un peu de culpabilité, non envers le condamné, mais pour la société, pour ceux qui contribuent à l'acte ou qui le désirent ?

Un jour, un maton me déclara :

– Maurice, tous les surveillants ne sont pas favorables à la peine de mort. Je suis contre.

– C'est faux, vous êtes pour, lui répondis-je en le regardant droit dans les yeux. Ce qu'il me disait était trop grave pour que je l'écoute d'une oreille distraite.

– Je vous assure que je suis contre.

– Vous ne pouvez pas être contre. Demain, si vous êtes de service et que l'on vienne me chercher, vous m'emmènerez, vous ne refuserez pas de le faire. Vous deviendrez donc complice de mon exécution. Vous êtes comme Giscard qui dit avoir une profonde aversion pour la peine de mort et qui a déjà laissé trois exécutions se perpétrer. On est contre la peine de mort ou on est pour, vous êtes pour.

– Oh, Maurice, on ne peut jamais parler avec vous.

En fait, le père de ce maton s'occupait du jardinage de la résidence secondaire de mon avocate, en Normandie. Sa situation le plaçait donc dans une posture délicate. Mais je reste convaincu qu'un homme, lorsqu'il prend une position ferme sur un sujet grave ne peut pas agir à l'envers de son propos, ou s'il le fait, il doit réviser sa position.

Parfois, des sujets plus comiques détendaient l'atmosphère entre ma mère et moi. Elle avait rencontré Fernand Legros à plusieurs reprises chez des amis communs. Fernand, marchand de tableaux, avait commis diverses indélicatesses, vendant principalement des faux tableaux qui inondèrent le marché de l'art[3]. À l'époque, ce personnage offrait une image assez romantique au goût de certains, burlesque pour d'autres. Sa silhouette noire, coiffée de chapeaux à grands rebords, était connue de beaucoup, presse, banditisme et milieu des arts. L'homme était sympathique. Toujours est-il qu'à la fin de l'année 1980, il purgeait une peine à la Santé, pour ses escroqueries. Or, il était convaincu que j'étais détenu à la Santé, dans la cellule au-dessus de la sienne, et il confiait à qui voulait l'entendre qu'il m'entendait marcher la nuit. Étant à Fresnes..., le gentil délire de Fernand nous procurait quelques sourires.

Tous ceux qui suivaient mon dossier à l'époque étaient convaincus que ma cassation serait rejetée et que Giscard refuserait de me gracier. Je n'avais donc aucune chance de survivre. Mes avocats n'annonçaient pas la nouvelle ainsi, toutefois ils respectaient un pacte passé entre nous, et qui consistait en l'obligation, pour eux, de ne pas édulcorer la réalité avec des contes pour enfants. Ils étaient donc sincères et ne me mentaient pas sur mes perspectives d'avenir. La confiance est alors cruciale car, dans une telle situation, si le client perd confiance en ses défenseurs, plus rien n'est vraiment possible. Jean-Louis Pelletier, Danièle Marion-Fondanèche et moi nous accordions fort bien dans un climat de sympathie. Mes avocats œuvraient donc sur le plan juridique.

---

3. Roger PEYREFITTE, *Tableaux de chasse ou la vie extraordinaire de Fernand Legros*, Paris, Albin Michel, 1976, Fernand LEGROS, *Ces hommes en robe*, Paris, éditions du Guépard, 1980.

Pour ma part, sachant à quoi m'en tenir, je persévérerais dans une autre voie : la cavale. Albertine Sarrazin a autrefois intitulé ainsi l'un de ses livres et il est vrai que, chez certains détenus, pas forcément la majorité, la cavale devient une hantise, un moyen de survivre psychologiquement. Dans mon cas, c'était une simple question de survie physique. J'allais être exécuté et je devais partir, quitte à me faire tuer en tentant de partir pour au moins mourir en me battant. Ma vie ne présentait plus vraiment d'intérêt, je savais même que je me ferais tuer dehors, mais au moins voulais-je mourir les armes à la main, pas comme un mouton que l'on saigne un matin. Chaque jour je devenais de plus en plus enragé. Un après-midi, alors que je marchais dans la cour de promenade, j'entendis que l'on révisait et essayait la guillotine, juste à côté, alors qu'un petit mur me séparait d'elle. Plus tard, j'apprendrais que l'administration avait fait installer un robinet dans la cour d'honneur afin de nettoyer la place lorsque mon sang y aurait giclé. Je n'étais véritablement plus qu'une bête, un animal à l'abattoir. Survivre, m'évader. Une plaque d'égout aboutissait juste dans ma cour de promenade. Je fis sortir l'information afin que mon frère vienne me chercher en passant par là. Toutefois, les choses tardèrent. Jean-Jacques cherchait comment rejoindre cette plaque depuis l'extérieur.

C'est alors qu'un ami me contacta et me fit savoir qu'il pouvait me faire passer une arme. À mes principaux défenseurs, j'avais déjà associé une jeune avocate, sensible, blessée par la peine de mort et par l'idée que la société et la justice dans lesquelles elle croyait puissent recourir à une telle peine. Par son truchement, cette arme, un gros 45 à barillet, finit par me parvenir. Une voiture fut disposée à l'extérieur de la prison, avec un pistolet-mitrailleur, une perruque, de l'argent, un change de vêtement, de quoi me raser. Je disposai également d'une adresse en guise de point de chute.

L'après-midi du 24 février, lors de la promenade, je passai à l'action. J'avais appris, grâce à mes conversations avec le personnel, que le brigadier qui venait me chercher pour aller dans la cour détenait les clés conduisant jusqu'à la sortie. Je disposais également de l'itinéraire précis à suivre, assez simple. Deux plans se présentaient à moi. Le premier était terriblement radical. Dès l'ouverture des portes, ouvrir le feu sur les deux gardiens, ramasser les clés et parcourir le trajet au pas de course, sans m'arrêter. À la porte d'entrée, j'aurais dû contraindre les gardiens postés là et coincés entre deux grilles de m'ouvrir la première grille ou de mourir avec moi. Malgré tout ce que ma situation présentait de tragique, je ne parvins pas à faire ce choix ; il existe en effet une différence entre se servir d'une arme lors d'une fusillade et le faire de sang-froid, après réflexion. Je choisis donc la seconde option, plus incertaine. Je devais braquer mes deux gardiens, en attacher un avec des menottes dans la salle de garde, revêtir une capote avec capuche toujours pendue à une patère, prendre les clés du brigadier et partir avec ce dernier, tranquillement, jusqu'à la porte d'entrée. Là, nous nous serions présentés devant une porte au milieu de laquelle se trouvait une petite vitre. Je savais que les gens montraient leur visage par cette vitre et qu'un maton installé derrière un guichet débloquait automatiquement la porte. Une fois cet obstacle franchi, un bouton placé au niveau de ce guichet faisait jouer la serrure de la dernière porte. Ce plan présentait un point faible, il reposait sur la domination, dès le début, des deux gardiens. Le moindre bruit, avec le temps perdu à exécuter les choses en douceur, permettrait au gardien qui surveillait les politiques corses de bloquer la porte du quartier des condamnés à mort.

Lorsque la porte de ma cellule s'ouvrit, j'ordonnai de ne plus bouger, mais rien ne se passa comme prévu. Le brigadier s'élança sur moi. Il était à soixante-dix centimètres de moi en raison de l'exiguïté du couloir et il me tomba dessus très rapidement. Dans la bagarre, un, puis deux coups de feu partirent. L'ai-je voulu ou non ? Je ne sais pas, je ne m'en suis pas vraiment rendu compte. J'avais compris que je venais d'échouer, car le second gardien s'était précipité dans la salle de garde pour déclencher l'alarme. La porte du quartier s'était ouverte, un autre gardien avait passé sa tête puis, voyant ce qui se passait, avait tout refermé en nous bloquant à l'intérieur. Le briga-dier tenait l'arme à pleine main, nos mouvements respectifs ont-ils déclenché le percuteur ? Ai-je instinctivement tiré par haine de ce gardien, par dépit ou pour toute autre raison ? Véritablement, je l'ignore et je ne suis pas certain de l'avoir jamais su. Je me souviens vaguement qu'à un certain moment mon esprit s'est «débranché», comme cela arrive lors de chocs psychologiques intenses. Je n'étais plus vraiment là.

Les portes du quartier s'ouvrirent et livrèrent le passage à un flot de matons qui me saisirent et m'emmenèrent, directement jusqu'à ma cellule. Mon esprit était alors absent et j'ai dû revenir sur terre alors que j'étais dans ma cellule. Les matons m'arrachèrent tous mes vêtements, sans les déboutonner, comme s'ils étaient en papier, puis ils me passèrent à tabac. Plusieurs jours après, mon corps était encore bleu sombre, mais je ne sentis rien, enfin, je crois que je ne sentis rien. J'étais devenu une sorte de spectateur de cette scène, je remarquais seulement le sous-directeur du QHS qui permettait aux matons de me frapper puis, lorsqu'il devinait qu'ils risquaient de me tuer, il se plongeait dans la mêlée et les retenait. Enfin, quand il sentait que mes geôliers ne supportaient plus de ne pas me frapper assez fort, il les laissait à nouveau opérer, et ainsi de suite, évitant que je sois tué tout en les laissant me bastonner. Son but fut-il de me protéger ou plus simplement de protéger sa carrière en évitant qu'un condamné à mort ne fût tué sous les coups de ses surveillants ? Depuis, l'homme est mort et je ne connaîtrai jamais la réponse.

Je fus finalement ligoté sur un lit de contention, à moitié sonné, détaché de la réalité, attendant dans l'indifférence la plus absolue, considérant l'agitation autour de moi sans y prendre part, sans me sentir impliqué. J'entendis toutes sortes de bruits, celui d'un hélicoptère dont j'appris par la suite qu'il venait chercher le brigadier blessé.

Pendant ce temps, l'effervescence gagnait la totalité des prisons de Fresnes. Plus tard, d'autres détenus m'expliquèrent qu'ils avaient très rapidement appris que quelque chose se produisait. Comme lors de l'évasion de Mesrine à la Santé, les matons vérifièrent les effectifs et bloquèrent toutes les portes. Au QHS, les choses furent un peu plus tendues. L'un de mes amis, en voyant la tête des gaffes de service, pensa immédiatement à moi, non pas à une tentative d'évasion mais à mon exécution. Il leur demanda ce qui justifiait ce remue-ménage puis, faute de réponse, il leur dit :

– Attention, si vous avez touché au petit, vous allez avoir des problèmes !

À l'époque, ma jeunesse m'avait valu d'être appelé « le petit ». J'étais un gosse comparé aux autres. Les matons savaient fort bien que ce garçon, que nous surnommions, à l'inverse, « le grand », parlait de moi. Il leur posait d'ailleurs parfois des problèmes de gestion car il dépassait le mètre quatre-vingt-treize et les cent kilos, ce qui les contraignait à rester dans les limites du code de procédure avec lui.

Au quartier des condamnés à mort, les flics de la Criminelle arrivèrent assez vite. Ils me saluèrent et certains semblèrent trouver un peu excessif la façon de laquelle j'étais accoutré, ou plutôt ne l'étais pas, puisque j'étais toujours nu. Leur chef me demanda si je le reconnaissais. L'un d'eux me posa très rapidement une veste sur le corps. Peu après, ils me firent détacher. J'étais entre leurs mains, il était clair que ce n'était pas ce jour-là que j'allais mourir, pourtant, une fois l'échec consommé, je crois que j'attendais la mort. J'étais convaincu que j'allais être achevé par les matons.

Les flics se livrent rarement à des actes extrêmes de ce genre. Ils connaissent le danger de leur métier, ils tueront sans problème de conscience un homme sur le terrain, mais ils se comportent plus souvent comme des soldats. Le prisonnier peut être bastonné, dans certains services, afin d'obtenir des aveux, mais ils contrôlent suffisamment la violence pour ne pas aller jusqu'à la mort. Au contraire, les matons d'alors étaient plus brutaux, primaires ou même, oserais-je dire, primitifs. Souvent, ils étaient recrutés en famille. À Clairvaux, le village implanté autour de la centrale établie dans l'ancienne abbaye de ce lieu accueillait de nombreuses familles de matons exerçant depuis plusieurs générations, de père en fils et d'oncle en neveu. Dès leur jeunesse, les enfants étaient formés, conditionnés, pour mépriser les détenus et pour les considérer comme du bétail. C'était l'ancienne mentalité de la garde-chiourme. Les nouveaux venus, embauchés hors du milieu, devaient s'adapter à l'ordre établi par les anciens. À partir de 1981, le recrutement en dehors des familles se généralisa, par le biais de l'ANPE, offrant des perspectives de carrière administrative à des chômeurs de plus en plus nombreux, dont une partie était prête à se destiner à ce genre d'emploi. Simultanément, la formation assurée par l'École nationale de l'administration pénitentiaire tenta de relever le niveau de ses fonctionnaires en profitant de l'arrivée croissante de jeunes pourvus du baccalauréat.

Mon extraction pour le quai des Orfèvres donna lieu à une petite altercation entre les matons et moi. En effet, le sous-directeur me présenta un papier à signer selon lequel je quittais les lieux. Alors que je venais de le signer, je réalisai que j'ignorais au juste ce que signifiait ce papier, je m'en saisis donc et le mangeai afin de faire disparaître ma signature, aval de n'importe quoi ! Je fus saisi de toutes parts et le sous-directeur s'écria :

– Il est devenu fou !

Puis il s'exclama :

– Je vais chercher un autre exemplaire.

On exigea que je signe, ce que je refusai de faire. On tenta de m'y obliger, vainement. On prit ma main et on y plaça un stylo, mais il était hors de question de parvenir ainsi à tracer ma signature. Ils décidèrent d'appliquer mon empreinte digitale sur le papier, ce que je refusai toujours de faire. Je ne savais pas pourquoi en fait, mais j'étais convaincu que, s'ils voulaient ma signature, c'est qu'il était important pour eux que je me soumette et que cela pouvait avoir des conséquences néfastes pour moi. Personne ne m'avait expliqué ce qu'était ce papier et ce qu'il impliquait. Je pris encore quelques coups de la part des matons qui en profitèrent, l'aubaine étant trop belle. Puis, alors que j'étais ceinturé, l'un d'eux tint ma main droite, un autre bloqua mon index en agrippant mon ongle avec je ne sais quel objet, provoquant une douleur vive qui ne m'empêchait pas de réagir. Finalement, je fus totalement immobilisé lorsqu'un maton saisit mes parties génitales et les serra au point de me faire suffoquer. C'est ainsi que je signai, « en toute liberté », un document administratif. J'ignore encore aujourd'hui pourquoi ils m'obligèrent à signer. En effet, quelques jours plus tard, Jean-Louis Pelletier m'expliqua que ma signature était inutile et qu'ils pouvaient m'extraire, sans mon accord, puisqu'ils agissaient dans le cadre d'un flagrant délit.

La garde à vue fut presque agréable. Je n'avais pas grand-chose à dire et me moquais totalement de ce qui s'y disait. La nuit, on me plaça dans une cage avec des flics en uniforme à l'intérieur, d'autres à l'extérieur. Les civils de la Criminelle m'avaient mis les menottes devant pour me permettre de dormir, les mannequins me les replacèrent derrière. Un civil passa et les fit remettre devant, mais un de mes gardes m'obligea à les repasser derrière. Après, je l'entendis dire à ses collègues :

– Ils ne croient pas que je vais rester avec lui à l'intérieur alors qu'il a les mains devant.

C'est vrai que j'étais redoutable ! Avec mon mètre soixante-quinze et mes soixante kilos, je devais être très impressionnant. Mon attifement, sans doute, surprenait. Pas rasé, pas peigné, les cheveux longs, j'étais accoutré d'une tenue pénale en grosse toile grise bien au-dessus de ma taille. Ce n'était plus celle que l'on m'avait remise en octobre, grise mais en petit tissu. La veste pendait, mon pantalon était trop grand, la chemise était débraillée et, en outre, je me déplaçais avec des chaînes aux pieds et des menottes aux mains. C'est dans cette tenue que je croisai un homme qui semblait appartenir à la « société civile » et qui resta coi.

Par moments, il arriva que je fisse salon, ainsi un flic aimable vint-il me parler, après quoi il me présenta à son épouse. Parfois, des gens passaient et regardaient dans cette cage avec curiosité. Sans doute savaient-ils qu'il y avait là un futur mort. Bien sûr, l'expression est impropre puisque nous sommes tous des morts en suspens, disons un futur exécuté. À ce moment-là, mes espérances de vie ne dépassaient guère quelques semaines.

J'aperçus d'autres gens, des matons, un surveillant-chef, plus ou moins suspectés de négligence ou de complicité. L'avocate impliquée expliqua dans un livre pourquoi elle passa aux aveux et comment elle avait été piégée par mon ami, Pierre, surtout à cause de ses idées et de ses convictions. Cette jeune fille merveilleuse et désintéressée, promise à un bel avenir, vit donc tous ses projets s'arrêter là. Elle allait maintenant payer cher la pureté de ses intentions, le fait de ne pas avoir dénoncé quelqu'un qui tentait d'échapper à la guillotine.

Ce qui surprend lorsque nous vivons un événement aussi fort, c'est que nous nous apercevons qu'une partie des informations nous échappe totalement. Ainsi n'ai-je jamais connu la totalité des détails de ce qu'avait fait mon ami puisque je ne l'ai pas encore revu, à ce jour, ne sachant pas ce qu'il est devenu depuis. Chacun ignore donc des choses, la justice en premier lieu puisque le magistrat instructeur est en partie intoxiqué, volontairement ou non, par les accusés et par les témoins. Parfois, il croit même reconstituer la réalité des faits en interprétant les divers témoignages. Une chose m'a toujours étonné : l'acceptation, sans sourciller, par la justice, qu'un condamné à mort ait pu se rendre du parloir avocat à sa cellule avec une arme mesurant une trentaine de centimètres de long sans que nul ne s'en aperçoive. Le président des assises fut d'ailleurs stupéfait par l'accumulation de... négligences qui, seules, justifiaient la réalisation d'un tel acte.

Lors de la garde à vue, j'eus la surprise de constater que la police avait interpellé ma grand-mère, à son domicile, ainsi que ma tante qui lui rendait visite. Toutes deux avaient travaillé toute leur vie et n'avaient jamais rien eu à se reprocher. Pourquoi les avoir emmenées au quai des Orfèvres ? Je n'ai jamais trop su, elles non plus ! Ma mère, soumise aux chocs successifs, se reposait alors dans une clinique afin de se remettre d'une très forte dépression. Les policiers souhaitèrent également la conduire dans leurs bureaux, ou à défaut l'interroger, mais son médecin s'y opposa fermement et catégoriquement. Ils repartirent donc bredouilles.

Quarante-huit heures s'écoulèrent, un peu trop rapidement à mon goût, car le quai des Orfèvres se présentait comme un lieu bien agréable comparé au quartier des condamnés à mort. Je fus reconduit à ce dernier où le chef de détention, le sous-directeur et quelques matons me réceptionnèrent. Après la fouille, alors que je restais debout, dans ma cellule, une troupe de gaffes et de gens du service médical surgirent.

– Vous voulez quelque chose ?

Je compris fort bien qu'ils m'offraient des neuroleptiques puisqu'ils tentaient de m'en faire ingurgiter depuis mon arrestation, en 1979. Je leur répondis :

– Oui, je désire du café, bien noir, très serré, et un thermos entier s'il vous plaît.

Tous se cabrèrent, apparemment outrés, et s'en allèrent sans me parler. Plus jamais, ni l'administration pénitentiaire ni le service médical ne me proposèrent la camisole chimique. Si je n'avais pas craqué ce jour-là, il était évident que je ne succomberais jamais à la tentation du paradis artificiel.

139

Une fois seul face au gardien de service, je me heurtai avec lui, car il refusait de me remettre une revue conservée dans la salle de surveillance.

Le lendemain, 27 février 1981, la direction m'informa que j'étais mis au régime cachot. Matériellement, cela ne changeait pas grand-chose, sinon le fait que l'on m'ôtait mon matelas et mes couvertures la journée ! En revanche, cela soulevait un problème à caractère familial, car ce régime excluait les visites de ma famille. Je leur posai la question.

– Pour ma mère, comment faites-vous ? Vous lui interdisez de me voir ?

– Oui.

– Vous savez que je peux être exécuté dans les semaines à venir et qu'elle ne pourra donc plus me voir vivant.

– C'est comme ça !

Mes avocats arrivèrent peu après. Ils venaient presque tous les jours, parfois un seul d'entre eux, parfois plusieurs à la fois. Nous fîmes le point face à cette catastrophe. Ils étaient secoués mais ils comprenaient sans doute que j'avais tenté un va-tout. Je les interrogeai sur l'état de ma mère puis je leur demandai de la prévenir de la suppression des parloirs résultant de mon placement au mitard. C'était bien là le plus difficile.

À peine étaient-ils partis qu'un surveillant-chef me dit :

– Vous savez, Maurice, si vous voulez, votre mère peut venir vous voir aujourd'hui.

– Quoi ? Vous le dites maintenant alors que mes avocats s'en sont allés ? Veuillez les faire rappeler.

– Ah non ! C'est trop tard, dit-il en souriant ironiquement.

Je compris à cet instant précis qu'il venait de se livrer à un petit jeu cruel, histoire de me blesser, il avait voulu me faire croire que je pouvais voir ma mère. Je lui fis remarquer que je venais de comprendre, ce qui le frustra. La médiocrité n'a pas de limites.

Contrairement à la pratique courante qui consistait à sanctionner les surveillants de la base, le directeur des prisons de Fresnes fut mis à la retraite, le sous-directeur dirigeant la maison d'arrêt et celui qui était chargé du QHS et du quartier des condamnés à mort furent mutés, et un ou deux surveillants furent rétrogradés. Le gouvernement désignait des coupables, camouflant ainsi son incurie et ses responsabilités. Dans un journal, un petit article mettait toutefois en cause ce garde des Sceaux qui prétendait lutter contre l'insécurité et qui, de fait, la répandait dans les prisons. L'esprit sécuritaire du ministre de la Justice d'alors était pris en défaut.

Début mars, je cessai de manger. Pourquoi ? Je n'en sais rien. En fait, lorsque je mangeais, lorsque j'allais aux toilettes, je voyais mon corps fonctionner mais mon esprit n'était déjà presque plus à l'intérieur. Un conflit naissait entre mon intellect, déjà mort, et mon corps qui continuait à vivre. Je n'avais plus véritablement l'énergie de vivre, j'en avais marre de souffrir depuis quatre ans. Quatre ans, c'est peu dans une existence mais c'est une vie en soi lorsque l'on est âgé de vingt-cinq ans. Depuis 1977, j'avais tout perdu, je m'étais perdu moi-même, je ne savais plus où j'étais, pourquoi j'en étais arrivé là, pourquoi je vivais. Je ne me reconnaissais pas dans ce rôle, ce personnage que l'on m'attribuait et que je devais assumer. J'étais fatigué, je n'avais pas envie de me suicider, au contraire, mais je n'avais plus envie de manger, je ne souhaitais plus alimenter ce corps que les juges allaient faire couper en deux. Je pensais que mourir de faim serait mieux que d'être étêté. Je n'entendais pas choisir une mort, j'étais révolté en voyant qu'aux États-Unis un gars avait choisi de mourir fusillé plutôt que gazé ou électrocuté. Je ne critiquais pas ce gars, face à une mort imminente attendue, chaque homme dispose du droit de réagir à sa façon, d'avoir peur, d'être courageux, de se révolter ou de se soumettre, mais cela me heurtait profondément, car je considérais qu'il se rendait complice de ses tueurs en réalisant un choix. Sans doute, dans sa tête, ressentait-il le besoin de se réapproprier sa mort, de ne pas laisser les autres décider pour lui, mais je ne parvenais pas à accepter son choix. Pour ma part, je ressentais une extrême lassitude et je ne parvenais plus à entretenir ma mécanique corporelle, à la conserver en bon état pour que les bouchers la charcutent. Ce fut sans doute la raison de mon refus de m'alimenter.

Chacun réagit à sa façon face à la mort. Certains sombrent dans le mysticisme. Ce ne fut pas mon cas. Je ne croyais pas en Dieu, je rencontrais fréquemment l'aumônier de Fresnes, fort dévoué. J'eus de longues conversations avec cet homme d'expérience. Il avait autrefois accompagné de nombreux condamnés à mort, pendant la guerre d'Algérie, des politiques et des droits-communs Il avait fait partie de cette génération de prêtres-ouvriers marchant pieds nus, en sandales, cherchant à prêcher et à comprendre leurs semblables. Il comprit que Dieu était un concept qui m'échappait totalement. J'étais déjà agnostique, tout en étant profondément laïc et respectueux de la foi des autres, intéressé même par cette foi que j'étais incapable de ressentir.

En revanche, je compris comment un condamné à mort sombrait dans la foi, subitement, sans l'avoir réellement éprouvée. Le condamné à mort n'est plus attaché à la vie, il perd contact avec la réalité matérielle des autres et ces derniers lui paraissent petits, médiocres, attachés à des choses si futiles. Par contraste avec ces « nains qui l'entourent », il devient grand, il plane au-dessus d'eux, comme s'il était suspendu dans l'espace, il se détache de son corps, se transcende, atteint une dimension métaphysique, devient un esprit et peut rencontrer Dieu, ou croire le rencontrer. Pour ma part, si j'ai éprouvé ce détachement, si j'ai pu me sentir bien au-dessus de mes geôliers, étant « sorti de mon corps », j'eus sans doute la chance d'être entouré de personnes formidables qui me rappelèrent, sans le vouloir, que j'étais le fils d'une mère, le fils de ma mère.

Les fonctionnaires qui m'entouraient étaient incapables de s'interroger sur l'homme, ils cherchaient quelle revendication je n'aurais pas formulée et concluaient, puisque je n'en avais pas exprimé, que c'était fatalement un simulacre. Je ne mangeais plus et ne buvais plus du tout. Toutefois, j'étais enrhumé et je ne disposais pas de mouchoir. Je me lavais donc les narines au lavabo. Un jour, je constatai que le surveillant de garde inscrivait sur le cahier dans lequel ses collègues et lui-même consignaient mes faits et gestes qu'il m'avait vu boire. Tous étaient ainsi mystifiés. Lorsque je me lavais le nez, ils pensaient que je buvais. Cela me fit sourire puisque leurs déductions ne me concernaient pas. Au bout d'une quinzaine de jours, l'interne qui intervenait au QHS et auprès de moi, chargé de m'examiner, se rendit compte que j'étais en mauvais état. Il fit immédiatement installer du matériel de réanimation dans le quartier afin de parer à toute éventualité. Le sous-directeur s'affola et les matons furent surpris.

« Maurice se laisse vraiment crever de faim. » J'allais mourir sans qu'ils aient le bonheur de me tuer ! C'était là un véritable scandale, car un condamné à mort n'a pas le droit de se suicider ou de mettre sa vie en danger. Il est mieux soigné que tout autre détenu. Il doit vivre et être en parfaite santé, sauf maladie incurable, pour être tuable. Il faut à tout prix le tuer en bonne santé, selon le cérémonial et le jour convenu par la justice ou plutôt par le président de la République en personne.

– Pourquoi installez-vous ces machines ? demandai-je au médecin.

– Pour vous réanimer en cas de besoin.

– Mmh... Si je ne mange plus, ce n'est pas pour que vous me réanimiez et je vous informe que je m'oppose à ce que vous m'alimentiez de force.

– Je vous alimenterai de force, j'en ai le droit.

– Pourquoi vous rendez-vous complice de ce système ?

– Écoutez, Maurice, je n'en ai rien à faire de vous, je m'en moque, mais je dois vous maintenir en vie afin que l'on vous exécute.

Pour l'avoir vu intervenir en QHS, je ne nourrissais aucune illusion sur ce médecin, mais là, je considérais qu'il allait un peu fort. En fait, il n'était guère différent de la plupart des médecins intervenant en milieu carcéral. Beaucoup sont là pour leur carrière, lorsqu'il s'agit d'internes, ou faute d'avoir une clientèle suffisante quand ils sont en poste dans des maisons d'arrêt de province. Ils gagnent donc de l'argent facile, avec une clientèle totalement dépendante d'eux et ne disposant d'aucun moyen de revendication ou de protestation. Ils peuvent être d'une totale incompétence, personne ne leur en tiendra grief. Je pris la décision de m'alimenter à nouveau.

Le vendredi 21 mars, je décidai de tenir un journal, j'écrivis alors : « 7 heures du matin... je me réveille..., c'est ma première vraie nuit depuis le 24 février..., en effet..., depuis cette date, j'étais enchaîné, nuit et jour, pieds et mains..., le moindre mouvement dans mon sommeil entamait mes chairs et m'éveillait. Je m'abritais du froid en m'enroulant tant bien que mal dans une couverture à la propreté plus que douteuse. Une lampe restait et reste encore allumée toute la nuit se conjuguant avec le reste pour former obstacle à l'oubli dans le sommeil. Hier au soir, la porte de la cellule s'est ouverte sur un sous-directeur et des matons. Ils m'ont retiré ces fers que je portais vingt-quatre heures sur vingt-quatre, sans un mot..., cela avait l'air de les emmerder... Je ne leur ai rien demandé. *Depuis un mois, je ne pouvais plus me laver, ni même me déplacer sans que l'acier ne pénètre mes chairs. J'ai regardé mes chevilles... elles étaient enflées. La morsure du fer a imprimé sa marque dans la peau râpée.* »

Ce jour-là, vers neuf heures, deux assistants de Jean-Louis Pelletier, Thierry Herzog et Michel Leblanc, se présentèrent au parloir. J'attendais la décision de la Cour de cassation. Un point fort avait été soulevé par Claire et Philippe Waquet, avocats auprès de cette juridiction. L'un des assesseurs avait été spécialement mis en place dans cette juridiction, sans avoir le grade nécessaire pour y siéger. La cour d'assises qui m'avait jugé était dès lors illégale et le jugement nul.

– Alors... Cela s'est bien passé ? demandai-je tandis qu'ils conservaient le silence, visiblement gênés.

– Non...

Je les regardai... j'hésitai... je me demandais si j'avais bien compris. Ils étaient horriblement gênés et je sentis qu'ils préféreraient être ailleurs, aussi ajoutai-je assez rapidement :

– Non, non... ou non ?

– Non... Rejeté !

– Ah !

Un silence suivit, je leur souris, c'était nerveux et j'étais le seul à me marrer, eux faisaient vraiment la gueule. Finalement, j'enchaînai :

– Vais-je être exécuté dans les prochains jours ?

– Non... Il y a le temps du recours en grâce.

– Cela prend cinq jours à peu près ?

– Non... non, cela dure quelques mois.

Ne me tenaient-ils pas ce propos pour me rassurer ? J'exigeais la vérité. Je savais que Giscard voulait ma tête, non parce qu'il avait quelque chose contre moi, je n'existais pas pour lui, insignifiant gosse de la banlieue, mais uniquement pour des raisons politiques. Je voulais savoir combien de jours il me restait à vivre au minimum et au maximum.

– Bon... J'ai encore au moins quelques semaines ?

– Oui...

– ...

– Euh... Il y a une autre mauvaise nouvelle...

– Ah bon ! Allez y...

– Votre frère a été arrêté.

Je mis un moment à réaliser.

– Comment ?

– Votre frère... hier... il a été arrêté...

– Et merde... !

Cela me faisait plus de mal que le reste.

Une demi-heure passa puis je rentrai en cellule, subissant ma deuxième fouille corporelle de la journée, moment toujours désagréable. À dix heures trente, maître Danièle Marion-Fondanèche était annoncée. Dans la salle réservée aux visites des avocats, elle patientait, assise. En me voyant, elle sourit, restant normale. C'était pénible pour elle, mais elle savait que je préférais éviter que l'on exprime les émotions désagréables. Nous plaisantâmes un peu puis nous évoquâmes l'affaire du jour.

– Crois-tu que le pouvoir soit intervenu ? l'interrogeai-je.

– L'un des points était irréfutable, celui concernant l'assesseur.

– De toute manière, nous ne saurons jamais jusqu'à quel point ces mecs ont fait main basse sur la justice. Tu sais, la grâce, je n'y crois pas !

Nous cherchâmes ensuite quel intérêt Giscard tirerait de mon exécution. S'il me faisait exécuter, ce serait dans les prochains jours, car à partir du moment où la campagne électorale commencerait, il n'en aurait sans doute plus les moyens, l'exploitation politique de mon affaire serait trop flagrante et risquerait de susciter un effet boomerang. Cela m'accordait donc deux semaines, trois au plus. Il fallait tout faire pour ralentir la procédure. Ma condamnation à mort était un os jeté aux forces de l'ordre et à la campagne d'insécurité menée par le pouvoir. Cette campagne faisait oublier les vrais problèmes sociaux, le chômage en pleine croissance, la pauvreté, l'injustice, ainsi que les scandales politiques. Des ministres et des hommes politiques de la majorité étaient morts de façon suspecte : Joseph Fontanet tué au colt 45 en pleine rue, à Paris, Robert Boulin suicidé dans une mare d'eau, dans un bois, le prince de Broglie abattu dans Paris. D'autres, liés à l'extrême gauche, étaient morts assassinés. Il y avait des affaires plus sordides, dénoncées par *Le Canard enchaîné*, et qui mettaient directement en cause l'honnêteté et la probité du président de la République. Détourner l'attention des vrais problèmes en exhibant un coupable, coupable d'autre chose, contre lequel l'opinion et la presse peuvent se retourner s'offre parfois comme une alternative pour un pouvoir sans scrupules.

Mes avocats se lancèrent alors dans un grand travail de ralentissement contre la mort. Il fallait écouter et contrer, un peu comme dans une partie d'échecs dans laquelle le pouvoir et nous avancions nos pièces et dont l'enjeu était ma vie. Avant de quitter Danièle, je lui demandai de ne rien me cacher, voulant être tenu informé de tout pour conserver mon objectivité. C'était mon droit, elle le promit et tous mes avocats comprirent qu'il devait en être ainsi.

Cette journée fut assez mouvementée, car des psychiatres souhaitèrent me rencontrer. Après un geste de refus, j'acceptai puisque je m'ennuyai. Ils étaient nommés dans le cadre de l'instruction ouverte à la suite de ma tentative d'évasion. Nous parlâmes, je dessinai un arbre, j'écrivis une phrase, puis les choses s'arrêtèrent là. Par la suite, lors d'un procès, j'appris qu'ils avaient conclu que j'étais sociable.

Le même jour, la mise au mitard, fixée à quarante-cinq jours, durée maximale, fut suspendue. Les matons me rapportèrent couverture et matelas. Je pouvais à nouveau écouter la radio, lire, écrire, et surtout voir ma mère et ma grand-mère. Pour une fois, mes gardiens n'étaient pas trop peinés de me rendre un peu de confort. Ils savaient que la mesure consistait à laisser ma mère me voir une dernière fois et que cela signifiait que j'allais être exécuté. L'un d'eux eut le tact de me le dire franchement.

L'arrestation de Jean-Jacques me rendait malade, je l'imaginais en prison et cela me rongeait. La police et la justice l'impliquaient dans ma tentative d'évasion alors qu'il n'avait rien à y voir. Pendant la garde à vue, les enquêteurs avaient tenté de faire dire à mon avocate que c'était lui qui lui avait fourni l'arme. Ce n'était pas le cas, elle le proclama mais, dans la fatigue, elle ne fit pas attention à une phrase ambiguë inscrite sur un procès-verbal. Mon ami et complice, un peu plus âgé que moi, était brun, avait ma taille et était français. Cette description correspondait à celle de bien des individus, ainsi qu'à mon frère. Les flics dirent donc à mon avocate que, certes, ce n'était pas lui mais que la description faite aurait pu lui ressembler. Elle répondit affirmativement... Sans dire que c'était lui. Mais le propos fut transcrit d'une façon alambiquée qui permettait de croire qu'elle

venait d'impliquer mon frère qu'elle ne connaissait pas. Cette anecdote pose d'ailleurs le problème des phrases enregistrées dans
les procès-verbaux, tant dans les locaux de police que dans ceux
des magistrats instructeurs, et authentifiées par les signatures des
témoins. En effet, les policiers et les magistrats interrogent leur interlocuteur, écoutent son propos, puis ils le rédigent ou le font rédiger
par leur greffier, ce ne sont jamais les réponses directes qui sont
transcrites mais les réponses reconstituées. La personne interrogée
est libre d'approuver ou non et, par conséquent, de demander une
rectification, une mise au point, toutefois de petits détails échappent
parfois à l'attention de celui qui est interrogé, petits détails susceptibles d'interprétations équivoques et dangereuses qui n'ont rien à
voir avec la réponse originelle.

De plus, mon frère avait été arrêté à la suite d'un traquenard
tendu par la police aidée par une amie de Jean-Jacques, ancienne
prostituée, recherchée depuis 1979. Cette fille perdue et sans doute
malheureuse, affolée, livra quelques témoignages susceptibles d'être
exploités, affirmant ainsi que Jean-Jacques possédait une voiture du
même type et d'une couleur ressemblant à celle qui avait été déposée
devant Fresnes, avec du matériel devant servir à mon évasion.
C'était mince, mais cela suffisait à monter un dossier et à désigner un
coupable.

L'arrestation de mon frère était très vite devenue une nécessité.
À la suite de ma tentative d'évasion, Jean-Jacques, désespéré, jugeant
que son propre plan d'évasion n'était plus réalisable, avait adressé
une lettre à *Paris-Match*, avec deux photographies, pour avertir qu'au
cas où je serais exécuté, il descendrait dans la rue et ouvrirait le feu
sur tout le monde afin de me venger. Ce n'était là qu'une menace,
car Jean-Jacques aurait été incapable de commettre cet acte, mais ce
régime qui se parait des atours d'un défenseur de l'ordre et de la
sécurité, devait avant tout régler ce problème. En outre, une rumeur
circula selon laquelle Jean-Jacques prévoyait d'enlever Henri, fils de
Giscard et conseiller général de Marchenoir. J'ignore ce que valait
cette dernière supposition, n'ayant jamais interrogé mon frère à ce
sujet, mais elle paraît plus acceptable tant le désespoir et l'amour fra-
ternel sont susceptibles de précipiter un homme dans une action

désespérée. Les services de protection des hautes personnalités se mirent en état d'alerte.

La véritable cause de ma tentative d'évasion fut parfois remise en question. Tout d'abord, je fus inculpé pour tentative d'évasion et pour tentative d'homicide volontaire. Je n'avais pas tenté de tuer, j'avais même fait le choix inverse en étudiant les deux possibilités de concrétisation de mon plan, mais cela n'avait pas d'importance, ni pour la justice ni pour moi. Cela en avait plus pour ceux qui étaient inculpés comme complices. Dans les QHS, quelques gars en colère provoquèrent volontairement des surveillants en parlant entre eux, aux fenêtres, sachant que les matons écoutaient, en expliquant que j'avais fait ce qu'ils souhaitaient en essayant de tuer le gardien en question. C'était de leur part de la rage, un moyen de défoulement, une façon de narguer nos geôliers, mais ces derniers eurent tôt fait de donner du crédit à leurs propos. Cela d'autant plus que j'avais, comme la plupart des autres, eu quelques altercations avec ce briga- dier. Nous le considérions comme l'un des, comment dirais-je..., l'un des fonctionnaires les plus zélés que nous subissions. Nous le détes- tions avec autant de zèle. La justice n'y prêta guère l'oreille. Une seconde rumeur circula, colportée par quelques journaux. Je n'aurais pas tenté de m'évader mais j'aurais seulement cherché à rendre impossible mon exécution en faisant ouvrir une affaire non classée.

Ce dernier point est plus facile à rejeter. En effet, Jean-Louis Pelletier avait discrètement réuni les pièces nécessaires pour soule- ver un problème juridique si l'on était venu me chercher pour m'exécuter. Au moins une affaire restait à juger, celle concernant le vigile que j'avais blessé, or un condamné à mort doit mourir libre[4]. De plus, je purgeais encore ma première peine résultant de mon arrestation de 1977, ainsi qu'une peine d'évasion consécutive à mon non-retour de permission. Assez paradoxalement, il aurait donc fallu me mettre en liberté provisoire pour le dossier des vigiles, et en liberté conditionnelle pour mes deux peines déjà prononcées. Un tel détail n'avait apparemment pas encore effleuré l'esprit de la justice.

---

4. Les textes de loi prévoyaient que la levée d'écrou du condamné à mort devait être faite avant l'exécution.

La défense et moi-même conservions cet argument juridique fort secret, pour le dernier moment, pour le jour convenu de l'exécution.

Enfin, une autre affaire était toujours à l'instruction. J'étais soupçonné d'avoir commis, avec deux autres personnes, un hold-up dans une banque de L'Haÿ-les-Roses. L'instruction était gelée depuis que je refusais de parler au juge. L'homme, juif pied-noir, sans doute plus très loin de la retraite, était sympathique. Il offrait cette affabilité des Méditerranéens, à l'écoute de vos propos et peu porté sur les brimades sécuritaires. Il exerçait son métier à Nanterre où la souricière, confiée à la garde de policiers en uniforme, était le lieu de toutes les vexations. Ainsi les détenus devaient-ils laisser leurs chaussures à l'entrée alors que, dans les cages, ils utilisaient des waters à la turc et se trouvaient donc contraints de piétiner dans les excréments pour satisfaire leurs besoins. J'avais donc exigé de pouvoir conserver mes chaussures et, ironie, mes bonbons. Pourquoi mes bonbons ? Pour dédramatiser un peu la situation sans doute, pour me moquer d'eux aussi. Faute d'obtenir gain de cause, je renonçai à me défendre et surtout à parler, interrompant ainsi l'instruction. Au-delà de ces mesures inconfortables et inutiles, je dénonçai surtout l'esprit régnant dans ce dépôt, la vulgarité des gardes et leurs provocations. J'écrivis également à ce juge afin d'expliquer tout cela en détail puis je dressai un réquisitoire contre un système dans lequel on préconisait l'extermination d'une partie des individus. Ce propos adressé involontairement à un juif qui avait connu l'époque de la Seconde Guerre mondiale eut une conséquence surprenante. Ce magistrat avait informé mon avocat qu'il n'avait aucune preuve contre moi et qu'il me délivrerait un non-lieu dès que je prononcerais un mot dans le cadre de l'instruction. Or, cette rumeur présentant ma tentative d'évasion comme un moyen de retarder mon exécution sembla inciter ce juge à reparaître. En effet, il vint à Fresnes, ayant relancé son instruction, rappelant donc qu'il avait toujours un dossier, et j'acceptai de lui parler. Je confère peut-être à ce magistrat une pensée qu'il n'eut jamais, mais j'ai alors ressenti la certitude qu'il édifia ainsi son petit barrage face à la peine de mort. Il instruisait et déclarait avoir besoin de moi. Ce ne fut qu'en novembre 1981, après l'abolition de la peine de mort, que je reçus mon non-lieu constatant qu'aucune charge ne pouvait être retenue contre moi. Ce fut, je crois, le premier magistrat pour lequel je ressentis du respect et de la considération, un homme capable d'aller contre l'ordre gouvernemental afin de défendre un principe. Plus tard, je rencontrai des jeunes qui, lorsqu'ils étaient mineurs, avaient relevé de son autorité et qui éprouvaient pour lui une grande sympathie.

En mon nom, et en celui de ma mère puisque je risquais d'être exécuté avant la fin de la procédure, Claire et Philippe Waquet avaient déposé un recours devant le Conseil d'État, non pour contester la décision de la Cour de cassation mais pour attaquer la nomination du conseiller Leclache, assesseur qui n'avait pas le droit de siéger lors de ma condamnation. Toutefois, le véritable combat se déroulait dans l'arène politique. Le Parlement européen demanda aux états de la Communauté de ne procéder à aucune exécution tant qu'il n'y aurait pas eu un débat contradictoire devant lui. Giscard ne pouvait plus véritablement procéder à la moindre exécution. Toute la presse de gauche affirma que mon exécution ne poursuivait d'autre but que de gagner des voix aux élections.

Le système giscardien s'étiolait. Les affaires ne disparaissaient pas et *Le Canard enchaîné*, toujours remarquablement informé, procédait à une véritable guerre contre Giscard. Les lois « liberté-sécurité » mises en place par le gouvernement et votées par la majorité de droite étaient dénoncées comme liberticides. Le pouvoir cherchait à museler la presse d'opposition. Par le truchement du garde des Sceaux, il s'en prenait même au *Monde*. Devant le Parlement européen, un député italien s'exclamait :

– Je crois qu'il n'existe aucun pays au monde dont la presse et la télévision n'aient pas signalé ce fait qui se passe en France... Nous sommes émus par l'existence de poursuites judiciaires engagées contre *Le Monde*, dont nous rappelons le prestige... Nous chargeons notre Président d'exprimer cette émotion ainsi que le vœu que, partout en Europe... la liberté de la presse soit non seulement juridiquement défendue, mais politiquement soutenue...

La France fut mise en accusation devant le Parlement européen pour des attentats contre la liberté de la presse. Le procureur général Sadon dénonçait alors les « intellectuels dégénérés de gauche », ceux qui osaient s'opposer à la peine de mort. Avec quelques autres détenus des QHS, j'étais cité comme témoin par les journalistes de

*Libération* poursuivis en diffamation pour avoir critiqué le système pénitentiaire. Le procès promettait tellement d'être spectaculaire qu'il n'eut pas lieu.

En Angleterre, Margaret Thatcher laissait périr de faim, dans ses prisons, des députés irlandais en lutte contre l'impérialisme anglais opprimant l'Irlande du Nord. Des députés français se rendaient en Afrique du Sud afin de prouver qu'ils contestaient la mise à l'écart de ce pays. Pinochet brillait au Chili, soutenu par les Américains. En Italie, les prisonniers politiques lançaient un grand appel, depuis leurs cellules, dans lequel ils proclamaient que détenus de droit-commun et politiques devaient s'unir dans un même combat face aux états capitalistes.

La gauche socialiste défendait des idées humanistes. Quelques années auparavant, elle avait défilé dans Paris afin d'exiger la libération de Klaus Croissant, avocat allemand impliqué dans le combat de la Fraction armée rouge. Elle avait dénoncé le suicide fort trouble des membres du groupe d'Andreas Baader dans une prison de sécurité allemande. Elle s'opposait à la peine de mort et elle dénonçait les peines supérieures à des durées d'une quinzaine d'années, considérant ces peines inhumaines et socialement inutiles. La gauche se situait à gauche, la droite à droite. Les idées se heurtaient et s'entre-choquaient. Jean-Paul Sartre venait de mourir, mais Simone de Beauvoir vivait encore. La France avait des intellectuels osant agir.

Durant quinze jours, jusqu'au début de la campagne électorale, ma tête vacilla dangereusement. Un matin, au lever, un brigadier ouvrit ma porte en déclarant :

– Allez, Maurice, on y va.

Il venait me surprendre au réveil pour tenter de me faire croire que c'était le « grand jour », celui de l'exécution. Manque de chance pour lui, en prison, j'avais appris à me réveiller lorsque des pas approchaient de ma porte. Lorsqu'il m'adressa ainsi la parole, j'avais déjà eu le temps d'analyser la situation et de comprendre que c'était un jour comme les autres, sans agitations inhabituelles. Je fis donc celui qui n'avait pas compris son manège et je me levai normalement. Il récidiva aussi vainement une fois, par la suite.

François Mitterrand ouvrit de nombreuses portes à ma mère, directement ou par le truchement d'intermédiaires. Il déclara alors ouvertement, lors d'une émission télévisée, qu'il ferait abolir la peine de mort s'il était élu. Il fut bientôt suivi par Jacques Chirac qui se déclara hostile à toute exécution. Giscard demeurait bien seul avec «sa profonde aversion» pour la peine de mort contrariée par son respect de la volonté des Français qui souhaitaient qu'elle fût appliquée. Il fut finalement contraint, politiquement, de déclarer qu'il ne statuerait pas sur d'éventuelles exécutions pendant la campagne électorale. J'apprendrais par la suite que Giscard avait perdu un certain nombre de voix de personnes de droite hostiles à la peine de mort et choquées par le fait qu'il se soit servi de ce problème pour des raisons électorales.

La vie continuait. Les matons cherchaient toujours quelques petites mesquineries à accomplir. Maupetit avait été condamné à mort à l'époque où j'avais tenté de m'évader. Il avait donc été conduit à Fresnes. Sa cellule se situait de l'autre côté de la salle de surveillance. En fait, cette dernière était entre nos deux cellules. Pendant quelques jours, nous pûmes nous apercevoir et nous parler un peu, mais l'administration décida de partager la salle de surveillance en deux en plaçant un paravent au milieu. Un gardien me surveillait et un s'occupait de lui. En outre, pour nous empêcher de nous parler, le directeur fit placer une vitre amovible devant chaque ouverture donnant de la salle de garde sur les cellules. Deux condamnés à mort n'avaient ni le droit de se parler ni celui de se voir. N'éprouvant pas de sympathie particulière pour Maupetit, si ce n'est de la compassion, car il était faible, cela ne me manqua pas.

Le directeur de Fresnes était assez... «surprenant». Il décida que les parloirs avocats seraient sous surveillance verbale constante. Les surveillants devaient entendre tout ce que nous disions. C'était en contradiction avec tous les textes. Mes avocats et moi décidâmes de ne plus nous voir dans ce contexte. Ainsi un condamné à mort se retrouvait-il sans défenseurs. Mes avocats se plaignirent à leur bâtonnier qui en référa au ministère qui donna l'ordre au directeur de surseoir à sa décision. Ce dernier vint me voir et me dit qu'il ne reviendrait jamais sur celle-ci. Mes avocats revinrent me rendre visite pour constater que rien n'avait changé et ils repartirent. Finalement, le directeur fut contraint de plier et de laisser la défense faire son métier.

Les matons en rajoutaient. Ils m'imposaient plusieurs fouilles par jour, sans raison, sans motif, puisqu'une fois qu'ils m'avaient fouillé, ils me regardaient sans interruption [5]. Ils saccageaient mon lit, sous mes yeux, impuissant, dès que je l'avais fait ou refait. Ils avaient remplacé la veilleuse utilisée la nuit par une lampe de jour. Le soir, je dormais donc la tête sous mes couvertures. Ils entraient dans la cellule et me réveillaient en me disant qu'ils devaient me voir. Ils s'amusaient ainsi continuellement. Un jour, l'un d'eux me lut une note de service selon laquelle ils étaient autorisés à utiliser la force et à se défendre si je les agressais. Je commençais à sentir la tension monter en moi à force d'être réveillé. Une nuit, un brigadier surgit avec ses sbires et me secoua en disant :

– Réveillez-vous, on doit vous voir.

– Cela suffit, j'ai compris ce que vous voulez, alors c'est simple, si vous continuez, je ne vais pas vous sauter dessus comme vous le souhaitez, non, je vais me jeter la tête dans le mur, m'exploser la tête, et demain vous devrez expliquer à mes avocats et à vos chefs ce qui s'est passé.

En fait, c'était ce rapport autrefois établi à la Santé qui m'avait donné cette idée. Le brigadier me regarda, comprit que j'étais sérieux et il dut en parler à ses collègues. Je ne fus plus jamais réveillé de la sorte. Ils s'y prirent autrement, ils tapèrent dans la vitre servant à me surveiller ou frappèrent à grands coups de pied dans la porte. Je demeurais alors immobile, comme si je n'étais pas réveillé, et je les frustrais de leur victoire.

Ils apportaient le café, le repas, et les posaient sur une table, dans la salle de surveillance, sous mes yeux. Ils ouvraient les norvégiennes qui maintenaient au chaud les aliments et attendaient que tout refroidisse. Alors, quand tout était froid, ils me servaient. Parfois, certains crachaient dans ma gamelle, en se dissimulant plus ou moins, et ils se foutaient de moi. J'avais décidé de vivre, de vivre avec rage, et je m'en moquais, je mangeais, faisant celui qui n'avait rien vu, les défiant du regard.

---

5. À cette époque, j'estimais avoir subi environ mille cinq cents fouilles corporelles en un an et demi.

153

Le chef de détention avait déclaré à Maupetit qu'il était sorti acheter une bouteille d'alcool pour les exécutions après avoir remarqué qu'il n'y en avait pas en réserve, puis, par hasard, les matons de service laissèrent nos deux vitres amovibles ouvertes, permettant ainsi à Maupetit de me communiquer la nouvelle.

Une haine inimaginable m'habitait alors. Je savais, j'étais convaincu que j'allais être exécuté. Plus rien ne s'y opposait, car j'étais certain que Giscard serait réélu, comme presque tout le monde. Il me restait à dresser mes derniers plans face à mon exécution. Je refusais d'être un mouton mené à l'abattoir. Je décidai donc que le jour de mon exécution je tenterais d'être calme, sage, de faire celui qui est résigné, de les suivre sans révolte jusqu'au moment où je serais face aux magistrats. Alors, là, je bondirais sur l'un d'eux et je tenterais de lui arracher le nez ou une oreille. J'étais un animal, une bête à tuer, un monstre, eh bien soit, l'un d'eux emporterait et porterait ce souvenir de moi pour le reste de sa vie. Je refusais d'être sage et résigné, je voulais me battre jusqu'au bout, ne pas renoncer quitte à faire une chose qui, physiquement, me dégoûtait. Je ne craignais qu'une chose, avoir peur et ne pas parvenir à contrôler ma peur. De la peur, j'étais presque certain d'en ressentir, mais je me conditionnais pour y résister, pour la dominer. Oh oui, j'aurais vraiment eu l'impression de mourir tristement si j'avais eu peur, car cela aurait permis à mes ennemis de se gausser de moi. Je savais qu'après une exécution, ceux qui y avaient assisté se plaisaient à colporter des anecdotes, des histoires, eh bien, je voulais leur en donner une qui les fasse enrager. Là, oui, je voulais enfin être pleinement un animal, sachant que ceux que j'aimais y verraient mon dernier refus, ma dernière rage.

J'atteignais un stade assez rare chez un être humain, je ne voulais plus parler le langage des hommes. En effet, prononcer les mêmes mots que ceux qui sortaient de la bouche de mes geôliers me répugnait et me révulsait. J'avais envie de m'exprimer autrement, de posséder mon propre langage, une langue qu'ils ne pourraient pas salir avec leur bouche. Heureusement pour moi, ma mère et ma grand-mère venant me voir, je continuais à m'exprimer. Sinon, j'aurais sans doute versé dans la folie.

En attendant, assez paradoxalement, je lisais toujours, des textes de Bakounine, *Par-delà le bien et le mal*, *Ainsi parlait Zarathoustra* de Nietzsche. Je découvrais le fédéralisme anarchiste qui m'emballait.

J'assistais à des choses plus drôles, moins nobles. Une lettre me parvenait en me conseillant de prendre « tel avocat » qui serait très efficace. J'écrivis donc à cet avocat dont j'avais déjà entendu parler et qui défendait certains de mes camarades. Je pensais que l'un d'eux avait une raison de me le recommander sans savoir lequel. Cet avocat vint et je compris, bien qu'il le niât, que c'était lui qui avait adressé cette lettre, sachant fort bien comment fonctionnaient les prisonniers, afin d'entrer dans ma défense. Il m'avisa qu'il avait les moyens de parler au Président et d'obtenir ma grâce. Je lui répondis que j'avais déjà de bons avocats mais qu'il pouvait intervenir à titre personnel s'il le voulait, que pour ma part je ne voulais rien demander à Giscard, que j'étais tranquille et que chacun devait l'être avec sa conscience. Il fut médusé. Un autre, déjà membre de ma défense, tenta de m'influencer pour prendre la première place. En effet, lorsqu'un détenu a plusieurs défenseurs, l'un d'eux tient le premier rôle, c'est lui qui est informé de tout par la justice, c'est lui qui dirige globalement la défense et c'est lui qui est le plus souvent cité dans la presse. En somme, dans un procès fort médiatisé, c'est lui qui tire les avantages positifs de la situation. Or, l'un de mes défenseurs me fit savoir qu'il se faisait fort d'obtenir ma grâce de Valéry Giscard d'Estaing si je lui confiais le dossier. Je lui rappelais simplement que Jean-Louis Pelletier jouissait pleinement de ma confiance et que je ne modifierais rien, mais que je ne voyais pas en quoi cela l'empêchait d'agir aussi efficacement. Cet avocat m'expliqua qu'il était centriste et proche du courant de pensée giscardien. À la suite du 10 mai, oubliant sans doute ses propos d'alors, il proclamait son appartenance sans réserve au courant socialiste.

Le mardi 5 mai, au parloir, un malaise s'empara de ma mère. Elle suffoqua. Les gaffes refusèrent de s'occuper d'elle. Lors des visites, elle était cantonnée dans une pièce, moi dans une autre. Elle étouffait et l'administration lui proposa deux solutions. Soit elle sortait prendre l'air et le parloir s'achevait, soit elle décidait de rester et elle devait supporter le manque d'air. Le même jour, le courrier d'une correspondante arriva. Cette dernière avait joint un brin de muguet. Ce dernier avait disparu, seule l'odeur subsistait. Deux mots inscrits en rouge m'informait : « Fleurs interdites ».

Dimanche 10 mai, sur mon journal, j'écrivis simplement : *« Victoire, Victoire..., Victoire... 23 ans de droite achevés... c'est la victoire de la gauche. »* Ce soir-là, le maton de garde fondit en larmes sous mes yeux. Cette victoire allait secouer la France entière, la partager en deux, la France assommée de ceux qui pleuraient la droite et celle, épanouie, qui rêvait d'une France à gauche. J'écoutai la radio très tard dans la nuit, redoutant une éventuelle erreur.

Le 11 mai, Robert Badinter se présenta au parloir avocat. Il me confirma ce qu'il m'avait déjà dit auparavant, alors qu'il participait à l'organisation de ma défense. François Mitterrand me gracierait dès qu'il prendrait effectivement les rênes du pays. Là, pendant quelques jours, Giscard continuerait à gérer les affaires courantes. Sur mon visage se dessinait un sourire niais. À chaque fois que je m'en rendais compte, je tentais de le faire disparaître, mais il revenait de façon incontrôlable.

Dans ma cellule, sur mon journal, j'écrivis : *« La gauche, c'est l'état de grâce. J'attends encore, mais le résultat est assuré... Cela fait drôle... La mort me laisse un nouveau sursis. »* Dans les jours qui suivirent, un maton me dit qu'il s'opposerait à « l'abolition des prisons ». Certains d'entre eux craignaient cela !!! D'autres, plus réalistes et revanchards, me promirent un avenir difficile. Celui qui m'avait déclaré être contre la peine de mort m'accueillerait au QHS de Lisieux, où il espérait retourner, n'étant à Fresnes que par détachement administratif, en me mettant une rose dans la cellule où je serais affecté. Un autre, surveillant-chef, m'avertit qu'il me conserverait une cellule à l'écart, à Clairvaux, ajoutant qu'il y aurait toujours une cellule spéciale pour moi. La menace était à peine voilée. Tous deux eurent tort, je ne les revis jamais...

Le 15 mai, le Conseil d'État statuant au contentieux déclara que l'arrêté nommant l'assesseur dont nous contestions la légitimité constituait un excès de pouvoir et annula cette nomination [6]. J'appren-

---

6. Décision du Conseil d'État prise en séance du 15 mai 1981, décidant : « Article 1er – L'arrêté en date du 26 décembre 1979 par lequel le garde des Sceaux, ministre de la Justice, a affecté M. L... au tribunal de grande instance de Paris, est déclaré nul et

drais par la suite que tous les prévenus condamnés par cette cour obtinrent leur cassation, du moins ceux qui la sollicitèrent sous ce motif. J'étais donc le seul à ne pas avoir pu faire casser un jugement qui aurait pu être fatal mais j'éprouvais le plaisir de constater que ce magistrat était démis de son poste et que le garde des Sceaux était informé de cette tournure prise par les événements.

Le 25 mai, alors qu'il venait d'être investi, François Mitterrand convoqua les trois avocats qui avaient plaidé lors des assises. Danièle Marion-Fondanèche, militante socialiste, s'y rendit comme l'on va voir un ami et Jean-Louis Pelletier était heureux. Selon le protocole, le président de la République les écouta et ne leur dit rien. Peu après, le soir même, la radio annonça que François Mitterrand venait de signer ma grâce. Je jubilais, je pensais à ma mère et à mon frère, je savais qu'ils seraient encore plus heureux et plus soulagés que je ne pouvais l'être.

Le lendemain matin, mes avocats m'exprimèrent leur joie. Personnellement, je ressentais une impatience formidable et je voulais sortir de là. À midi, je parvins à échanger quelques mots avec Maupetit, en criant. Il avait peur pour lui mais je le rassurai et lui rappelai que la gauche allait abolir la peine de mort. La journée traîna en longueur sans que les représentants de l'administration ne m'adressent un mot. Depuis le 11 mai, tous étaient lugubres et me jetaient des regards pleins de haine, à l'exception de celui qui apportait des bonbons. Ils étaient comme des chiens auxquels le maître retire un os sans intention de leur donner quoi que ce soit en contrepartie.

Finalement, dans l'après-midi, le directeur des prisons de Fresnes entra dans ma cellule en déclarant :

– Maurice, je dois vous faire signer votre grâce.

– Ah oui ? dis-je avec ironie. J'accepte volontiers.

– Je m'en doute, répliqua-t-il, pincé, apparemment au bord de la crise de rage.

Je fus immédiatement jeté dans un fourgon à destination de Fleury-Mérogis. Je l'ignorais encore mais j'étais interdit de séjour dans la détention de Fresnes et, sauf un bref séjour, en 1984, au

---

non avenu. Article 2 – La présente décision sera notifiée à M. Philippe Maurice, à Mme Jacqueline Pruvost, à M. L... et au garde des Sceaux, ministre de la Justice ».

Centre national d'orientation alors établi dans l'actuelle maison d'arrêt des femmes, hors la maison d'arrêt des hommes, je ne devais plus repasser à Fresnes avant 1990.

Ainsi prenait fin une pénible expérience dont je sus par la suite tirer des enseignements. Souvent l'on me demanda ce que je pensais de la peine de mort. À l'époque, toutes sortes de propos étaient tenus pour la justifier[7]. Certains parlaient d'exemplarité. D'autres disaient que celui qui avait été exécuté ne récidivait pas. Quelle évidence, quel cynisme ! L'un des moins malhonnêtes, à mes yeux, fut Alain Poher, président du Sénat, qui déclara qu'il était pour la peine de mort, car les voyous et l'État étaient en guerre et qu'à la guerre on tuait son ennemi. C'était tellement vrai, mais il oubliait une chose, un petit détail, à la guerre on tue les ennemis sur le champ de bataille, non lorsqu'ils se sont constitués prisonniers, faute de quoi l'on devient un criminel de guerre.

Devrais-je rappeler les propos d'Hugo, ceux de Dostoïevski ? Plus concrètement, je dirai que la peine de mort ne présente aucun effet d'exemplarité, car personne ne pense qu'il se fera arrêter avant de commettre des méfaits. À l'inverse, l'existence de la peine de mort peut provoquer une suite d'affaires meurtrières. En effet, j'ai connu très peu de prisonniers ayant tué qui avaient réellement voulu tuer. La plupart eurent le tort de s'impliquer dans une action illégale qui provoqua une spirale, un engrenage conduisant à un acte extrême. Un jeune vole, son but est de voler, mais il est surpris et tue. C'est un meurtre, un meurtre qui heurte et qui implique sanction, mais le but originel n'était pas de tuer. Le meurtrier est comme l'étranger de Camus. En revanche, une fois plongé dans une situation irréversible, confronté à l'éventuelle peine de mort qu'il sait encourir, il est acculé et se précipite en avant, toujours plus loin, multipliant les méfaits sans autre perspective que la mort, la sienne et celle des autres.

La peine de mort est sécuritairement inutile dans la mesure où un homme peut rester en prison à vie et, même si je suis hostile aux peines perpétuelles, il est vrai qu'elles existent.

---

7. Jean TOULAT, *La Peine de mort en question*, Paris, Pygmalion, 1977.

Elle peut répondre à un sentiment de vengeance, certes, mais la société doit aspirer à un idéal, or, la soif de vengeance et son assouvissement ne sauraient s'intégrer dans des démarches idéales, au contraire ! Si l'on accepte la vengeance comme un acte sain et justifiable, la vie sociale devient ingérable puisque tout le monde peut considérer juste de se venger, même celui qui a tort dans la mesure où il peut estimer avoir raison. La société arbitre grâce à la justice et il existe une différence entre offrir une compensation et punir. Condamner à une amende répare, infliger une peine de prison peut faire croire qu'en plus de compenser la souffrance éprouvée par la partie civile, la société permettra au coupable de revenir sur ses actes et d'être différent, mais infliger la peine de mort, fatale, improductive, ne répare rien et procure une nouvelle souffrance à la parentèle du condamné. La société doit combattre ce qu'il y a de primitif en l'homme et la vengeance est un désir primitif.

En outre, la peine de mort empêche de réfléchir sur certains problèmes. Un crime est commis. Le coupable est jugé non pour réfléchir mais pour prouver sa culpabilité. Il est condamné, exécuté, et toute réflexion s'arrête. D'autres situations du même style se produiront, d'autres souffriront, et la société continuera à refuser de se questionner, se contentant de faire tomber des têtes ou de griller des corps.

Je pourrais ajouter que les procès s'achèvent autrement lorsque des crimes sont commis par des gens liés à la grande bourgeoisie, par le frère d'un ministre socialiste ou par l'héritier d'une couronne étrangère. En règle générale, les condamnés à mort souffrent d'un manque de relations. C'est flagrant aux États-Unis, ce pays qui continue à exécuter sans retenue.

Oui, la peine de mort est inutile et elle retourne même la situation, puisque le criminel devient victime et la société tueuse.

# CHAPITRE VIII

## LA VIE VA CHANGER !

À Fleury-Mérogis, je fus immédiatement interné au QHS où je rejoignis mes compagnons d'infortune. Sortir du quartier des condamnés à mort me procura l'impression d'être libéré, de ne plus être en prison, même si cette sensation ne fut que temporaire, elle me rendit euphorique. Le directeur de l'établissement se montrait très conciliant depuis le 10 mai, les matons également. La suppression des QHS s'inscrivait dans la logique des bouleversements sociaux prévisibles à la suite des résultats électoraux et les abus de naguère risquaient d'être critiqués par le nouveau gouvernement. Nous parlions rarement de nos avocats, mais l'effet était encore pire aux yeux des matons, puisqu'ils connaissaient leurs noms. Ils savaient que plusieurs étaient susceptibles de devenir ministres, voire secrétaires d'État ou plus simplement chargés de mission. Quelques mois auparavant, ils traitaient certains d'entre eux comme des bandits ou, au mieux, comme des complices de bandits. Ils imaginaient que nous recelions quelques informations ou que nous bénéficiions de possibles influences. C'était assez comique et, puisque nous ne savions pas grand-chose et que nous ne détenions en réalité aucun pouvoir, nous nous taisions toujours, ce qui intriguait encore plus nos adversaires. Il n'y a rien de plus suspect que le silence qui fait croire que l'on dissimule quelque chose. Parfois des légendes naissaient. Jean-Jacques et moi parlions de François Mitterrand en le nommant « Tonton », mode lancée par *Le Canard enchaîné*, peu lu par les matons. Or, des matons crurent réellement que nous étions familialement liés au président. Jean-Jacques démentit, ainsi que moi, mais ces matons prenaient un air entendu !

Le premier jour, j'eus une mauvaise surprise. Mon journal de condamné à mort était introuvable, il avait disparu de mon paquetage. Je le réclamai à la direction qui n'en connaissait pas l'existence. Il était donc à Fresnes. Mon avocate s'adressa au directeur de Fresnes qui reconnut l'avoir après quelques hésitations. Il déclara l'avoir saisi ! Il avait commis une grave erreur, car la saisie est un acte judiciaire ne relevant pas de son autorité. Il devait faire appel à la justice. Éventuellement, il pouvait le confisquer et le joindre à mon dossier pénitentiaire, ce qu'il n'avait pas fait. Mon avocate exigea sa restitution en expliquant qu'elle en aurait besoin pour ma défense dans la procédure en cours à la suite de ma tentative d'évasion. Il dut donc restituer ce document. Une question se pose aujourd'hui. Si je ne l'avais pas réclamé, puisqu'il ne se trouvait pas dans mon dossier pénitentiaire, où serait mon journal ? Qui l'aurait conservé pardevers lui ? Après mon procès, cette avocate demanda au bâtonnier de Paris l'autorisation de le remettre à ma mère, ce qui fut accordé. Aujourd'hui, je peux relire ce document, banal, couvert d'une écriture qui n'est plus la mienne puisque j'en ai changé depuis, une écriture vieille de vingt ans qui me rappelle la haine que j'éprouvais et que j'ai pu détruire, à laquelle j'ai pu renoncer.

Dans les prisons, les détenus rêvaient, les matons cauchemardaient, mais l'euphorie ou l'inquiétude ne gagnaient pas tout le monde, tant d'un côté que de l'autre. Au QHS, nous n'étions pas dupes mais il est vrai que nous estimions que la gauche allait beaucoup réformer le milieu carcéral. Nous fûmes bien déçus. Je fus indéniablement l'un des rares véritables bénéficiaires de l'arrivée au pouvoir de la gauche, mais ai-je bénéficié de la sincérité de la gauche ou plus simplement de l'engagement d'un homme, François Mitterrand, et d'une légère fraction de la gauche qui fut trahie et submergée de déception ? Aujourd'hui, une partie de cette fraction de la gauche continue, vingt ans plus tard, à protester contre le système pénitentiaire, contre les expulsions d'étrangers, contre la montée de la misère et la paupérisation d'une part de plus en plus grande de la population, alors que les grands industriels multiplient continuellement leurs capitaux.

Bien des réformes sociales promises par la gauche ont été abandonnées, voire réalisées par des procédés qui constituent de véritables mystifications. Les QHS furent fermés et tous les détenus en sortirent sans exception, toutefois, moins de deux ans plus tard, les mêmes lieux servaient de QI (quartiers d'isolement), nouveau nom des anciens QHS, QPGS ou QSR. L'administration justifie la différence en expliquant qu'au terme d'un certain nombre de mois le placement en QI est réexaminé. Soit, mais il en allait de même dans les QHS. Lorsque mon cas fut examiné, en 1980, au bout de trois mois, la direction de Fresnes justifia mon maintien en QHS en arguant du fait que ma « dangerosité potentielle » était suffisante pour cela mais qu'en outre j'avais « tous les traits et les attitudes de la perversité » ! Quel joli motif ! Dans le même temps, les experts psychiatres nommés par la justice pour m'examiner dans le cadre de l'instruction criminelle ouverte contre moi m'estimaient immature et réinsérable ! Comment un directeur de prison pouvait-il définir que j'avais les traits et les attitudes de la perversité, description qui prétend recourir à la psychiatrie et, d'ailleurs, que signifie précisément cette expression ? Aujourd'hui, de tels motifs suffisent encore pour maintenir un garçon en QI. La suppression prétendue des QHS aura profité à ceux qui y séjournaient à l'époque, mais l'administration pénitentiaire a reconstitué ce qui avait été aboli et ce qui constituait, à la fin des années soixante-dix, l'un des champs de bataille favoris de la gauche intellectuelle, en particulier depuis la sortie du livre de Knobelspiess [1], l'un des détenus mis en avant dans cette lutte contre un des régimes d'exception instaurés par le pouvoir giscardien.

La suppression de la Cour de sûreté de l'État fut une autre mystification, l'une des plus remarquables, jamais dénoncée. Si cette cour constituait une autre iniquité de l'institution judiciaire de l'époque,

---

1. Roger KNOBELSPIESS, *Q.H.S. Quartier de Haute Sécurité*, préfacé par Michel Foucault, Paris, Stock 2, 1980.

elle permettait au moins à ceux qui étaient jugés par elle de revendi-
quer leur statut politique. Du jour au lendemain, avec la suppression
de cette juridiction, le statut de prisonnier politique disparut. La
France socialiste put se targuer de ne plus avoir de prisonniers politiques. Pourtant, même si l'on désapprouve les actes de violence
commis par certains activistes, même s'ils sont à nos yeux injustifiables
et injustifiés, il n'en demeure pas moins que ces actes revêtent un
sens politique. Lorsqu'un commando vient en France pour exécuter
un ancien ministre de son pays et que son peuple considère comme un
criminel. Il est de notre droit de condamner l'action et ses auteurs,
mais il est essentiel que notre pays reconnaisse la dimension politique
de leur geste. Il existe une grande différence entre nier le sens d'une
action et renoncer à la condamner, et entre reconnaître le sens
d'une action et accepter de la condamner. La seule chose qui puisse
nous permettre de nier la valeur politique d'une telle action, c'est
notre sens moral qui conduit à estimer que ne peut être considérée
comme politique qu'une action qui ne se réalise pas en contradiction
avec notre morale et avec notre loi. Dans ce cas, il n'existe aucun
prisonnier politique en Chine dans la mesure où les actes commis
par les opposants au pouvoir chinois sont en rupture avec la morale
et la loi de leurs pays.

Comme tout le monde, je suis effaré lorsque j'apprends que certains crimes à caractère politique ont été commis, en particulier
quand ils aboutissent à la mort d'un être humain. Comment des
hommes peuvent-ils en arriver à cet acte extrême qu'est le meurtre
politique ? Tout dépend d'une histoire personnelle qui se superpose
à l'histoire collective. Il suffit d'écouter parler quelques-uns d'entre
eux, non pour se faire arbitre dans une cause mais pour comprendre
comment des hommes se sont ainsi fourvoyés et passent toute une
partie de leur vie en prison. Un de mes camarades, membre de
Septembre noir, mouvement de combattants palestiniens, m'expliqua
un jour comment il en était arrivé à prendre les armes. Il vivait serei-
nement avec sa famille, dans leur village, lorsque l'armée israélienne
les expulsa de leur maison afin de la livrer à des colons, des étrangers
venus d'un autre pays. Ils partirent donc, avec leurs voisins, puis ils
reconstruisirent une maison, plus loin, dans un autre village. L'histoire
les rattrapa et ils furent à nouveau chassés de leur demeure. Ils s'éta-

blirent dans un camp de réfugiés. Les garçons, révoltés, prirent les armes, se firent tuer et tuèrent également. La violence monta. L'armée bombarda leur camp en guise de représailles. Un jour, banalement, normalement, patriotiquement, il s'engagea dans la lutte. Dès lors, ses ennemis objectifs s'identifièrent à tous ceux qui défendaient le sionisme. Depuis nos pays calmes et pacifiés, nous condamnons, et nous avons raison de condamner toute violence, mais celui qui vit et subit passe outre certains principes moraux qu'il aimerait respecter et qu'il oublie dans la rage, la souffrance ou la folie collective. En cela les efforts de paix esquissés par les Israéliens et par les Palestiniens sont remarquables dans la mesure où ces deux peuples ont accumulé les souffrances, les haines et les ressentiments. Ce garçon fut surpris de découvrir que les Français n'étaient pas tous des ennemis de son peuple, que nous étions capables de nous interroger, même si nous ne pouvions pas admettre certains actes.

Un autre, jeune Arménien, chrétien donc, inculpé à la suite d'un attentat, m'expliqua comment il en était arrivé à entrer dans l'ASALA, armée de libération arménienne, principalement orientée dans la lutte contre l'État turc. Il grandit à Beyrouth, ville continuellement en guerre. Son terrain de jeu, c'était la rue, ses immeubles écroulés et ses cadavres. Il courait plaisamment entre les bombes et les rafales d'armes automatiques. Avec ses camarades, il récupérait des victuailles, voire des objets plus ou moins précieux, dans les décombres des maisons, il déplaçait les cadavres oubliés dans les ruines, et il n'hésitait pas à prendre ce dont ces derniers n'avaient plus besoin. Ce fut là l'environnement de son enfance.

D'autres déceptions naquirent face à la politique économique et sociale du parti socialiste et animaient les conversations entre détenus : les retraites, le salaire minimum garanti et même le RMI. Comment des hommes politiques qui s'achètent des costumes ou des manteaux valant près de dix mille francs et qui fréquentent des restaurants dans lesquels les clients dépensent de mille à deux mille francs par tête peuvent-ils sérieusement considérer qu'un homme, ou une femme, vivra avec moins de deux mille cinq cents francs par mois ?

Les réformes judiciaires qui auraient pu être positives tournèrent elles-mêmes à la bouffonnerie. Les travaux d'intérêts généraux destinés à éviter que des petits délinquants ne soient incarcérés servent plus à sanctionner ceux qui, auparavant, auraient été condamnés à des amendes. Le TIG se substitue donc à l'amende plus qu'à la peine de prison et des gamins passent toujours une partie de leur jeunesse derrière les murs pour des délits mineurs. La question des jeunes placés en prison est essentielle, elle est même cruciale pour notre société et pour l'avenir si nous ne voulons pas avoir une société dans laquelle une partie de la population toujours croissante sera exclue, mise en marge, alors qu'une autre vivra dans l'angoisse, réelle ou entretenue, de devenir victime. Je parle d'autant plus à l'aise du sujet que je ne me considère plus comme un exclu potentiel et que je ne me sens aucunement menacé par un hypothétique risque d'agression, puisque la culture que j'ai acquise me place, à mon grand dam peut-être, non pas financièrement mais culturellement, du côté des petits-bourgeois.

La prison est criminogène, c'est une donnée sur laquelle presque tout le monde s'accorde, sociologues, psychologues, travailleurs sociaux, hommes politiques et simples observateurs. Certains, en particulier les membres de l'administration pénitentiaire qui entendent ainsi se déresponsabiliser et qui espèrent également obtenir des crédits et des moyens de répression, évoquent la récidive découlant de l'influence qu'exerceraient les détenus âgés sur les délinquants primaires. Cela démontre soit une méconnaissance profonde de la psychologie des détenus, soit une mauvaise foi évidente en ce qui concerne les matons. En effet, je me souviens de l'avertissement que me fit autrefois un détenu ayant plus de dix ans que moi qui me dépeignit l'univers marginal comme étant une source de souffrances et d'échecs. J'ai mis en garde nombre de jeunes détenus pendant mes dix dernières années de détention et plusieurs de mes amis en ont fait autant. L'ancien, loin d'être un incitateur à la récidive, tente plutôt de conseiller un abandon de la vie hors la loi, même s'il comprend, admet et respecte qu'un jeune ne l'écoute pas.

Bien sûr, il est évident que le jeune qui décide de demeurer dans la délinquance, voire dans la criminalité, se fera à l'intérieur des relations grâce auxquelles il poursuivra son chemin hors la loi, toutefois ces relations se situent rarement parmi les détenus expérimentés qui préfèrent généralement éviter les jeunes, trop étourdis, inconstants,

166

irréfléchis et prêts à tomber dans de nombreux pièges connus des anciens mais considérés comme futiles par les jeunes. Ces jeunes récidivent généralement en compagnie de leurs pairs.

Le véritable problème ne découle pas, selon moi, des relations entre détenus, et je parle tant en me souvenant de ma révolte de jeune que comme détenu d'un certain âge ayant observé les jeunes, mais il provient du système, de l'institution et de ses membres immédiatement en contact avec les détenus : les surveillants. On me rétorquera qu'il est facile de les accuser. Soit, toutefois je poserai une question simple : s'agit-il de chercher l'origine du problème ou de faire plaisir à des fonctionnaires manquant de psychologie ? Qu'ils manquent de psychologie, pour la majorité, me semble évident et n'a rien de désobligeant pour eux, c'est là une responsabilité de l'État qui ne recrute pas et qui n'organise pas l'administration pénitentiaire comme elle devrait l'être. Les gardiens surtout cantonnés aux tâches qu'ils peuvent accomplir ne sont pas des éducateurs, ils se limitent à la répression et confondent le fait de garder et le fait de punir. Ils opèrent toutes sortes de brimades dont les conséquences psychologiques sur les jeunes sont catastrophiques. J'ai vu un nombre considérable de jeunes totalement récupérables sur le plan social mais malheureusement progressivement détruits par l'inutile cruauté du système administratif. J'en ai vu certains remplir leur cœur de haine et ne songer qu'à une chose : se venger. Se venger de qui ? De tout le monde et de personne, de l'administration pénitentiaire et de la société ! Ils passent alors leurs journées à ressasser leur vengeance ou, plutôt, leur revanche.

En outre, la peine de prison détruit les relations sociales du prisonnier et le délinquant qui doit sortir a perdu les seuls repères positifs qu'il pouvait avoir dans le monde libre. Tout vacille et plus rien ne le retient pour l'intégrer dans une société dont il avait commencé à s'écarter. Ce n'est plus là la responsabilité des gardiens mais celle des politiques. En fait, aujourd'hui, les gens sont choqués de constater que certains mineurs commettent des délits et demeurent libres après avoir été admonestés par un juge. Les policiers éprouvent le même sentiment, considérant que leur travail d'enquête est ainsi rendu inutile. Je les comprends, même s'ils ont tort. En quoi ont-ils raison et en quoi ont-ils tort ? Raison doit leur être reconnue dans la mesure où un jeune délinquant interpellé ne doit pas être laissé à l'abandon. Leur tort consiste à croire que la prison résoudrait quoi que ce soit. En effet, face à un acte de délinquance, même face aux crimes qui n'entraînent pas une mort d'homme, le prisonnier sortira un jour. S'il sort en plus mauvais état social qu'il n'est entré, il récidivera, générale-ment pour des actes plus graves, et fera de nouvelles victimes.

La solution ne saurait pas plus être la prison que la simple admo-nestation. Elle réside dans la multiplication des postes d'assistantes sociales, d'éducateurs et de conseillers qui seraient chargés de suivre un nombre limité de dossiers. En période de chômage, l'État pour-rait, tant par solidarité, par morale que par économie, augmenter le nombre de ces travailleurs sociaux. Ces derniers recevraient donc la responsabilité de deux ou trois jeunes qu'ils pourraient et devraient suivre avec attention. Non pas en les convoquant de temps en temps, mais en allant les voir, en les accompagnant dans leurs activités et en exigeant réellement d'eux une intégration. Cela leur permettrait égale-ment de côtoyer les familles de ces jeunes, leurs enseignants ou leurs employeurs. Une telle surveillance ne devrait pas être conçue comme un acte de répression mais comme une aide réelle à l'insertion.

Fin mai 1981, à Fleury-Mérogis, à la suite d'excessifs travaux de sécurité entrepris avant les élections, le QHS n'était plus habitable. Plusieurs rangées de grilles, de vitres et de grillage empêchaient l'air de rentrer dans les cellules, la chaleur montait et l'administration fut obligée de nous laisser dans les cours de promenade l'après-midi. Au bord de la révolte, nous patientions à la demande de nos avocats qui évoquaient les prochaines réformes. Robert Badinter pourrait-il faire passer l'ensemble de ses réformes dans les six mois comme il en avait l'intention ? Dans les rangs même des socialistes, les avis étaient mitigés, certains n'éprouvaient aucune sympathie pour les prison-niers. Les choses traînèrent, rien ne bougea. François Mitterrand fut celui qui agit le plus, il gracia des détenus politiques corses, ceux d'Action directe et quelques grands symboles de l'innocence bafouée : Knobelpiess, Debrielle et Mauvilain par exemple.

L'innocence ? Qu'est-ce que l'innocence ? Un innocent est-il un homme que la justice laisse en liberté ? Est-ce aussi un homme enfermé qui se révolte contre la justice ? En prison, l'une des choses les plus pénibles que j'aie pu voir, c'est un homme qui proclame son innocence. En général, personne n'y croit. La justice refuse d'accepter qu'un homme incarcéré par un magistrat puisse être innocent, c'est alors un simulateur. Un garçon qui proclamait son innocence m'expliqua que les experts psychiatres désignés pour l'examiner l'avaient abordé dès le début en l'accusant d'être coupable. Ils ne venaient pas voir un innocent mais un coupable pervers et dénué de tout remords. Pour l'administration pénitentiaire, l'innocent qui revendique son innocence est un élément perturbateur, en plus d'un coupable, et elle exerce à son encontre toute la répression possible, QHS, QI ou mitard. C'est à ses yeux normal puisqu'elle n'est pas là pour s'interroger sur l'innocence mais seulement pour garder en prison un homme qui doit accepter d'y être et, par conséquent, se plier au régime et à ses contraintes. Si l'innocent se suicide, c'est qu'il était coupable, ce propos fut naguère tenu par un juge d'instruction dont « le client » s'était suicidé pendant les vacances judiciaires. Si l'innocent ne se révolte pas, c'est qu'il est coupable, sinon comment accepterait-il d'être traité ainsi. L'innocent prête à rire, car personne ne croit réellement en son innocence, pas même ses codétenus. Combien de coupables sont innocents ou d'innocents coupables ? Comment savoir si un coupable est innocent ? J'ai croisé un certain nombre d'innocents considérés coupables avant leur jugement ou jugés coupables après. Je les considérais avec inquiétude, car enfin, s'ils étaient bien innocents, cela devait être terrible. Je suis convaincu d'en avoir rencontré un, un jour, à Saint-Maur. Mon frère l'avait connu avant moi, alors qu'il était incarcéré dans cette maison centrale en 1984. Ils sympathisèrent et partagèrent, avec deux autres garçons, leurs victuailles, leurs occupations et leurs révoltes. Ce garçon, pré-nommé Gérard, purgeait une peine de vingt ans pour le meurtre d'une femme âgée à l'occasion du cambriolage de la maison de cette dernière. L'acte lui-même heurte puisque tous nous pensons à nos mères ou grands-mères. Mais si Gérard était réellement innocent ? Alors qu'il travaillait honnêtement, il avait été dénoncé par son complice supposé qui, lui, était réellement coupable et avait avoué. Or, Gérard, placé en préventive dans la même maison d'arrêt que l'autre, niait. Un jour, étant à l'instruction, il clamait avec virulence son innocence face au juge, expliquant qu'il avait appris que son accusateur l'avait dénoncé afin de protéger l'oncle complice du coupable, lorsqu'il fut interrompu par un gendarme. Ce dernier expliqua qu'un jour, un détenu de la maison d'arrêt lui avait déclaré être en cellule avec un type qui se vantait d'avoir accusé un gars qui n'avait rien à voir dans son histoire afin de protéger son oncle. Le gendarme n'avait alors rien cru, pensant qu'il s'agissait là d'une de ces fadaises que certains affabulateurs racontent. Après l'avoir écouté, le juge ne tint aucun compte de cette histoire, il continua la procédure et Gérard fut reconnu coupable. Le pauvre garçon faisait un accusé parfait puisqu'il était illettré, incapable de communiquer ou de se défendre. Sans doute le juge était-il sincère d'ailleurs. Pour lui, le dossier était clair, pourquoi le compliquer avec un complot. Pourquoi les jurés auraient-ils décidé autrement ? Pourquoi l'administration pénitentiaire, Jean-Jacques, moi ou d'autres aurions-nous cru ce Gérard ? Mon frère ne s'en laissait pas conter, il était accoutumé aux histoires que certains colportent. Un jour, au parloir, il m'expliqua qu'il avait fréquenté ce garçon pendant tout son séjour à Saint-Maur, qu'ils avaient eu de nombreuses conversations et que jamais Gérard n'avait tenu le moindre propos permettant de douter de lui. Or, en détention, lorsque vous faites gourbi avec un autre [2], vous vous laissez aller à des confidences très personnelles, à un moment donné, en raison de la confiance ambiante, et même si un innocent supposé n'irait pas forcément jusqu'à se reconnaître coupable, au moins lâcherait-il un propos suspect. En outre, plus probant, moins subjectif, un détail joua en faveur de ce Gérard. Une visiteuse officielle, de l'Office national des visiteurs de prisons, venait le voir. Il lui avait expliqué le drame qu'il vivait. Cette femme, scandalisée, téléphona à l'oncle coupable et lui demanda s'il n'avait pas honte qu'un innocent fût en prison à sa place. L'autre écouta, puis il raccrocha sans rien dire. Or,

2. Faire gourbi, cela consiste à mettre en commun les ressources matérielles, ou une partie, permettant, par exemple, de manger ensemble, quand c'est possible. Cela crée donc une certaine intimité. Ces gourbis regroupent généralement deux à quatre prisonniers, parfois plus, mais les gourbis plus grands ont du mal à résister aux différences de caractères.

si l'on vous téléphone ainsi, il semble évident que vous demanderez des comptes, que vous serez scandalisé ou que vous traiterez votre interlocutrice de folle. Gérard avait deux filles qui, faute de mère, furent placées dans une famille d'accueil par la DDASS. Les gens qui les élevèrent, sans doute de bonne foi, les éduquèrent en leur apprenant que leur père était un homme mauvais, un méchant. Malgré cela, Gérard travaillait aux ateliers de Saint-Maur et envoyait une partie de son argent à la famille d'accueil, pour ses filles. Un jour, je lui demandai :

– Pourquoi envoies-tu cet argent à ces gens qui disent du mal de toi ?

– Je l'envoie pour mes filles, afin qu'elles ne manquent de rien.

Gérard, loin de se laisser abattre, loin de se contenter d'être un innocent bafoué accusant le monde entier, se battait pour les autres, participait modestement mais solidairement aux mouvements de protestations des autres et il n'hésitait pas à se retrouver au mitard, tout en étudiant. Lorsque je l'ai connu, en 1984, il avait appris à lire, plus ou moins seul, dans son coin, et il préparait son certificat d'études. L'administration, qui ne l'aimait pas particulièrement, lui « inventa » une peine de sûreté. Lorsqu'il fut en délai de demander une libération anticipée, on lui répliqua qu'il avait une période de sûreté à purger. Lorsque cette durée fut achevée, un fonctionnaire eut l'aplomb de lui dire qu'ils avaient commis une erreur et qu'il n'avait jamais eu de période de sûreté. Un jour, la juge chargée du dossier de ses filles décida que Gérard était sans doute un bon père. À ses risques, elle le fit extraire et le laissa voir une de ses filles, au palais de justice. Gérard fut alors au paradis. Il finit par sortir, en fin de peine, vers 1988, et il reprit sa vie d'honnête ouvrier. Jean-Jacques le reçut chez lui avant qu'ils ne se perdent de vue.

Je ne parvenais pas à imaginer ce que pouvait ressentir un innocent. Mon frère avait tenté de me l'expliquer par rapport à sa propre histoire. Mais, un jour, j'eus le malheur de prendre place sur la chaise des innocents, ayant été dénoncé par quelqu'un, pour des faits pas très graves mais qui auraient pu me valoir quelques années de prison. À ce moment-là, c'était perturbant pour moi, car j'avais définitivement choisi de vivre autrement et ma vie risquait de basculer à

171

nouveau. Je perdais pied et me demandais comment me comporter pour faire admettre mon innocence. Je compris qu'un coupable qui nie peut se défendre, car il possède des éléments qui lui permettent de mentir, alors qu'un innocent ne peut rien faire, rien dire, sauf qu'il est innocent, sans apporter la moindre preuve de son propos. Je fus toutefois très chanceux, car le hasard, à ce moment-là, me plaça sur la route de policiers intègres et d'un juge d'instruction scrupuleux qui fit son travail en toute loyauté. Malheur aux innocents !!!

Qu'allaient devenir les QHS en ce début d'ère socialiste ? Une commission fut créée qui circula dans les prisons. Nous, pensionnaires de ces lieux, fûmes entendus. On me demanda pourquoi les QHS devaient être fermés. Je réfléchis, je n'étais pas très perspicace mais j'avais suffisamment de sagacité pour comprendre que les discours sur l'humanité et les droits de l'homme n'étaient pas un argument dès lors que l'on chargeait une commission d'enquêter. Il fallait une argumentation acceptable pour les partisans de la répression. J'en offris une fort intéressante en déclarant :

– Mettez n'importe quel détenu apolitique au QHS, au bout de quelques mois, il va se politiser et il deviendra bien plus dangereux, car vous devez savoir que nous nous politisons dans ces quartiers.

Je proclamai ainsi que les quartiers de haute sécurité étaient plus mauvais pour l'État que pour nous. C'était d'ailleurs une réalité qui n'avait pas échappé à certains directeurs de prison qui géraient de plus en plus mal ces quartiers dans lesquels les détenus devenaient de véritables fauves, prêts à tout pour sortir, pour survivre, sauf à trahir les leurs bien sûr, tout en développant un discours qui les confortait dans leurs actes et justifiait ces derniers.

Progressivement, le ministère fit sortir quelques prisonniers, les moins typés, ceux qui n'avaient pas fait de longs séjours, ceux qui ne cumulaient pas trop d'évasions, ceux que les matons allaient tolérer le plus facilement en détention normale. Un matin d'automne, nous n'étions plus que quatre à Fleury-Mérogis lorsque nous fûmes transférés. L'un de nous fut laissé à Fresnes alors que deux garçons du QHS de cette prison, dont Maupetit, montaient dans notre fourgon cellulaire. De là, nous fûmes conduits à la Santé. Progressivement, la tension monta. Les matons étaient énervés, nous-mêmes nous demandions où nous allions, ce qui était encore secret ! À la Santé, les deux gars de Fresnes furent enfermés dans une cellule, un autre aussi. Il ne restait que moi et un de mes camarades, unique survivant d'une tentative d'évasion dans laquelle ses trois compagnons avaient été tués. Ces morts n'avaient rien d'exceptionnel, la quasi-totalité des internés des QHS étaient amis ou parents de garçons abattus par les forces de l'ordre. Nous portions nos morts dans nos têtes.

Ce jour-là, au moins, nous étions heureux puisque la gauche commandait en France. Nous portions des chaînes aux pieds et aux mains. Le moment vint où les gardes allaient s'occuper de moi, à savoir me retirer mes chaînes. Je levai donc un pied et découvris mon mollet pour que le gardien puisse s'emparer de la chaîne et faire tourner la serrure. C'est alors que le maton s'exclama :

– Plus haut la jambe !

Saisi d'un doute, je m'inclinai vers l'avant pour vérifier comment se présentait la situation. Ma jambe était assez haute pour que le gaffe fasse son office et je ne pouvais guère la lever plus sans perdre l'équilibre. Je connaissais bien ce type de problème, il s'agissait d'une provocation déjà rencontrée, sans doute pour m'inciter à les insulter et à me mettre dans mon tort. Refusant de tomber dans un piège que je croyais avoir identifié, je reposai mon pied à terre et croisai les bras sur ma poitrine, décidé à ne rien dire et à ne plus bouger. En fait, rien ne m'obligeait à lever ma jambe, ce n'était qu'un acte de courtoisie non prévu dans la procédure et les matons pouvaient défaire les chaînes sans ce mouvement. Je n'eus pas longtemps à patienter, subitement, mes jambes décollèrent du sol, je fus empoigné de toutes parts et je reçus des coups. J'aperçus un surveillant-chef de la Santé que j'avais autrefois connu à Fresnes qui hurla vainement :

– Arrêtez !

À terre, je sentis des coups tomber de droite et de gauche. J'aperçus mon dernier camarade, Jean-Claude, littéralement jeté en l'air. Ce n'est pas une expression exagérée, je le vis dans le vide, son corps parallèle au sol, partant vers le haut puis retombant à terre, après quoi des coups de trousseau de clés lui furent assénés. Je le perdis de vue, m'occupant de moi. Ma joue droite était collée au carrelage, un maton avait posé l'un de ses gros godillots sur celle de gauche et il faisait tourner sa semelle sur mon oreille, comme les fumeurs font pour écraser un mégot. Il m'écrasait ainsi la tête, pratique qui ne laisse aucune marque, si ce n'est un rougeoiement temporaire, mais qui provoque des douleurs et des étourdissements. Mes tympans me semblèrent éclater. Je perdis ensuite le compte du temps. Je me souviens que je fus saisi par les pieds et par les mains, décollé du sol et emmené tout droit dans le couloir. Pendant quelques secondes, à moitié dans les vapes, je crus réellement qu'ils allaient me tuer, mais je ne parvenais plus à bouger. Je n'avais pas vraiment peur mais je me disais que c'était trop stupide et que ma mère ne s'en remettrait pas. Une porte de cellule s'ouvrit et je pensai : « Tiens, c'est là, ils vont me pendre, me suicider. » Je fus finalement encore un peu frappé puis lié sur un lit de contention.

Ils sortirent et il ne resta plus que moi et le silence, avec mon humiliation et ma lassitude. La victoire socialiste me parut bien loin ! Puis la colère revint en moi ! Quoi, la gauche ne laisserait plus passer de tels excès. La porte s'ouvrit alors sur un groupe de matons escortant un jeune interne. Celui-ci me demanda :

– Eh bien alors, qu'est-ce que vous avez fait ?

– Quoi ? Comment ? Qu'est-ce que j'ai fait moi ? Demandez-leur à eux ce qu'ils ont fait, répliquai-je en montrant les matons du menton. Puis j'envoyai promener ce type qui partit sans trop écouter la suite.

Un moment plus tard, un autre homme en blanc survint, plus âgé.

– Bonjour. Je suis le médecin-chef, je peux vous parler ?

– Oui, bien sûr, répondis-je toujours entravé.

– Vous êtes calme ?

– Bien sûr que je suis calme, si j'ai envoyé promener votre collègue, c'est parce qu'il m'a demandé ce que j'avais fait alors que ce sont eux qui m'ont frappé.

– Bien, je peux vous faire détacher et vous examiner ailleurs ?

– Oui, bien sûr.

Il me fit détacher et escorter jusqu'à un bureau. Là, il m'examina. Je fus ensuite enfermé dans une cellule du mitard, le QHS et le mitard étant dans la même aile de bâtiment à la Santé. J'exultais de rage et je ne pouvais rien faire. Les syndicats pénitentiaires informèrent la presse que j'avais tenté d'étrangler un surveillant lors d'un transfert. Toutefois, Paul Lefèvre, chroniqueur judiciaire à la télévision, émit des doutes, puis la chancellerie elle-même rectifia cette présentation des faits. La vérité ne fut jamais divulguée mais, au moins, les mensonges furent-ils contredits. J'appris tout cela le lendemain mais je découvris que ces événements me dépassaient largement. Tout d'abord, l'ordre de notre transfert n'aurait pas été donné par la chancellerie et six des détenus parmi les plus surveillés de France auraient été trimbalés sans que personne n'en assume réellement la responsabilité. Le directeur de Fleury-Mérogis aurait déclaré à l'une de mes avocates qu'il ignorait totalement que nous étions transférés et qu'il l'avait appris en arrivant à son bureau. Il semblait évident à mes avocats qu'une sorte de traquenard avait été tendu. La cause ? Le jour même de cette algarade, une réunion se tenait au ministère pour décréter la fermeture des QHS. La décision de fermeture ne fut pas prise. Nous avions été utilisés, un incident avait été provoqué et une information erronée fournie à la presse afin d'empêcher que les QHS ne disparaissent. La décision ne fut différée que de quelques semaines. En attendant, nous sortîmes les uns après les autres du quartier. Marion-Fondanèche m'apprit toutefois que le ministre de la Justice avait adressé des consignes pour qu'un tel événement ne se reproduisît plus. Cette consigne restant dans mon dossier devait me servir de garantie.

Ma mère et mes avocats se démenèrent une nouvelle fois tant dans mon intérêt que pour dénoncer l'administration. Un soir, dans sa boîte aux lettres, ma mère découvrit une lettre postée le 9 novembre 1981, depuis le bureau de poste de Boulogne-Billancourt où elle vivait. Elle l'ouvrit et elle lut :

*« Madame,*

*Si vous renouvelez dans l'avenir la moindre déclaration publique pour défendre votre fils Philippe Maurice, vous n'êtes plus de ce monde.*

*– Premier et dernier avertissement. »*

L'enveloppe lui était adressée à ses noms de jeune fille et de femme divorcée. Peu de gens en savaient autant, à l'exception des journalistes qui ne risquaient pas de s'amuser à cela, il y avait les fonctionnaires des forces de l'ordre. Quel lâche pouvait ainsi écrire à une femme qui défendait son fils ? Quel individu ignorant ce qu'est l'amour d'une mère pouvait-il croire qu'une telle menace la ferait taire ?

Je comparus au prétoire, inculpé d'agression. Le directeur et ses adjoints souhaitaient que j'abonde dans leur sens. Je rappelais les événements et je fus condamné par leur petit tribunal, exemple même de l'iniquité du système puisque le ministère avait démenti cette version des faits. Cependant, mon séjour s'organisa de façon exceptionnelle pour l'époque puisque l'on m'autorisa à prendre une partie de mes effets personnels, de la lecture et ma montre, tout en me laissant matelas et couvertures. Je n'en commençai pas moins une grève de la faim et de la soif pour protester, ainsi que Jean-Claude et l'autre garçon venu avec nous de Fleury. De leur côté, les gars du QHS de Fresnes déclenchèrent une grève symbolique de quelques jours par solidarité et pour dénoncer cette machination. Dix jours plus tard, l'accumulation des grèves de ce genre m'affaiblissant de plus en plus vite, j'éprouvais des difficultés respiratoires, mes lèvres desséchées collaient l'une à l'autre, et je fus transféré à l'infirmerie. Un jour, le chef de détention vint me voir et me dit que le personnel de la Santé n'avait rien à voir dans ce qui s'était produit et que c'était ceux qui m'avaient transféré, tous en poste à Fresnes, qui étaient fautifs. Il avait raison.

Quelques matons de la Santé conservaient une rancune farouche à mon égard, ils ourdirent un nouveau petit complot. Ils me firent sortir de ma cellule afin de procéder à une fouille de sécurité et m'enfermèrent dans la douche. Cette fouille achevée, ils me reconduisirent dans la cellule. Là, je découvris une grosse barre à mine. Que pouvais-je en faire ? Si je la jetais par la fenêtre, elle pouvait blesser quelqu'un et j'aurais été coupable. Si je frappais à la porte pour la rendre, le maton de service, qui n'était sans doute pas impliqué dans cette manœuvre, risquait de donner l'alerte et de penser que je voulais l'agresser ! J'eus la chance que ma porte fût agrémentée d'une boîte aux lettres en bois. J'y mis cette barre et je déclenchai le voyant d'appel. Ma porte s'ouvrit, livrant la place au surveillant-chef qui, quelques jours plus tôt, avait crié aux autres d'arrêter leurs violences. Il me demanda :

– Que voulez-vous, Maurice ?

176

– Regardez ce que j'ai trouvé, dis-je en montrant la barre dans la boîte aux lettres.

– Qu'est-ce que c'est qu'ça ?

– Je n'en sais rien, interrogez vos subordonnés, ils viennent faire une fouille et je découvre ça caché dans ma cellule après leur départ.

Il sursauta, prit la barre et sortit, livide. À juste titre il fulminait. Ses collègues avaient placé entre mes mains ce qui pouvait constituer une arme redoutable, au risque que je m'en serve contre lui ou contre un autre si j'avais eu de mauvaises intentions. La direction de l'établissement tenta de m'empêcher de communiquer l'information à l'extérieur mais mon avocate, une fois avisée, écrivit au ministère et à l'Élysée. Quelques semaines plus tard, le ministère répondit qu'il s'agissait d'un accident et qu'il ne fallait pas y voir un acte de malveillance.

À ce moment-là, je me trouvais à Fleury-Mérogis, en détention normale, pour une nouvelle existence...

# CHAPITRE IX

## LA RÉVOLTE !

Le 4 décembre 1981, deux ans après mon arrestation, je quittai les QHS et je fus placé en détention normale sous le matricule 110211. Cela semblait étrange, du jour au lendemain il n'y avait presque plus de matons autour de moi, j'avais cessé d'être dangereux. Pourtant j'étais bien le même, mais je n'étais plus dangereux. Du moins l'étais-je moins, car je portais toujours l'étiquette rouge des DPS (détenu à particulièrement surveiller). La dangerosité d'un prisonnier, fort subjective, dépend de l'image que l'administration se fait de lui. Les hommes qui ont violé ou tué des femmes ou des enfants sont rarement estimés dangereux, au contraire de ceux qui se sont heurtés aux forces de répression. Un jour, vous êtes dangereux, tant que des fonctionnaires le décrètent, puis vous cessez de l'être aussi rapidement, sans plus de raison.

Il ne faut cependant pas supposer que ma vie devint calme. Pour les matons de base, j'étais le diable en personne, celui dont il convenait de se venger. Souvent, ils ne connaissaient pas réellement mon histoire, ils avaient lu les journaux et retenu ce qu'ils voulaient. Jusqu'à ma libération, j'ai rencontré des surveillants pensant que leur collègue de Fresnes était décédé, supposant que j'avais tué à de multiples reprises. Les légendes couraient et pas seulement chez les matons. Un garçon m'expliqua un jour qu'avant de me connaître, il pensait que je faisais un mètre quatre-vingts et que je pesais cent kilos. L'imaginaire joue un rôle important dans l'idée que les autres se forgent de vous.

Mes comptes n'étaient pas réglés avec la justice. En 1982, je fus jugé pour ma tentative d'évasion. Je n'étais pas inquiet pour moi mais je l'étais pour mon ancienne avocate et pour mon frère, tous deux inculpés. Des informations avaient été divulguées à la presse, sans doute par la police, dès la garde à vue, et le procès était déjà fait. Pour tout le monde, mes deux coinculpés étaient coupables. Comment puis-je estimer que la police avait communiqué des détails de l'enquête à la presse ? Parce que, dès la garde à vue, la presse a eu connaissance d'indices qui ne pouvaient sortir que du quai des Orfèvres, lesquels étaient, il est vrai, mélangés à de fausses informations. En outre, tout le monde sait que les couloirs des services de police sont hantés par des journalistes et que la police leur livre des renseignements. Les journalistes ne sauraient être critiqués puisque leur travail consiste à recueillir des informations, toutefois ils devraient se demander, parfois, si la police n'a pas intérêt à les manipuler. En revanche, n'est-il pas surprenant, alors que le secret de l'instruction existe, que des renseignements soient communiqués à la presse par ceux qui se chargent de la garde à vue ? Un homme que la police considère comme coupable, et qui est donc présenté comme tel, ne l'est pas forcément, or, lorsque la culpabilité est annoncée dans la presse, la preuve de l'innocence devient terriblement difficile à établir. Les journalistes peuvent penser que le lecteur est capable de faire la part des choses, mais nous savons tous que peu de lecteurs jouissent d'un esprit critique suffisant.

Mon frère était sans doute le plus facile à défendre puisque, étant innocent, il n'existait pas de preuves directes contre lui, seulement des soupçons et de vagues indices non probants. L'accusation retenait le témoignage de l'ancienne compagne de Serge, mon ami d'enfance, qui aurait déclaré que Jean-Jacques avait une voiture ressemblant à celle posée devant Fresnes. Ce témoin, devant les assises, déclara qu'il n'avait jamais dit que c'était la voiture de Jean-Jacques. Une bombe à raser, trouvée dans cette voiture, portait la mention « made in Spain », alors que nous avions vécu en Espagne, mais elle pouvait avoir été achetée en France. Face à ces détails, la mitraillette cachée dans cette voiture portait des empreintes digitales différentes de celles de Jean-Jacques, c'était donc bien évidemment celles du garçon qui avait posé cette arme. Qui était-il ? La preuve indirecte de l'innocence de mon frère résidait bien là.

Le procès commença, avec de brillantes interventions de nos avocats, Jean-Louis Pelletier et Marion-Fondanèche pour moi, Roland Dumas pour mon frère, Georges Kiejman et Thierry Levy pour mon ancien défenseur. Les témoins intervinrent, parmi eux figurait le chef de la Brigade criminelle. Celui-ci déclara que Jean-Jacques avait été reconnu par un témoin qui aurait déclaré l'avoir vu déposer la voiture devant Fresnes. C'était là un fait nouveau, l'acte d'accusation qui énumère les preuves retenues ne l'évoquait même pas et rien ne figurait dans le dossier à ce sujet. Plus gênant, le témoin était mort de vieillesse entre-temps et ne pouvait donc plus témoigner ! Le vivant n'avait laissé aucune trace d'accusation dans le dossier et le mort devenait un accusateur. Le président Floch, interloqué, interrogea :

– Comment est-il possible que cette information ne figure pas au dossier ?

– C'est un loupé, répondit le commissaire.

– Normalement, dans la procédure, si un témoin reconnaît quelqu'un vous devez le préciser, pourquoi cela n'a-t-il pas été fait ?

– C'est un loupé.

– Pourquoi l'album de photos contenant les photographies montrées au témoin n'a-t-il pas été joint au dossier ? demanda Floch, toujours surpris.

– C'est un loupé.

Le commissaire proposa de faire appeler à la barre son subordonné qui livrerait plus de renseignements. Cet adjoint fut appelé. Il expliqua avoir montré à plusieurs témoins un album contenant les photographies de plusieurs individus, parmi lesquels figurait Jean-Jacques. Un seul d'entre eux, celui qui était mort avant le procès, l'aurait reconnu grâce à la photo numéro neuf (je crois). Floch questionna [1] :

---

1. Il est bien évident que ce sont là des paroles reconstituées, si la transcription n'est pas littérale, le propos demeure fidèle.

– Pourquoi n'avez-vous pas inscrit dans le procès-verbal que la photographie numéro neuf représente Jean-Jacques Maurice, attestant que c'est bien lui ?

– C'est un loupé !

– Pourquoi n'avez-vous pas joint l'album de photos au dossier pour permettre au juge d'utiliser cette preuve ?

– C'est un loupé !

– Mais qu'est devenu cet album ?

– Il est là monsieur le président.

Le policier tendit alors plusieurs chemises, un nombre suffisant pour que les magistrats et les jurés en consultent un exemplaire. Chaque chemise contenait une dizaine de photographies banalement collées. Évidemment, la photographie numéro neuf représentait bien mon frère qui fulminait sur le banc de la défense. Il me dit :

– Tu te rends compte, ces salauds, ils viennent de les fabriquer !

Le président Floch, ancien magistrat instructeur, devait trouver le procédé un peu... étrange, pour le moins, il posa encore une question :

– Mais où se trouvaient ces albums de photos ?

– Dans le tiroir de mon bureau, répondit le policier, sûr de lui, sans se décontenancer.

Ce fonctionnaire conservait dans son bureau les albums de photos d'une affaire datant d'un an. J'espère sincèrement qu'il n'avait pas trop d'affaires à traiter, à moins qu'il ait possédé un très grand bureau pour conserver des pièces à conviction non remises aux magistrats et non communiquées à la défense. Le procureur présenta son réquisitoire, plus dur que ne le pensait la défense. Roland Dumas rappela que rien n'accusait Jean-Jacques. Kiejman et Thierry Levy plaidèrent en expliquant que mon ex-avocate avait été confrontée à un choix terrible puisque son client risquait d'être exécuté. Mes défenseurs rappelèrent que j'attendais précisément d'être découpé vif et que le couteau de la guillotine était prêt à s'abattre sur ma nuque.

Je fus condamné à seize ans de réclusion, mon avocate à cinq ans, et mon frère à trois ans de prison. Pendant l'instruction, Jean-Jacques avait été inculpé pour avoir remis l'arme ayant servi à ma tentative d'évasion à mon avocate et pour avoir déposé la voiture devant la prison. Il fut acquitté pour le premier chef, considéré comme une complicité de tentative de meurtre, mais il fut condamné pour cette voiture, grâce à ce témoin surgi d'outre-tombe et malgré la présence d'empreintes digitales qui ne lui appartenaient pas.

Jean-Jacques fit cassation et entama une grève de la faim, mais son procès ne fut pas cassé et il dut purger sa peine en clamant son innocence, jusqu'à sa mort, bien plus tard. Ce verdict offrit tout de même une singulière particularité. La cour et les jurés reconnurent donc que quelqu'un qui n'était pas mon frère avait remis l'arme à mon avocate.

Dans les mois qui suivirent, je fus ensuite jugé pour l'affaire des vigiles. Les jurés m'acquittèrent du chef d'inculpation d'homicide volontaire, ils me déclarèrent innocent de toute complicité, mais ils me condamnèrent à dix-huit ans de réclusion pour avoir blessé un vigile. Ce verdict fut important pour moi puisque l'on admit que je n'avais pas tué de vigile, mais je pus constater que la presse, à l'époque comme vingt ans plus tard, continua à affirmer que j'avais tué un vigile, ou que j'avais été le complice de ce meurtre... Lors de ce procès, j'étais placé au mitard à la suite d'un mouvement de révolte. Le système qui consiste à maintenir un détenu au mitard pendant son procès est assez étrange puisque le prévenu est physiquement diminué. De plus, il ne dispose pas de son dossier de défense et, à l'époque, il n'avait pas encore le droit d'avoir du papier et un stylo en permanence pour se préparer.

Toutefois, même dans des conditions normales, les règlements administratifs entravent les droits de la défense. Ainsi le prisonnier n'a-t-il pas le droit de conserver des enveloppes fermées. Les matons qui fouillent sa cellule doivent avoir la possibilité d'identifier tout ce qui est en sa possession, au titre de l'impératif bien connu de la sécurité. S'il rédige sa défense par écrit, à l'avance, s'il prépare des notes, des pense-bêtes, il sait que ses gardiens ne manqueront pas de les lire et de faire un rapport au juge. Le juge entre en possession d'informations que la défense est juridiquement en droit de conserver secrètes. De même les avocats jouissent-ils du droit d'écrire à leur client sous pli fermé, or le prisonnier ne peut conserver ces lettres closes, toujours au nom de la sécurité. Il ne dispose donc que de deux choix : jeter le courrier de son avocat et les renseignements qui y sont inscrits, ou accepter que le personnel pénitentiaire le lise pendant les fouilles, sans en avoir le droit juridiquement. Enfin, si un prévenu se rend au tribunal avec un dossier, l'escorte policière se permet d'ouvrir ce dernier et de le consulter, toujours au nom de la sécurité. En conséquence, le détenu doit conserver toute sa défense, ses notes, ses stratégies, ses idées, dans sa tête, faute de quoi les magistrats les connaîtront.

Au début des années quatre-vingt, la situation dans les prisons était explosive. La gauche tardait à réaliser des réformes pourtant largement annoncées et espérées. L'impatience des prisonniers crût même si les plus militants, dont je faisais partie, rappelaient qu'il convenait de laisser une chance au gouvernement et de ne pas faire le jeu de la droite. En face, les matons, pour la plupart de droite, voire d'extrême droite, tentaient continuellement de mettre le feu aux prisons. Ils accumulaient les provocations et poussaient les détenus les plus jeunes et les plus impulsifs, comme moi, à se soulever. Un jour, à Fleury-Mérogis, ils distribuèrent la gamelle et oublièrent innocemment les quelques détenus symboliques susceptibles de servir de courroie d'entraînement et qui tentaient de freiner un mouvement de protestation. Ils réussirent pleinement leur petit jeu face à des hommes souffrant de ces injustices et prompts à réagir, toutefois nous étions conscients qu'il convenait de mettre une forme originale à nos protestations, développant les mouvements pacifiques, sans violence. Ces mouvements nous valurent de rudes peignées, les CRS déboulant en nous rouant de coups.

Le 23 janvier 1983, nous nous révoltâmes contre les conditions de détention et les vexations que nous infligeaient continuellement les matons. Presque tous les détenus du bâtiment D 3 de Fleury qui étaient en promenade restèrent sur place, refusant de rentrer en cellule. Il faisait beau, nous étions sans doute quatre cents, peut-être plus, répartis dans deux cours séparées par un grillage. Nous rejetâmes toute idée de violence et nous décidâmes de nous ouvrir les veines à l'aide de lames de rasoir, retournant la violence contre nous. Bien sûr, nous prêtions tous attention à ne pas trancher les veines mais simplement à les entailler pour provoquer des écoulements de sang. Nous venions à peine de terminer que les escouades de CRS pénétrèrent dans la cour où je me trouvais au pas de course, frappant le plus possible, au mépris des risques éventuellement encourus du fait de nos automutilations. L'administration avait vu ce que nous faisions, le rapport que je pris le prouve. Pour elle, quitte à provoquer un décès, il fallait à tout prix juguler ce type d'action. Des détenus qui brûlent une prison justifient la répression qui est ensuite infligée, ils choquent l'opinion publique qui les considère comme des vandales. Les détenus qui se mutilent massivement posent un problème évident. Nous fûmes donc reconduits à nos cellules sous les coups.

Le lendemain, les transferts disciplinaires commencèrent[2]. Mon cas posa un problème, car j'étudiais et je devais passer mes examens à Fleury, or les gens de la chancellerie souhaitaient que j'étudie. La direction de l'administration pénitentiaire encourageait elle-même cette démarche en partant du principe qu'un détenu qui étudie se calme. Je restai donc à Fleury mais, le 26 janvier, je passai au prétoire après que l'on m'eut signifié ce rapport :

*« Ce jour, lors de la manifestation du 23.01.83, ce détenu incitait ses codétenus à se couper sur la cour de promenade et a été surpris à taillader les bras des détenus qui n'avaient pas le courage de le faire. »*

Je refusai de signer ce rapport et en contestai la seconde partie avec virulence. En effet, à l'époque, les surveillants de prison tentaient de freiner les réformes devant modifier l'univers carcéral. Pour cela, ils essayaient de discréditer tout mouvement de détenus en tentant de faire croire qu'ils étaient fomentés par des « caïds », or il s'agissait réellement de mouvements qu'eux-mêmes déclenchaient en exerçant des pressions sur la population carcérale afin de faire passer leurs propres revendications. Dans ce cas précis, subrepticement, ils sous-entendaient que certains détenus auraient été forcés de se couper les veines. Il leur était impossible de le prétendre ouvertement, car j'aurais pu présenter des témoignages. Leur propos, tendancieux, ouvrait cours à des interprétations dans le climat feutré des bureaux

---

2. À la suite de ces répressions farouches exercées lors de mouvements pacifiques germa l'idée de la rétention de surveillants (prise d'otage) afin d'exposer ces derniers au même danger. L'administration engendra elle-même une escalade inquiétante.

où se négocient les vraies décisions. Je fus sanctionné d'une quinzaine de jours de cachot, sans pouvoir me défendre.

Les CRS m'avaient violemment frappé et plusieurs plaies s'étalaient sur la main dont je m'étais protégé. J'appris par la suite qu'un garçon qui se trouvait dans l'autre cour, près du grillage d'entrée, avait entendu les CRS demander aux matons lequel était Philippe Maurice. Les autres leur avaient répondu en me désignant. Les coups reçus résultaient-ils du simple hasard ? Je voulus porter plainte mais l'une de mes avocates, membre du parti socialiste, me dissuada de le faire et refusa même, entraînant une rupture de nos relations. Elle avait tout de même informé le ministère et un médecin fut chargé de m'examiner, au mitard. Un jour, celui-ci débarqua dans ma cellule et m'apostropha ainsi :

– Je viens vous examiner puisque je suis obligé de le faire !

Il ne dit rien de plus, ni bonjour ni au revoir, et je ne sus jamais ce que contenait son rapport. Toutefois, j'entendis dire qu'il aurait déclaré que cela ressemblait à des actes d'automutilation ! Toujours la même rengaine. En prison, quand il y est contraint, le service médical ne vient constater les blessures de ce genre qu'une fois disparues et, à défaut, il conclut en une simulation du prisonnier.

Les problèmes ne cessèrent pas. Un groupe de six détenus demanda des explications au sous-directeur responsable du bâtiment. Ils voulaient savoir pourquoi la répression s'était abattue sur quelques-uns et non pas sur eux et les autres. Entre autres, pourquoi avais-je été placé au cachot ? Le sous-directeur fournit ses explications mais il tenta surtout de me porter un coup redoutable, il leur déclara, sur le ton de la confidence, que j'avais coupé les veines des autres, ce qu'il pouvait accepter, mais que je n'avais pas eu le courage de me couper, moi, et que cela le choquait. Sa démarche était d'autant plus édifiante qu'au prétoire il avait constaté que je m'étais bien auto-mutilé. Lorsque je sortis du cachot, je fus placé au même étage que ce groupe de garçons. Le climat des prisons est parfois violent dans la mesure où le pardon est rarement accordé à une canaille. Le sous-directeur avait tenté, volontairement ou non, de me faire passer pour une canaille et, volontairement ou non, il m'avait installé à l'étage des gens auprès desquels il avait tenu ses propos. Dès lors, sans le savoir, je risquais de recevoir des coups plus ou moins rudes.

Dès le premier jour, les six garçons vinrent me voir dans la cour de promenade et me déclarèrent qu'ils devaient me parler. Ils m'exposèrent toute l'histoire en ajoutant qu'ils étaient certains que j'étais victime d'une magouille. Je le leur confirmai et, bien qu'ils ne l'aient pas souhaité, je leur fis voir mes poignets aux cicatrices fraîches. Toutefois, étant légèrement suspicieux de nature, je leur dis que j'avais l'intention de porter plainte contre le sous-directeur pour incitation au meurtre et tous me répondirent qu'ils iraient témoigner. Je n'eus plus guère de doute sur la réalité de cette histoire et je renonçai à porter plainte afin de ne pas les mettre dans une situation intenable. En effet, témoigner contre quelqu'un du personnel de direction coûte cher. Trois ou quatre ans plus tard, je revis ce sous-directeur dans un centre de peine. J'étais devenu un universitaire, je ne me mêlais plus guère de révoltes et nous parlions calmement de la vie. Entre deux sourires diplomates, je lui fis savoir que j'étais au courant de cette intrigue et je lui rappelai les détails de cette histoire. Il m'assura que ce n'était pas possible, qu'il y avait un malentendu et que j'aurais dû lui en parler à l'époque.

En fait, au début des années quatre-vingt, j'étais vraiment la bête noire à abattre. Une autre fois, deux garçons vinrent me voir, scandalisés, en m'expliquant qu'un maton leur avait proposé, toujours sur un ton de complicité :

– Vous savez, si vous avez des problèmes avec Maurice, vous ou d'autres, on vous enferme dans les douches avec lui, vous vous occupez de lui et on aura rien vu.

– Quoi ? Si on avait des problèmes avec lui, on s'expliquerait entre nous, on a pas besoin de vous pour ça ! me dirent-ils avoir répliqué, outrés.

Les petites machinations, plus ou moins intelligentes, se succédaient. Un jour, rentrant de promenade, je sentis que quelque chose était anormal, par instinct, peut-être, mais aussi parce que les cellules d'une prison sont si exiguës qu'un prisonnier connaît fort bien la sienne. Je furetai jusqu'au moment où j'aperçus de petits morceaux d'aimants près des barreaux, puis un papier, plié, dissimulé entre un barreau et la grille de renfort. Je le pris, je l'ouvris et je lus un petit message commençant par « salut collègue... ». Je ne me souviens plus du reste. Je réfléchis vite, ce mot ne pouvait pas avoir été déposé par un détenu puisqu'il était impossible aux autres de rentrer dans ma cellule. Seul l'aumônier disposait d'une clé lui permettant de laisser un mot informant qu'il était passé, ce n'était pas lui et en aucun cas il n'aurait caché ou déposé un message clandestin. Je branchai donc le signal d'appel et je frappai dans la porte de toutes mes forces en hurlant. Un gradé surgit avec d'autres gaffes. Je bondis dehors en criant :

– J'exige que vous fouilliez ma cellule en entier et que vous vérifiiez l'état de mes barreaux. Je ne rentrerai pas avant.

– Vous êtes fou ! Qu'est-ce qui s'passe ?

Sans doute est-il rare qu'un détenu exige une fouille ! J'expliquai ce qui s'était produit et je tendis le message. Le gradé pâlit, me demanda de rentrer en cellule en ajoutant qu'il n'y aurait pas de problème. Je décidai de ne pas attacher plus d'attention à cette histoire. Le lendemain, j'en parlai à un gars qui avait une vingtaine d'années de plus que moi et qui me dit que j'avais tort et que je devais signaler l'affaire au directeur. À ce moment précis, le directeur de la totalité des prisons de Fleury passait, ce qui était assez rare. À sa grande surprise, je lui bondis dessus et lui narrai les choses de long en large. Il m'écouta et partit. Hasard ou non, le gradé de service ce jour-là ne parut plus au bâtiment pendant un certain temps.

Comme DPS, et surtout en raison de mon dossier pénitentiaire, je subissais fouille sur fouille et je changeais de cellule tous les quinze jours et de bâtiment tous les quatre ou six mois. Un matin, rentrant de promenade, je réintégrai ma cellule et le maton de service, un vieux, plutôt correct, me souhaita, en me regardant avec insistance dans les yeux :

– Bon courage, Maurice.

Je fus surpris par son attention et par le ton de sa voix. Je le regardai et passai la porte. Je retirai mes chaussures et m'allongeai sur mon lit pour lire un livre. La porte s'ouvrit à nouveau, vivement, et un type en treillis bleu, rangers aux pieds, jaillit dans ma cellule, comme un diable, bondissant et retombant en position de combat. Je reconnus un gars de la brigade spéciale d'intervention de l'administration pénitentiaire. Je restai bouche bée, ébahi, intrigué et désarmé. Qu'est-ce qu'on me veut encore, pensai-je.

– Debout ! Sortez de là hurla-t-il.

J'obéis en sachant que, dans ces cas-là, il ne faut pas insister, il faut se déplacer doucement tant pour conserver des moyens de défense que pour ne pas inquiéter l'autre, tout en réfléchissant. Je me dis que je n'avais rien fait, que je n'avais rien à me reprocher et que la situation m'échappait donc totalement. Un nouveau travail[3], c'est sûr ! Puis, la parole étant toujours une façon de détendre une telle situation dans la mesure où elle oblige l'autre à penser tout en le plaçant dans un contexte de relation humaine, je questionnai :

– Puis-je mettre mes chaussures ?

Le superman de l'intervention se redressa un peu et se tourna vers la porte d'où un civil fit un signe positif.

J'enfilai mes chaussures et continuai à évaluer la situation, puis je demandai si je pouvais prendre un pull-over et enfin un paquet de Kleenex en précisant que j'étais enrhumé. On me laissa faire avec des mimiques qui me firent comprendre qu'il ne fallait plus rien demander. Je n'insistai pas plus, j'avais le minimum décent et le climat, toujours tendu, était un peu moins crispé. Je sortis et fus stupéfait de voir plein de matons, des gradés et plusieurs civils dans le couloir. On me conduisit vers les escaliers et la sortie du bâtiment. Bon nombre de matons s'accumulaient et s'entassaient sur le chemin, curieux, intrigués, goguenards ou inquiets, selon les individus. Vraiment, une telle sortie, on ne me l'avait jamais orchestrée comme cela ! Je ne comprenais rien du tout. Je fus conduit dans un autre bâtiment et mis au secret. L'heure du repas arriva sans que l'on s'occupât de moi. Je songeai au parloir de l'après-midi. Si ma mère ne me voyait pas, je savais qu'elle ferait un scandale en pensant que l'on m'avait estourbi. Finalement, on vint me chercher. On m'emmena dans la direction des parloirs mais je fus orienté vers les locaux réservés aux avocats. Là, une agitation formidable régnait. Des civils passaient d'une cabine à une autre, des matons attendaient et j'aperçus un autre détenu. J'entrai dans une cabine où deux hommes patientaient.

– Philippe Maurice ?

---

3. « Un travail » : une machination, un coup monté.

– Oui...

– SRPJ de Versailles, on a des questions à te poser.

Le tutoiement s'imposa d'office. Cette pratique prescrivant naturellement le « tu » dans les relations entre flics et voyous est assez... sidérante. C'est un conditionnement, sans doute voulu à l'origine par les flics. Les voyous y adhèrent volontiers, très promptement, et tutoient également les flics qui leur font face. Chacun semble ainsi se sentir à l'aise, peut-être fier de provoquer l'autre en lui ôtant une marque de respect, peut-être heureux de créer une intimité saugrenue, peut-être satisfait de dire : « Nous sommes entre nous, du même monde, ennemis prêts à se tuer et à se détruire sans pitié, mais avec des règles communes. » Je n'ai jamais très bien compris quel sens il convenait de donner à cette relation ambiguë. Je fis comme les autres tout en considérant cela détestable. Celui qui ne se prête pas à ce jeu risque de laisser voir une faille à l'adversaire. Sur un champ de bataille, l'homme doit adopter toutes les mœurs ambiantes et la rue comme la salle d'interrogatoire sont des champs de bataille, des terrains sur lesquels le policier cherche à prendre son gibier et le hors-la-loi à échapper à son chasseur. Seul un bourgeois peut se permettre de ne pas se plier à cette coutume.

On me demanda si je connaissais tel maton, tel ou tel détenu, ce que je faisais ces temps-ci, puis les choses se précisèrent lorsque l'on m'indiqua que j'étais soupçonné d'avoir fait entrer quelque chose par le maton en question, et cela en complicité avec d'autres détenus. Je me trouvai bête et je me demandai dans quelle galère je m'étais encore fourré, sans le savoir. Je répondis que je ne pouvais pas nier avoir rencontré telle ou telle personne mais que je ne connaissais pas les noms des matons et guère plus ceux des détenus, à l'exception de mes quelques relations. J'ajoutai :

– C'est simple, je peux juste dire que les noms que vous me donnez ne me disent rien et, d'un autre côté, je dis bonjour à plein de gars dont je ne connais ni le nom ni le prénom. Alors... vous me mettez en face de tel ou tel gars et je vous dirai si je le connais ou pas.

Après un bon moment, l'interrogatoire s'arrêta là. Un flic m'expliqua être convaincu que j'aimerais le tuer. Je le regardai, stupéfait, et lui demandai pourquoi il pensait cela. Il était convaincu que je haïssais tous les flics. Grâce à lui, je compris combien les gens écha-faudaient parfois des idées fausses, sur une réputation construite par la rumeur. Un autre m'expliqua que dès le début il avait deviné que je n'avais rien à voir dans cette histoire. Je fus reconduit dans la cellule où je restai au secret.

Le lendemain après-midi, on m'emmena à nouveau au parloir mais, ce jour-là, il n'y avait pas de visite. Je craignis un nouveau piège mais j'eus la surprise de voir ma mère. Les surveillants de service étaient écarlates de rage, n'admettant pas ce parloir hors norme. Ma mère m'expliqua qu'elle était venue la veille et qu'elle avait refusé de repartir sans me voir. Elle fut avisée que le garde des Sceaux était personnellement informé de cette histoire et que, si aucune charge ne pesait contre moi, elle me verrait le lendemain. Ce fut donc le cas.

Que s'était-il passé ? Je ne l'ai jamais su avec précision. Le directeur m'informa quelque temps plus tard que j'avais été nominativement mis en cause. Je répliquai que c'était un peu facile de prendre au hasard les dossiers des détenus les plus connus et de les accuser de tout, puis j'ajoutai que je voyais mal comment j'aurais pu être mis en cause personnellement sinon par eux. Je m'irritai et lui rappelai tous les petits dérapages, évoquant également cette proposition d'un maton offrant à d'autres de m'enfermer avec eux dans les douches. Il me regarda, conclut sans doute que j'étais sérieux et fut apparem-ment surpris. J'en avais véritablement assez de toutes leurs histoires.

L'administration était un peu trop accoutumée à m'impliquer dans tous les troubles. Lorsque je ne me mettais pas en avant, décidant d'être un parmi les autres, la direction me convoquait pour parle-menter, me demandant ce que nous réclamions. Un jour, je fus appelé avec un camarade titulaire d'une maîtrise de psychologie. Nous ignorions tellement le pourquoi de la revendication que nous fûmes contraints de sortir interroger les autres. Une autre fois, les gars décidèrent de ne pas remonter de promenade. La direction me chercha partout. Je n'étais pas au courant et je travaillais en cellule. C'est là que le chef de détention me découvrit. Il prétendait être socialiste et entretenait des relations cordiales avec moi. Il me demanda pourquoi je n'étais pas sorti et m'expliqua ce qui se passait.

Cela ne me regardait pas. Il repartit, puis il revint au bout d'un moment en lâchant :

– Ils se foutent de ma gueule à la direction. Ils ne veulent pas croire que t'es en cellule et que tu n'y es pour rien. Ils m'ont dit de vérifier à nouveau.

Là, je souris ironiquement en pensant que la direction ne disposait pas de son petit jouet habituel. Ces fonctionnaires allaient devoir faire preuve d'imagination et chercher un coupable, un bouc émissaire, ailleurs. Il est vrai qu'au début des années quatre-vingt, la pénitentiaire s'inquiétait. Si les matons cherchaient à fomenter des révoltes, les détenus les plus politisés s'organisaient, convaincus que l'un des devoirs du prisonnier était de se révolter et que les protestations, pour être efficaces, exigeaient le développement d'un réseau de soutien avec une structure coordinatrice assurant la collecte de l'information et la transmission des mots d'ordre. Plusieurs d'entre nous exigeaient le droit de se syndiquer afin de défendre nos droits. Des radios, comme Radio Libertaire, et des émissions, telle « Transmuraille Express », servaient de relais. L'administration s'attaquait alors durement aux militants, exerçait des chantages et des menaces à l'encontre de ces derniers, voire de leur famille. Le droit d'expression des prisonniers était bafoué, ce qui n'était pas nouveau, et méprisé afin d'assurer la non-publicité des abus pénitentiaires.

Ma mère, toujours vaillante, se promenait de prison en prison, pour nous voir, mon frère et moi. Elle aussi subissait la hargne des matons et les vexations qu'ils peuvent infliger aux familles des détenus. En effet, ces dernières sont aussi mal traitées que les prisonniers eux-mêmes. Des visiteurs sont gênés de venir en prison, ont peur de ces gens en uniforme ou culpabilisent d'être apparentés à l'auteur d'un crime ou d'un délit. Ma mère, comme d'autres, ne permettait pas trop à ces fonctionnaires de la traiter comme une souillon, comme une bête. Avec sa douceur et sa courtoisie, elle les reprenait, ne redoutant qu'une chose, qu'ils se vengent sur moi. En juillet 1983, elle reçut une lettre lui demandant ni plus ni moins une rançon de vingt mille francs. Elle fut ensuite harcelée au téléphone, la nuit, entre minuit et quatre heures du matin. Elle m'en parla et je lui conseillai de déposer plainte et d'informer le racketteur qu'elle était allée déposer cette plainte. Elle le fit en se présentant au commissariat de son domicile. Qui pouvait agir avec autant de bassesse ?

Ma mère adhéra à la CFFP (Coordination des femmes et familles de prisonniers), première organisation exclusivement fondée par des familles de prisonniers afin de combattre les abus de l'administration tout autant que pour aider le gouvernement à appliquer une politique pénale et judiciaire correspondant aux impératifs de la société de cette fin de siècle et aux idées que le parti socialiste avait défendues pendant les années soixante-dix[4]. En effet, lorsque la gauche arriva au pouvoir, les prisons étaient régies selon des principes en retard par rapport à l'évolution de la société civile. La CFFP reçut même des subventions du gouvernement d'alors. Elle créa une colonie de vacances pour les enfants de prisonniers afin de leur permettre de partir à la campagne pendant l'été.

Un tel combat suscitait bien des animosités. Le courrier arrivant à la CFFP ne contenait pas toujours que des compliments. Le 26 août 1982, un malade avait anonymement retourné un tract distribué par la CFFP en écrivant d'une main excitée : *« Et les victimes vous y pensez bandes de salopes. Vous devriez être condamnées à payer tous les préjudices subies* (sic) *par les victimes. »* Ce tract précisait simplement que *« notre association exige que soient appliqués les décrets et les circulaires qui mettent en avant les principes élémentaires des droits de l'homme »,* il n'était donc pas provoquant puisqu'il demandait simplement l'exécution des textes. Peu auparavant, le 9 mars 1982, une autre personne, aussi cachée derrière l'anonymat écrivit : *« Je pense que vous en faites un peu trop vous n'avez vraiment pas peur du riddicule* (sic)*. [...]. Si j'ai un conseil à vous donner vous feriez mieux de rester dans l'ombre avant qu'il vous arrive des ennuis [...] normalement les prisonniers devraient être obligés de donner des organes pour les greffes... ce qui serait préférable que la vivisection qui fait souffrir des animaux innocents. Profitez-en vous avez parler* (sic) *certainement plus que vous parlerez vous êtes pire qu'une putain. Ancienne député* (sic)*. »*

_____

4. À l'époque, des socialistes luttaient en faveur des prisonniers, ils défendaient la cause de Klaus Croissant, avocat de la RAF (Fraction armée rouge allemande), incarcéré en France, celles de Knobelspiess et Debrielle, prisonniers en révolte qui clamaient leur innocence, ils contestaient la légitimité des lois Peyrefitte et soutenaient les détenus des QHS.

Dans un tel combat, l'administration n'hésitait pas à infliger des pressions redoutables. Un jour, à Saint-Maur, ma mère, vice-présidente de la CFFP, sollicita une audience au directeur afin de demander certaines améliorations, tant pour les détenus que pour les familles venant au parloir. Elle découvrit ainsi une cession de prétoire. En effet, elle fut introduite dans ce local, dans lequel siégeaient le directeur de l'établissement et deux de ses subordonnés, tous assis. Elle dut rester debout, derrière la barre, comme une accusée, tout en étant entourée de plusieurs surveillants. Elle exposa donc les doléances de l'association. Le directeur lui rappela que son fils était là, dans cette prison, ce qui pouvait passer pour une menace.

Toutefois, l'association obtint parfois satisfaction. La chancellerie prenait en considération ses plaintes, ses appels au secours, du moins les chefs de cabinet répondaient-ils au courrier et faisaient-ils suivre l'information aux autorités concernées. La présidente et ma mère furent occasionnellement reçues au ministère. Concrètement, les familles disposèrent d'une structure pour dénoncer les injustices. La CFFP évoqua les pénibles conditions d'attente des femmes visitant des prisonniers à la Santé, à Fleury-Mérogis et dans d'autres prisons un peu partout en France. À Fleury, les femmes partaient souvent le matin, attendaient toute la matinée et une partie de l'après-midi, pour une demi-heure de parloir. Elles faisaient la queue dans des conditions exécrables qui, parfois, provoquaient des bousculades. Deux choses furent demandées : la possibilité de prendre rendez-vous à l'avance afin d'éviter une trop longue attente et l'installation d'abris, voire de locaux, pour permettre aux familles de patienter les jours de pluie. Ces demandes furent assez vite prises en compte et progressivement satisfaites. À la Santé, un ancien bistrot fut acheté et converti en salle d'accueil pour les familles, ailleurs des abris furent construits ou acquis. En l'an 2000, j'eus le plaisir de constater qu'à Tours, une maison édifiée en face de la prison avait été transformée en salle d'accueil. Géré par les membres d'une association, ce local permet aux familles d'attendre et de boire du café dans une ambiance sereine.

Toutefois, l'administration pénitentiaire, ou du moins certains de ses fonctionnaires, car il serait injuste et infondé d'en faire une généralité, peu enclins à accepter des réformes facilitant la vie des prisonniers et de leurs familles, ou cherchant toujours à transformer en moyens de répression des améliorations portées au système, tentèrent d'utiliser ces réformes contre leurs bénéficiaires et y réussirent ponctuellement. À Besançon, lors d'un bref séjour, je constatai que la direction rendait la prise de rendez-vous obligatoire et non plus facultative. Or, les familles, souvent confrontées à de nombreux problèmes, ne parviennent pas toujours à savoir quand elles viendront précisément. Deux perspectives s'imposent alors. La première consiste à ne pas prendre de rendez-vous, à venir sur place et à exiger l'exécution du droit de visite. La seconde revient à prendre rendez-vous quitte à ne pas venir. Dans le premier cas, le visiteur risque de ne pas entrer, dans le second, une place de parloir est inutilement bloquée. D'autres, venus sur place, se verront refuser l'entrée sous prétexte d'une réservation indue. C'est ainsi que l'accès aux salles de parloir est refusé alors que plusieurs places sont libres. Hasard ? Tous ceux qui fréquentent les prisons vous répondront non dans la mesure où les adeptes de la répression espèrent toujours limiter les contacts avec l'extérieur, un prisonnier isolé et sans visite étant livré à leur merci.

En 1983, Robert Badinter procéda à plusieurs réformes qui ne répondaient pas aux problèmes essentiels posés par la prison mais qui améliorèrent toutefois la vie quotidienne. La plus importante consistait en l'instauration des parloirs libres, à savoir la possibilité pour les familles et les prisonniers d'entrer en contact direct et de ne plus se voir seulement au travers d'une vitre. Enfin, une femme, une mère et des enfants pouvaient-ils embrasser leur mari, leur fils ou leur père. Dans le même temps furent concédés les droits d'avoir des draps la nuit, de fumer et d'écrire sans limitation au cachot, alors que l'obligation de porter la tenue pénale fut supprimée. Toutefois, là encore, le personnel pénitentiaire tenta de freiner la mise en place de ces réformes. Certains matons ne cachèrent pas qu'ils s'opposeraient à toute mise en application dans la mesure de leurs moyens. Le droit de fumer au mitard récemment octroyé ? Celui qui n'avait pas de cigarettes sur lui ne se voyait pas offrir la possibilité d'en acheter ! Les parloirs libres ? Il fallait les construire, paraît-il, alors qu'il suffisait d'ôter les vitres des hygiaphones ! Une autre mesure aurait pu offrir un grand réconfort psychologique. Avant 1983, la loi prévoyait que le courrier « devait » être censuré, dorénavant, il « pouvait » l'être.

195

La nuance était énorme puisqu'elle permettait à l'administration de se contenter d'ouvrir certaines lettres afin de procéder à des contrôles sans que ces derniers ne fussent systématiques. Un homme allait enfin pouvoir écrire à la femme qu'il aimait, lui dire qu'il avait envie d'elle, sans être lu par un tiers. Dix-sept ans plus tard, en 2000, l'administration pénitentiaire continue à appliquer la censure systématique ! L'humiliation qui n'est plus obligatoire demeure générale, sans la moindre justification. En fait, comme toute institution répressive, une telle administration ne saurait renoncer à un pouvoir concédé sans y être contrainte. Ce pouvoir est même redoutable. En effet, imaginons une femme mariée, maîtresse d'un prisonnier. Le courrier échangé peut ainsi devenir un moyen de chantage utilisable par des fonctionnaires acharnés, tant contre la femme que contre le prisonnier, et cela dans la plus pure illégalité. Il suffit à un fonctionnaire de dire : « Votre mari est au courant que vous venez ici... ? Il pourrait l'apprendre par hasard. »

Le début des années quatre-vingt s'avéra pour moi une période cruciale. La révolte soufflait en moi de façon redoutable, j'étais submergé de haine, haine envers mes geôliers, haine envers une partie de l'espèce humaine, et j'avais atteint la plénitude de mes capacités d'action. J'avais acquis un discours et une idéologie politiques. Je collectionnais les amitiés dans les milieux activistes les plus durs, de nationalités française ou étrangère. Cela pouvait éventuellement me permettre d'accéder à une certaine logistique, tant pour m'évader que pour vivre et survivre dehors. Je me serais bien engagé dans une cause, il en existait tant. Ne plus me contenter de survivre par rapport à moi-même mais mourir pour une cause, pour des idées, cela me tentait. Partir en Afrique du Sud, au Liban, en Iran ou dans un pays satellite de l'Union soviétique, les causes ne manquaient pas. Nous étions d'ailleurs un petit nombre de *desperados* issus du banditisme et animés d'une certaine forme de romantisme qui aurait pu basculer dans ce type d'action. Sans doute aurais-je aimé vivre dans les années trente afin de pouvoir rejoindre l'Espagne républicaine, voire au début du siècle pour rallier les révolutions mexicaine ou russe, tel John Reed. Dans notre monde, le combat pour une cause juste, l'idéal révolutionnaire et les vies romantiques semblaient peu réalisables. En outre, derrière l'apparence d'une existence idéalisée se profilait automatiquement la mort, non pas la mienne, mais celle des autres. La révolte, la rage, la soif et le désir de connaître un autre monde ou simplement d'espérer en un monde plus juste auraient pu m'inciter à une folie. Toutefois, je commençais à percevoir que ce qui me paraissait juste pouvait ne pas l'être pour d'autres et je devinais que le désir d'œuvrer pour construire un autre monde par l'action révolutionnaire impliquait que l'activiste recourût à des actes qu'il réprouvait et qu'il condamnait. Presque tous les exemples historiques montrent que celui qui entreprend une telle lutte commet des actions semblables à celles du système qu'il cherche à abattre. Et puis, tout cela était-il bien sérieux et rationnel, n'était-ce pas un délire, le délire d'un prisonnier enragé ?

En 1978, j'avais repris des études commerciales, en 1981, je réussis à nouer des contacts avec le milieu universitaire. N'ayant pas de baccalauréat, je décidai de passer l'examen spécial d'entrée en université, que je réussis en juin 1983. Cela m'ouvrit la porte des études universitaires. Bien sûr, je n'étudiais pas pour préparer ma vie future, ni pour me forger un avenir professionnel, pas davantage pour faciliter ma libération, non, car j'étais toujours convaincu que l'institution judiciaire refuserait de me libérer et que moi seul devais gagner ma liberté en m'évadant. Non, j'étudiais principalement pour conserver mon équilibre mental. En effet, en prison, les hommes parlent de leur passé, très souvent de leurs actions marginales. Pendant quelques mois, voire un an ou deux, de telles conversations sont tolérables, acceptables, parfois même sources de réflexion mais, à un certain moment, cela consiste ni plus ni moins en une farce continuellement répétée. L'homme commence alors à régresser, à devenir gâteux, répétant toujours la même chose, n'évoluant plus, vivant recroquevillé sur un passé peu intéressant composé d'anecdotes plus ou moins comiques, parfois malheureuses. Je compris qu'il fallait que je sorte de cette spirale de la déchéance. Je devais trouver un moyen de m'élever, non de rétrograder, je devais apprendre, apprendre n'importe quoi mais permettre à mon esprit de ne pas sombrer dans la folie et parvenir ainsi à m'élever. Jusqu'à présent, j'avais toujours comparé la vie à un long trajet que nous réalisons en suivant des voies rencontrées par hasard. Je commençai à découvrir que la vie était également un escalier qu'il convenait de gravir. Il ne fallait plus se contenter de marcher sans fatigue, innocemment, en suivant la route, mais il fallait monter, escalader, se fatiguer, refuser la passivité et chercher même, parfois, le passage le plus difficile qui permet de franchir une nouvelle marche.

Dans sa vie, un homme est rarement confronté à la possibilité de changer totalement l'orientation de son existence. J'étais arrivé à ce stade, sans le savoir. Le choix que j'allais opérer conditionnerait un retournement de situation. Les études que je commençais, en pleine révolte, tout en nourrissant l'esprit insurrectionnel qui m'animait, me permettraient un laborieux travail de restructuration.

# TROISIÈME PARTIE

# LA RESTRUCTURATION

# CHAPITRE X

## L'IMPOSSIBLE PEINE

La maison des morts, comme Dostoïevski désigna l'univers carcéral, devait m'abriter pour de nombreuses années, « à perpétuité ». Ce terme ne signifiait rien en soi puisqu'il ne correspondait pas à la moindre réalité. En effet, à l'époque, il était inconcevable d'imaginer qu'un homme ne sortirait jamais de prison[1]. Ensuite, le nombre d'années à purger, incertain, était lui-même inacceptable pour un jeune d'une vingtaine d'années. L'expression utilisée par Dostoïevski m'impressionne par sa justesse. Le prisonnier est en effet un mort-vivant, un mort conscient d'être décédé. Enfermé dans son caveau, il se voit tel un cadavre et assiste à sa décrépitude. En 1983, le responsable d'une association culturelle en mal de publicité avait fait placer une télévision dans le caveau qui, un jour, devait recevoir sa dépouille. Je ne pus alors m'empêcher de dresser ce parallèle entre mort et prisonnier.

Loin de me laisser abattre par cette vie de mort, comme quelques autres, je pratiquai la philosophie du rire. Rire et s'amuser, c'est faire

---

1. Aujourd'hui, l'institution semble avoir décidé que certains prisonniers ne sortiraient jamais de prison. Cela me paraît aberrant puisque l'homme qui comprendra qu'il n'a plus d'autres perspectives que la vie en prison deviendra totalement ingérable et sombrera inéluctablement dans la folie.

face au malheur, c'est refuser ce dernier et survivre quoi qu'il se produise. Rire, rire toujours, quoi qu'il se passe, quelles que soient les difficultés, ne jamais me laisser anéantir par l'adversité, ne jamais laisser mes ennemis, les matons, voir ma souffrance, déceler mes peines et mes faiblesses. Être fort, sans faille et toujours gai s'avérait essentiel tant pour affronter mes adversaires que pour ne pas me laisser miner par la dureté des temps.

Les brimades se succédaient, mes geôliers ayant tout un arsenal de mesquineries à leur disposition. La nuit, par exemple, en faisant leur ronde, ils assenaient méthodiquement des coups de pied dans la porte de ma cellule, afin de me réveiller. Je m'efforçais toujours de demeurer inerte afin de ne pas leur offrir la satisfaction de m'avoir sorti du sommeil, mais il m'arrivait de craquer. Je me dressais et j'insultais ces lâches qui se cachaient derrière la porte. Je pouvais m'en donner à cœur joie car, en fait, ils commettaient une faute professionnelle. La faute était même grave, si l'on y songe, puisque les rondes servent autant à vérifier qu'il n'y a pas d'incident qu'à surprendre un détenu qui tenterait discrètement de couper les barreaux de sa fenêtre. En faisant un tel bruit, le gardien alertait lui-même le prisonnier. Souvent, de tels individus n'avaient même pas le courage de se livrer à leurs bas instincts en pleine lucidité et ils agissaient sous l'emprise de l'alcool. Une nuit, je bondis jusqu'à la porte et je demandai au maton en question d'avoir le cran de me dire qui il était. Il proféra des insultes et, par les interstices existant entre la porte et ses chambranles, me parvinrent des effluves d'alcool. Toute la bassesse ou la misère d'un poivrot s'exprimait ainsi dans la méchanceté. Quelques années plus tard, dans la centrale de Moulins, un surveillant cantinier avec lequel je dialoguais m'expliqua qu'il procédait ainsi la nuit, tapant dans les portes des détenus qu'il n'aimait pas afin de les réveiller. Je ne lui dis pas ce que j'en pensais, à quoi bon ! Je trouvai simplement cela triste pour lui, navrant...

Le jeu de ces gens consiste à rendre progressivement la vie impossible au détenu visé sans lui donner réellement les moyens de se plaindre ou d'avoir une preuve des persécutions. Lors de la douche, le gardien peut volontairement couper l'eau chaude et jouer l'innocent : « L'eau chaude, oh, il ne doit plus y en avoir. » Ayant acquis la certitude d'une malveillance de ce genre, un jour, entrant dans le local des douches sans être surveillé, je tournai personnellement le mitigeur sur la bonne température. Alors que je prenais ma douche, l'eau devint froide. En sortant, je vis que le mitigeur avait été mis sur le froid, or les matons étaient les seuls à pouvoir circuler dans le couloir à ce moment précis.

En maison d'arrêt, enfermé dans sa cellule vingt-deux heures sur vingt-quatre, le prisonnier attend impatiemment l'heure du courrier, celle de la distribution des journaux qu'il a commandés, et du repas. Il suffit aux gardiens de ne pas distribuer le courrier et les journaux à l'heure et d'attendre la fin du service pour les donner pour perturber le détenu qui est désespérément accroché à ces liens avec l'extérieur. Le vicieux en fera autant avec le repas après l'avoir laissé refroidir, il jouera aussi sur l'attribution d'une portion réduite. Il oubliera même la douche le jour prévu et ne viendra pas lorsque le détenu tapera dans la porte pour la réclamer. Ensuite, à l'heure du repas, il sera trop tard pour l'accorder. Ce ne sont que des détails mais ce sont souvent ces derniers qui finissent par rendre la vie quotidienne insupportable. Le bruit interrompant brutalement le silence perturbe et émousse le système nerveux. La prison est un monde silencieux, un monde uniquement troublé par les cris de détenus désespérés qui se défoulent et par celui des grilles que les geôliers ouvrent ou ferment. Dans la plupart des établissements, les serrures des portes des cellules sont doublées, renforcées par des verrous à loquet. Certains surveillants se distraient, le matin, au réveil, alors que les détenus dorment encore, en poussant violemment ces loquets, provoquant un bruit semblable à celui d'un coup de feu. L'un de mes amis, détenu politique, à bout de nerfs, a subi chaque matin ce régime pendant plusieurs semaines, le personnel cherchant à le faire craquer. D'autres geôliers parcourent la coursive en cognant leurs clés le long des portes, comme les gamins procèdent en frappant les grilles des portails avec une barre afin de faire aboyer les chiens.

Parfois les provocations allaient plus loin. Deux matons, l'un à Fleury-Mérogis, l'autre à Saint-Maur, vinrent me proposer d'introduire ce que je voulais dans la prison contre de l'argent. Tous deux évoquèrent des problèmes financiers et le désir de rendre service à quelqu'un en difficulté, mêlant altruisme et impératifs de survie. Je refusai de prendre de tels propos en compte.

En 1984, je passai au Centre national d'orientation, à Fresnes, où je restai un mois, rencontrant des psychologues, des gens de la pénitentiaire et des éducateurs qui décidaient du type d'établissement dans lequel je devrais exécuter ma peine. Un psychologue me montra l'imposante pile de rapports d'incidents figurant dans mon dossier. Il me demanda si j'étais dangereux, ce que je contestai. Il suggéra que j'avais peut-être suscité tous ces incidents pour correspondre à l'image que les autres se faisaient de moi. Je lui répondis donc que je ne cherchais pas les problèmes mais que le personnel pénitentiaire me harcelait. Étais-je paranoïaque pour penser ainsi ? Je lui expliquai que je l'étais peut-être un peu mais que la haine nourrie par les matons à mon égard n'était pas imaginaire. Elle se ressourçait dans le drame qui m'avait conduit en prison, dans ma tentative d'évasion et dans la résistance que je leur opposais. J'ajoutai encore que j'aimerais bien être tranquille, si c'était possible. J'appris plus tard que les rapports du CNO furent plutôt positifs et, par la suite, je revis plusieurs de mes interlocuteurs qui me déclarèrent qu'ils étaient frustrés de constater que leurs avis n'étaient pas mieux pris en compte.

Face à cette existence je devins assez tôt un fervent adepte du « non-espoir ». Rejetant espoir et désespoir, je découvris que l'on ne souffrait plus beaucoup en n'espérant rien de la vie, rien des autres et rien de l'avenir. En effet, l'espoir est fatalement déçu et il conduit au désespoir. Je cessai donc d'espérer et je me contentai de me fixer des objectifs et des buts à atteindre. Agir et ne rien attendre.

En novembre 1984, je fus transféré à Moulins, dans une centrale disciplinaire et sécuritaire qui venait d'ouvrir. Notre convoi comportait une vingtaine de détenus dont les dossiers étaient très chargés. Nous avions tous séjourné plus ou moins longuement dans les QHS. Je retrouvai d'ailleurs plusieurs garçons que je connaissais bien. Nous étions « entre nous ». Arrivés sur place, nous découvrîmes l'enfer voulu par l'ancien garde des Sceaux de Giscard, la prison la plus étouffante qui fût. Sans même nous consulter, nous décidâmes tous de refuser nos paquetages en informant l'administration que nous

204

allions nous mutiner puisque nous nous retrouvions dans une centrale QHS. Des palabres s'engagèrent, la direction nous informa que ce n'était pas un QHS, que le régime était différent et que les choses allaient s'arranger. Nous acceptâmes cette sorte de promesse. Quelques jours plus tard, nous apprîmes que les détenus arrivés dans le convoi précédent, le premier constitué pour peupler cette nouvelle prison, avaient réagi comme nous.

Je restai dans cette prison pendant un an et, continuellement, la révolte gronda et la mutinerie fut prête à se déclencher. Cette prison est encore aujourd'hui totalement ingérable. En 1988, lors d'un second séjour, le directeur en fonction m'expliqua que la politique alors adoptée par la chancellerie consistait à accorder progressivement aux détenus de Moulins tout ce qu'ils exigeaient, afin de les calmer, puis, lorsque les limites du raisonnable étaient atteintes, à tout reprendre pour repartir de zéro. Je lui fis observer que c'était une façon surprenante d'agir puisqu'elle contraignait les détenus à se révolter continuellement.

En mars 1985, une lettre anonyme me dénonça, ainsi que plusieurs autres détenus, nous accusant de fomenter une évasion. Selon l'auteur de ce courrier, deux détenus devant sortir en permission fourniraient des armes à des surveillants qui les introduiraient dans la prison et nous les remettraient. Les surveillants suspectés furent inquiétés, les permissions repoussées, et une enquête confiée à la gendarmerie. L'affaire suscita des remous puisque des membres du personnel étaient mis en cause. Les autorités saisirent les machines à écrire se trouvant en détention afin de découvrir le « corbeau ». Ce dernier fut identifié et, même si son nom ne nous fut jamais communiqué, nous finîmes également par le connaître. Il s'agissait d'un Marseillais, sombre canaille, qui avait, quelques années auparavant, commandité le meurtre d'un codétenu. Il était sur le point d'être libéré et avait tellement « monté d'embrouilles » à Moulins qu'il craignait d'avoir des problèmes avant sa sortie. L'idée lui était alors venue de dénoncer plein de monde, en y mêlant ses adversaires, afin que ces derniers fussent transférés à titre disciplinaire.

Du moins étions-nous blanchis de toute accusation, les surveillants concernés purent respirer et les permissionnaires sortirent tranquillement, avec quelques jours de retard. Toutefois, de telles dénonciations demeurent toujours dans un dossier et ce sont des armes que l'administration n'hésite pas à ressortir. Quelques mois plus tard, la révolte souffla un peu fort dans la centrale. Nous refusâmes toutes les activités, les ateliers fermèrent et nous ne sortîmes plus des bâtiments. L'aumônier qui se contentait de célébrer la messe et ne venait jamais nous voir entra dans la détention, parla avec plusieurs garçons qui se laissèrent aller à des confidences. Pour ma part, je ne lui faisais pas confiance et je ne dis rien. Le lendemain, tous ceux qui s'étaient un peu trop mis en avant furent transférés disciplinairement. Était-ce un hasard ? Peut-être ! J'étais proche des transférés et je fus, pour ma part, placé dans une aile réservée aux auxiliaires du service général[2]. C'était là une façon de m'isoler. Un autre détenu dont j'étais proche fut placé dans une aile presque déserte. Quelques semaines plus tard, mon camarade, « Marc », et moi sollicitâmes d'être regroupés. Le sous-directeur me rappela que nous avions été tous les deux nommés dans cette fameuse lettre anonyme et qu'il devait en tenir compte. Je lui répliquai qu'il savait que cette lettre était un tissu de mensonges. Il sourit. Peu lui importait, il tenait là un prétexte officiel pour justifier son choix.

En juin 1985, je passai les unités de valeur de ma seconde année de DEUG d'histoire. J'étais prêt et fort satisfait. Toutefois, le jour de l'examen, j'entrai en conflit avec la direction et je décidai d'abandonner mes études. J'en avais assez de me battre contre l'administration pour étudier. Je n'étais plus très convaincu de l'importance des études. Me cultiver ? Conserver mon équilibre ? Soit, mais je pouvais faire tout cela sans passer d'examens, sans me courber sous le joug pénitentiaire. N'avais-je pas commencé à apprendre, seul, l'italien et le russe, tout en perfectionnant ma connaissance de l'anglais ?

Heureusement, Moulins, la centrale de la haine, demeurait ce qu'elle était. Matons et détenus se haïssaient ouvertement, la violence semblait toujours planer au-dessus des uns et des autres sans réellement éclater. La direction ne cessait de procéder à des transferts

---

2. Il s'agit des détenus travaillant exclusivement pour l'administration : cuisiniers, blanchisseurs, plombiers et électriciens par exemple.

disciplinaires. Il semblait évident qu'un jour prochain j'en partirais. Pour où ? Je m'en moquais, ici ou là, cela ne changerait rien pour moi.

À défaut d'être dans la même « unité de vie[3] » que Marc, ce dernier et moi nous rencontrions en promenade. Nous formions un petit groupe, avec deux autres garçons, l'un séjournait dans mon unité de vie, l'autre, Pierrot, dans celle de Marc. Pierrot avait un fort appétit. Puisqu'il n'avait pas d'argent pour cantiner, les autres lui donnaient souvent ce qu'ils ne mangeaient pas : desserts, entrées, viande ou légumes. Un matin d'août 1985, Pierrot disparut de la détention. Marc vint m'en aviser sur le terrain de sport en m'expliquant que Pierrot avait frappé dans sa porte, le soir, en réclamant à manger à l'administration. Au lever, il n'était plus là alors que des traces de sang maculaient le couloir. Nous passâmes toute la journée à demander une audience au directeur, voire à un gradé. Plus le temps s'écoulait, plus nous nous faisions pressants, expliquant que nous voulions avoir des explications sur l'incompréhensible disparition d'un détenu. Le soir, faute d'avoir obtenu satisfaction, nous restâmes sur le terrain, avec quelques autres camarades, une dizaine en tout. C'était peu. Un gentil garçon resta avec nous, paniqué, il n'avait sans doute jamais dû se rebeller, mais il eut le cran de demeurer à nos côtés. Marc et moi, admiratifs, finîmes par lui conseiller de quitter le terrain, lui expliquant que sa présence n'était pas essentielle. Il fit encore preuve de solidarité puis il se plia à notre avis et se retira de ce terrain qui risquait de se transformer en un champ de bataille sur lequel nous serions défaits. Nous exigeâmes la venue du procureur. Sachant que le rapport de force était contre nous, nous conservâmes à nos pieds des boules de pétanque et, lorsqu'un gradé vint nous voir, accompagné de quelques surveillants, nous laissâmes ostensiblement voir ces boules innocentes... mais pesantes. Vers vingt heures,

---

3. L'unité de vie, c'est l'étage d'une aile d'un bâtiment de prison dans laquelle sont regroupés des détenus. L'unité de vie est fermée, isolée du reste de la prison par une porte ou une grille. Elle se compose d'un certain nombre de cellules, de dix à vingt, et comporte parfois une ou deux salles communes dans lesquelles les prisonniers peuvent se réunir, la journée, pour parler, jouer aux cartes, regarder la télévision ou boire le café. Est-il utile de préciser que toutes les activités des prisonniers sont à leur charge, non à celle de l'administration ?

le procureur nous délégua son substitut qui nous expliqua qu'il avait vu le détenu en question et qui nous donna sa parole qu'il allait bien. Nous n'avions guère confiance en lui mais que pouvions-nous faire de plus ? L'essentiel était d'avoir provoqué un incident suffisamment important pour qu'il fût consigné au niveau départemental. Si un drame était survenu, nul ne pourrait nier que nous avions attiré l'attention de la justice sur l'événement. Nous acceptâmes donc la version officielle et nous rentrâmes dans nos cellules. Par la suite, nous apprîmes que Pierrot avait été conduit au mitard où il avait été frappé. Le médecin, en bon auxiliaire de la répression, l'avait ensuite piqué afin de le tenir endormi pendant tout le week-end. Le lundi matin, encore somnolent, Pierrot avait été placé dans un fourgon et transféré. Comment un simple médecin généraliste peut-il se permettre d'appliquer une telle camisole chimique ? Marc, notre troisième camarade et moi-même fûmes placés au mitard dans les jours qui suivirent, puis au petit QHS local, rebaptisé quartier d'isolement.

Afin de justifier notre mise à l'isolement, le directeur inventa un risque pour nous en détention. Il fit un rapport selon lequel d'autres détenus avaient proféré des menaces à notre encontre. Il éludait ainsi le problème de Pierrot. Sidéré, n'ayant aucun problème avec les autres détenus et, quand bien même j'en aurais eu, n'ayant pas besoin de la « protection » de l'administration, je demandai à rencontrer la juge de l'application des peines à laquelle j'expliquai que le motif était fallacieux et que le directeur l'avait imaginé. Je l'invitai donc à procéder à une enquête afin de constater que ni moi ni mes deux camarades n'avions besoin de protection. Elle me dit alors :

– Mais Maurice, vous me demandez d'aller contre le directeur !

– Non, Madame, je vous demande seulement de faire votre travail, comme le prévoit la loi, à savoir découvrir la vérité.

Bien sûr, la magistrate ne voulut jamais auditionner de témoins. La preuve d'un abus de pouvoir eût été rapidement découverte. Je déposai une plainte contre le directeur de l'établissement pour faux, usage de faux et abus de pouvoir, mais je fus débouté par le parquet qui refusa d'ouvrir une enquête.

Nous nous lançâmes dans une périlleuse épreuve de force. Nous nous coupâmes les veines, le même jour, chacun dans notre cellule, et nous avertîmes nos geôliers que nous recommencerions chaque semaine tant que nous serions en Q.H.S, ce qui les fit rire. Nous ajoutâmes ensuite qu'ils avaient tort de rire car, à un moment donné, nous cesserions de nous en prendre à nous-mêmes afin de retourner la violence contre eux. Trois semaines de suite, chaque vendredi, nous agissions et nous nous faisions du mal. Nos interlocuteurs s'amusaient et avaient oublié notre menace. La troisième fois, nous les avertîmes que la semaine suivante nous ne nous couperions pas les veines. Nous dûmes alors leur rappeler que nous atteindrions l'étape suivante. Là, ils commencèrent à s'inquiéter. Nous n'avions pas l'intention de devenir agressifs à leur encontre mais, désespérés, nous nous étions enfermés dans une logique à laquelle nous ne pouvions plus échapper. Si nous ne poursuivions pas notre démarche, nous perdions tout crédit, tant dans cette affaire que par la suite. Nous étions obligés d'aller jusqu'au bout, quoi qu'il nous en coûtât. L'administration nous connaissait peut-être suffisamment pour savoir que nous refuserions de reculer. En outre, mon frère sortit de prison à ce moment précis et il informa le ministère que la responsabilité du drame qui se jouait en incomberait aux autorités autant qu'à moi-même. Je fus immédiatement transféré à Saint-Maur alors que Marc et notre camarade retrouvaient la détention normale. Un fonctionnaire de Moulins m'avertit que ses collègues feraient leur possible pour me « faire porter un chapeau » et pour faire savoir que j'étais transféré « pour être protégé par l'administration ». Lors du prétoire à la suite duquel j'avais été placé au cachot, le directeur m'avait dit qu'il ne me pardonnerait pas ce mouvement de protestation, que je lui avais fait « un petit dans le dos » et qu'il me le ferait payer. Pour le lecteur innocent, cela paraîtra anodin mais, dans l'univers carcéral, cela pouvait avoir des conséquences terribles. En effet, les « détenus protégés » sont généralement des balances... Heureusement, une fois de plus, si je n'avais pas que des amis en prison, nul ne pouvait réellement tomber dans un tel piège et l'administration de Saint-Maur ne tenta même pas de donner suite à une telle machination. Au contraire, un cadre de cette centrale disciplinaire m'informa dès mon arrivée qu'ici ils ne se sentaient pas concernés par mes problèmes avec la direction de Moulins. Après quelques jours passés au quartier des

209

arrivants, je fus envoyé en détention, dans un bâtiment où je comptais plusieurs amis.

À Saint-Maur, je décidai de reprendre mes études, pensant que c'était à moi que je nuisais en les abandonnant et que je faisais même sans doute plaisir à mes détracteurs. En juin 1986, j'achevai ma seconde année de DEUG. Si la centrale de Saint-Maur était très sécuritaire, si le climat entre personnel et détenus était déplorable, je m'y sentais à l'aise dans la mesure où les relations et les rencontres entre fonctionnaires et prisonniers étaient réduites au minimum. Nos geôliers nous laissaient évoluer dans l'espace clos de la détention. Ils ouvraient et fermaient les portes, nous canalisaient, mais ils renonçaient généralement à appliquer les éternelles brimades et provocations, sauf exceptions bien sûr. La vie était acceptable dans ce contexte et je découvrais combien la haine qui avait grandi en moi depuis 1977 était devenue une partie de moi. Elle me permettait de vivre, de survivre, mais elle me rongeait et me rendait difficilement contrôlable. Lorsque je me trouvais confronté à l'une de ces mesquines provocations qui survenaient ponctuellement, je frôlais toujours la perte de contrôle, relâchant toute ma souffrance, ma rage et ma rancœur. Un jour, sans véritablement m'en rendre compte, je faillis agresser l'un de ces stupides fonctionnaires qui pensent que leur travail ne consiste pas à garder les prisonniers mais à les tourmenter. Je suppose qu'il s'en rendit compte, cessant immédiatement son manège, ce qui me désamorça. Ce ne fut qu'en cellule que je réalisai que mon cerveau s'était presque « débranché ». La haine me détruisait progressivement et je compris que je devais la repousser et l'extraire de mon cœur. Mais comment ? C'était impossible dans un contexte comme celui auquel j'étais journellement confronté.

La vie se déroulait normalement. Les projets de cavale couraient un peu partout dans cette centrale comme dans les autres. Depuis longtemps, j'étais souvent invité à participer à de tels projets, voire à profiter simplement d'une aubaine. À Fleury, un garçon aujourd'hui décédé, qui s'était lié d'amitié avec mon frère, m'avait proposé de prendre place dans un hélicoptère qui devait venir le chercher, un autre qui tenta de s'évader et qui fut tué en tombant étrangement d'une fenêtre donnant sur le parking de cette grande maison d'arrêt m'avait également associé à un autre projet. À Moulins, à Saint-Maur, des plans étaient continuellement échafaudés. Très peu de garçons étaient (et sont) concernés, à peine cinq pour cent d'une prison, encore certains recherchaient-ils plus le rêve, ou espéraient-ils s'attribuer une réputation, mais un petit nombre était enragé et désirait vraiment passer les murs. Les gens, sachant que j'aimais la liberté, m'invitaient souvent. Il est bien difficile, même tant d'années après, de livrer quelques détails sur ces projets, ne serait-ce que pour éviter d'attirer l'attention des actuelles directions de ces établissements sur les failles persistant dans leur système de sécurité, mais certains ont été, en leur temps, éventés ; un jour, à Saint-Maur, une équipe devait venir du dehors avec plusieurs voitures alors que les murs devaient être détruits par des explosifs. Nous fûmes nombreux à être prévenus, une trentaine ou une quarantaine de garçons se réunirent, le jour dit, attendant que cela explose. Rien ne se produisit. L'administration était au courant. Dans les jours qui suivirent, la prison fut passée au peigne fin. Les quatre cent cinquante détenus restèrent consignés dans leurs cellules pendant que le personnel pénitentiaire passait toute la centrale au détecteur, creusant des trous ici et là. À Moulins, en 1985, la réplique d'un colt 45 fut découverte. Tout cela était normal, que serait une prison sans tentatives d'évasion ! Récemment, un ecclésiastique, ancien prisonnier de guerre évadé, m'expliqua qu'il y avait eu très peu d'évadés pendant la Seconde Guerre. C'est ainsi, il y a toujours très peu de candidats aux évasions, encore moins de réussites, mais ce sont à peu près toujours les mêmes qui sont mûs par la rage de s'évader. Je n'ai jamais réussi. Mon frère parvint à s'évader à deux reprises mais il avait toujours eu la chance de compter sur des appuis extérieurs : moi, la première fois, mon ami d'enfance, la seconde.

Toutefois, plus j'étudiais et plus je m'éloignais de ces questions. Déjà, je renonçais de plus en plus à me mêler des problèmes de détention. J'annonçai à plusieurs militants anticarcéraux que je ne voulais plus participer aux révoltes et aux autres mouvements et que seule la solidarité envers un détenu qui serait soumis aux violences de l'administration me ferait encore réagir. Je fréquentais donc de moins en moins de monde, quelques amis très proches, et j'étudiais.

211

En juin 1987, j'obtins ma licence d'histoire. J'en fus heureux. À l'époque, j'avais envie de commencer une formation professionnelle de menuiserie, étant de plus en plus convaincu que le travail manuel et la quête intellectuelle assuraient, par leur association, un épanouissement considérable de l'individu. Toutefois, j'acquis rapidement la certitude que je ne pourrais mener de front les deux chantiers et je choisis de m'investir totalement dans la préparation d'une maîtrise.

Le choix du thème fut assez facile. Au départ de mes études, j'avais hésité entre la psychologie, la philosophie et l'histoire. La première discipline me fut déconseillée en raison des risques psychologiques qu'elle présentait pour un détenu isolé susceptible de se livrer seul à une introspection. J'avais renoncé à la seconde après m'être fait prêter des cours de DEUG de philo. L'histoire était une vieille passion et, de plus, cette science me paraissait, et me paraît encore plus aujourd'hui, constituer un puits de savoir permettant de comprendre la vie sociale. En 1987, je compris que je serais incapable de traiter scientifiquement d'histoire contemporaine dans la mesure où ma propre histoire et ma révolte m'empêcheraient de prendre le recul nécessaire pour qu'un historien soit objectif. J'aimais l'histoire du Moyen Âge et j'eus la chance, alors, d'avoir fait la connaissance d'un professeur très enrichissant, très dynamique, Christiane Deluz, spécialiste du Moyen Âge. Je m'en remis à elle et à Bernard Chevalier, également médiéviste, auquel elle me présenta. Tous deux entrèrent alors dans ma vie et, sans eux, j'aurais eu beaucoup de peine à modifier le cours de mon existence.

Le jeudi 12 novembre 1987, je travaillais en cellule lorsque l'électricité fut coupée. J'entendis du bruit, je patientai un peu, puis je décidai de m'allonger sur mon lit en attendant le rétablissement de la lumière. Un garçon vint alors taper à la porte et m'informa qu'il y avait une révolte. L'établissement était aux mains des détenus qui avaient pris les clés aux gardiens. Ces derniers avaient fui mais quelques-uns avaient été retenus en otage. Je lui dis que cela ne me concernait pas. Il revint ensuite et me conseilla de sortir de la cellule, car la prison brûlait. Ce n'était pas une simple protestation mais une véritable révolte. Je regardai par la fenêtre et je constatai que les ateliers se consumaient sous l'effet d'un feu redoutable. Je dus donc rallier le mouvement et j'acceptai que l'on ouvre ma porte pour que je puisse sortir. Je pris soin de ne pas trop m'impliquer. Avec d'autres j'éteignis à deux reprises des débuts d'incendie dans la bibliothèque, considérant qu'il était normal que les ateliers, centre d'exploitation des détenus, et les cuisines brûlent, mais en aucun cas les bâtiments de détention dans lesquels nous étions ni la bibliothèque. Certains s'amusaient, heureux d'une liberté retrouvée. D'autres assumaient des responsabilités ou attendaient que le temps passe. Moi, je songeai qu'après cette nuit de liberté, il faudrait en payer le prix. Un jeune me dit qu'il était content que je sois là et que je ne sois pas resté en cellule. Je lui répondis que le lendemain je ferais partie de ceux qui devraient payer les conséquences de cette révolte, pas lui, et que je n'étais pas content, bien que solidaire du mouvement.

La nuit passa, la reddition fut négociée avec les autorités et les otages, parmi lesquels figurait le directeur, furent libérés. Nous fûmes tous évacués des bâtiments et regroupés entre les murs de ronde, contraints de nous asseoir par terre, sous la pluie, dans l'eau. À un moment, mes camarades et moi nous relevâmes, immédiatement suivis des autres détenus. Nous ne tenions plus le « cul dans l'eau ». Les CRS et les gardes mobiles qui nous encerclaient furent surpris, relevèrent leurs fusils, sans doute inquiets. Peut-être une catastrophe fut-elle évitée de peu ; en effet, nous étions tellement frigorifiés que nous avions atteint le seuil de rupture, celui où l'homme préfère se faire tuer que de demeurer inerte. Nous demandâmes à être conduits par petits groupes au pied des murs pour uriner, ce qui fut immédiatement concédé. Attachés deux par deux, nous urinâmes sur les murs, des murs très hauts que j'avais si souvent désiré franchir. Vers quinze heures, des tentes militaires furent dressées et nous pûmes nous abriter. Le ministère décida de nous transférer mais l'entreprise requérait une logistique inexistante. Il convenait de trouver des prisons d'accueil et, surtout, les fourgons et les escortes permettant de déplacer plusieurs centaines de prisonniers dont quatre-vingts condamnés à une peine perpétuelle. À la tombée de la nuit, nous étions encore nombreux à attendre, mais les officiels décidèrent de surseoir à notre départ jusqu'au lundi. Nous réintégrâmes les bâtiments de détention dans lesquels l'électricité et le chauffage étaient coupés. Je retrouvai ma cellule que j'avais pris soin de faire refermer avant la reddition. Les matons y avaient fait un tour et avaient jeté un seau d'eau sur la literie. Je dus donc dormir sur un lit trempé, tentant de m'isoler de l'eau en posant plusieurs serviettes de toilette. Le samedi matin, une escouade de matons pénétra dans ma cellule, rictus haineux affichés. Ils m'emmenèrent dans une autre cellule et me contraignirent à subir une fouille corporelle, puis ils me laissèrent là, seul. En attendant, ils dévastèrent ma cellule, déchirèrent des vêtements, pull-overs et survêtements. Ils éventrèrent mes paquets de nouilles, de riz et de gâteaux, éparpillèrent le tout sur le sol après y avoir jeté livres, papiers, cours, courrier et vêtements, puis ils me firent réintégrer les lieux en ajoutant des menaces. Peu après, je pris un papier et écrivis à ma mère : « *J'ai les doigts tout engourdis par le froid aussi est-ce difficile de faire glisser mon stylo sur le papier [...]. L'ambiance est ce qu'elle est..., ce matin le personnel a dévasté ma cellule et les paroles ont été ce qu'elles peuvent être... regrets exprimés que nous n'ayons pas été tués, pas tous hein..., juste trois cents !!! Ne me demande pas pourquoi trois cents.* »

J'avais la conscience tranquille, puisque je n'avais rien fait, mais ils me le firent presque regretter et cela d'autant plus que je savais qu'ils n'avaient jamais supporté que je n'aie pas été exécuté. Pendant tout le week-end, nous entendîmes les matons détruire les vitres des bâtiments de la détention que nous avions préservés. Ils dévastaient systématiquement les cellules. Finalement, le lundi 16, je fus extrait. En cours de route, je croisai des matons dont certains firent mine de vouloir me tuer. Toutefois, un groupe de gradés m'entourait afin d'éviter le moindre incident. En effet, lors des négociations conduisant à la reddition, les négociateurs avaient exigé qu'aucun sévice corporel ne fût infligé et Asset, inspecteur général de l'administration pénitentiaire, avait fait passer la consigne avec rigueur. Je n'ai eu connaissance que d'un garçon, sans famille et sans soutien, donc sans capacité de se plaindre, qui fut frappé pendant ce week-end.

Avec une vingtaine d'autres prisonniers, je pris place dans un fourgon. Nous roulâmes toute la journée, heureux de quitter Saint-Maur. La moitié finit son voyage à Dijon. Les autres, dont j'étais, arrivèrent à Besançon. Mon accueil fut problématique. Lors de la fouille, un gradé voulut me faire mettre à quatre pattes, ce que je refusai. Il appela de l'aide et il s'en fallut de peu pour que je fusse passé à tabac mais mes geôliers y renoncèrent en me disant que j'avais de la chance. Nous fûmes tous placés au QHS, mais le directeur m'appliqua un régime particulier. Cette prison était dans un état de vétusté déplorable. Les rats grouillaient et régnaient en maîtres dans les cellules. Deux jours plus tard, je passais au prétoire, étant accusé d'avoir *« participé activement au mouvement collectif, voulu tuer les otages et mettre la tête des surveillants au bout d'une pique, avoir blessé l'un de ses codétenus qui protégeait les otages, et avoir par ailleurs cassés* (sic) *énormément »*. J'étais donc condamné à quarante-cinq jours de mitard.

J'étais désespéré. Bien sûr, je savais que la répression frapperait avant tout des détenus ayant de lourds dossiers, mais tout de même. Que pouvais-je faire ! Je fulminais et j'écrivis à ma famille que lors de la prochaine émeute je me vengerais. J'enrageais à l'idée que j'allais repasser quelques années en QHS et que je ne pourrais plus étudier. Les choix que j'avais commencé à faire s'écroulaient et devenaient irréalisables. Il était clair que ma vie devait se résumer à un long combat contre le système, sans répit, à une lutte à mort, ma mort. J'écrivis alors : *« Que dire face à cela... sinon que c'est trop... que dans ma tête cela me fait véritablement m'interroger sur le comportement raisonné que j'ai depuis quelques années en prison... Certes je devrais me satisfaire de ma sagesse... mais tout de même, que l'on me prête tant de folie... cela me dépasse ! Cela me fait penser que la sagesse ne doit pas seulement être pratiquée, elle doit être acceptée par les autres... sinon elle devient vaine. À vrai dire, je suis un niais d'avoir cru qu'on me laisserait tranquille... Cela en est la preuve [...]. Bien sûr, je suis habitué à être ainsi jeté en pâture... mais c'est bien la première fois que je faisais tout contre vents et marées pour ne pas me retrouver dans une galère... Allez, je laisse tomber ! »* Je commençai une grève de la faim, pour protester, pour clamer ma colère, pour agir, puis je l'arrêtai au bout de quelques jours afin de conserver mes forces face à l'épreuve.

Pour la première fois de ma vie, je vis que l'on pouvait obtenir justice, non pas de la part du système, mais du fait des gens qui m'entouraient sans être de ma famille. Ma famille maternelle m'avait toujours soutenu, envers et contre tout, mais des étrangers apparaissaient pour la première fois, si l'on exceptait mes avocats bien sûr. L'université de Tours prenait fait et cause pour moi, mes professeurs et les représentants de la formation professionnelle. Ils avaient appris que je n'avais rien à me reprocher et ils décidaient de ne pas m'abandonner. Mon frère ne décolérait pas et j'étais obligé de lui écrire de rester « calme et posé ». Ma mère, mes amis et ma famille écrivirent au président de la République et à Danièle Mitterrand qui reçurent leurs propos avec sympathie. Le ministère de la Justice, alors dirigé par Albin Chalandon, ministre de droite, était débordé d'appels à mon sujet. Jean-Louis Pelletier obtint un aveu verbal de la part d'un fonctionnaire qui convint que les rapports d'incidents avaient peut-être été établis un peu rapidement. Un Corse, détenu politique, Yves, apprenant ma situation, écrivit une lettre officielle dans laquelle il déclarait :

*« ... concernant Philippe Maurice, je tiens à faire savoir que non seulement il n'a rien à voir dans ce qui s'est passé à Saint-Maur mais que lui-même n'a eu la porte de sa cellule ouverte qu'après une heure de révolte et alors que toute la prison était aux mains des détenus.*

*« J'explique comment nous cherchions à protéger efficacement le personnel et le directeur retenus ; c'est moi-même qui ai ouvert la cellule de Philippe afin d'y installer un brigadier et, à partir de ce moment, Philippe s'est occupé avec d'autres camarades de surveiller cette cellule pour qu'il n'arrive rien au brigadier, donc son rôle est clair et net, et nous ne saurons accepter qu'il serve de "bouc émissaire" par esprit de vengeance de certains matons qui n'ont pas oublié l'affaire "Philippe Morris"* (sic), *et il convient de dire qu'aujourd'hui il n'a pas participé à l'émeute mais a sauvé un brigadier ! »*

Cela ne m'empêcha pas de purger ma peine de cachot, étant à la fois au cachot et au QHS. Le directeur de la maison d'arrêt, complètement dépassé par l'arrivée de détenus qu'il n'était pas capable de gérer, commit erreur psychologique sur erreur psychologique, augmentant la répression et les rapports de force avec nous. Il fut d'autant plus incapable de faire face qu'une dizaine de détenus arrivèrent de la centrale de Clairvaux, tous « baluchonnés » au petit matin, à titre disciplinaire, le ministère redoutant semble-t-il que cette centrale n'explosât à son tour. Ce qui devait arriver survint, le vendredi 4 décembre, alors que je patientais dans ma cellule, j'entendis du bruit, des bousculades, et je compris qu'une nouvelle révolte éclatait ! J'étais las ! Au bout d'un moment, ma porte fut ouverte. Je sortis de la cellule prudemment et je constatai les dégâts. Trois surveillants étaient retenus à l'intérieur du quartier avec la vingtaine de détenus que nous étions.

Avec un autre camarade, je fus appelé par les autorités qui souhaitaient négocier et savoir ce que nous voulions. Nous étions accoutumés à ce genre de palabres et Ange Mancini, chef du Raid, présent sur place, nous connaissait. Nous réunîmes nos camarades et rédigeâmes une plate-forme revendicative demandant la suppression des QHS. Nous ajoutâmes quelques autres exigences, telle une reddition dans l'honneur. Certains voulurent que l'on demandât qu'aucune sanction pénale ou disciplinaire ne fût prise. Je fis remarquer qu'il y avait rétention de personnel et que c'était grave, que les autorités frapperaient donc, mais la plate-forme devait prendre en compte tous les avis puisque nous étions tous dans la même situation. Contrairement à Saint-Maur où le nombre servit l'anonymat de certains, là, nous étions trop peu nombreux pour qu'il y eût des innocents. Nous allions sans doute tous subir les foudres de la répression et chacun devait s'exprimer avant de payer le prix. Nous exigeâmes que les avocats Jean-Louis Pelletier ou Henri Leclerc fussent associés aux tractations afin de servir de garants.

J'appris plus tard qu'Ange Mancini avait été d'une extrême correction. Il n'avait pas caché qu'il était prêt à opérer par la manière forte, ce qui aurait indéniablement impliqué des pertes humaines, mais dès lors que le choix fut fixé de négocier, il aurait exigé que sa parole ne nous fût jamais donnée à tort. Le ministère convoqua immédiatement Jean-Louis Pelletier et le fit conduire à Besançon.

Nous étions ennuyés, car l'un des surveillants, âgé, était fragile du cœur, mais nous ne pouvions pas le libérer. En effet, nous avions bloqué les portes avec des montants de lits et de placards, et dispersé du papier sur lequel nous avions versé des produits inflammables. En débloquant tout, nous craignions de favoriser un assaut des forces de l'ordre. À défaut, nous proposâmes à nos « compagnons d'une nuit » de parler à leurs familles, soit par téléphone, soit au travers des grilles, voire même de leur écrire une lettre. Ils renoncèrent à ces éventualités ; je pense qu'ils ne souhaitaient pas ajouter à l'inquiétude des leurs en les confrontant de trop près à cette histoire.

Après bien des tractations, nous acceptâmes d'opérer notre reddition au petit matin, en exigeant d'être immédiatement transférés dans d'autres prisons. Les autorités ayant hésité à satisfaire cette clause, nous dévastâmes les cellules dont les portes tenaient encore et j'informai les négociateurs officiels du fait qu'il n'y avait plus de cellule en état. Tout s'arrangea et je partis me coucher.

Alors que je dormais, un camarade vint me réveiller :

– Philippe, un maton veut parler aux autorités.

– Mmh..., bafouillai-je en essayant de me réveiller. Qu'est-ce qui se passe ?

– À la radio, ils ont annoncé que le syndicat FO, présent sur place, exigeait le rétablissement de la peine de mort pour ceux qui prennent des matons en otage. Le surveillant est en colère après eux.

– Bon, j'arrive.

Je me levai péniblement mais rapidement et j'accourus auprès du surveillant qui me confirma vouloir parler aux autorités. Je lui dis de me suivre jusqu'au téléphone de campagne que Mancini nous avait remis et par lequel nous communiquions. Là, j'appelai les autorités et j'entendis résonner la voix d'Asset auquel je passai le surveillant. Pendant que ce dernier parlait, j'écoutai ce que disait Asset pour être certain qu'aucun piège ne nous fût tendu. Le surveillant rapporta le propos tenu à la radio et prévint que, quand il sortirait de là, si cela continuait, il ficherait son poing dans la « gueule » du premier qu'il croiserait. Sans doute avait-il analysé la situation aussi bien que moi. Depuis plusieurs heures la crise était désamorcée, nous devions nous rendre, il n'y avait plus de problème. Le syndicat le savait. Une telle déclaration lâchée sur les ondes risquait de tout remettre en question, des détenus pouvaient perdre pied et s'en prendre aux otages. Si des otages étaient blessés, voire tués, lors d'une perte de contrôle, le syndicat pourrait tout demander au gouvernement, moyens de répression, argent et pouvoir. Ce surveillant réalisa sans doute qu'il serait une victime sacrifiée sur l'autel des intérêts des syndicats pénitentiaires. Ensuite, lorsque ce surveillant eut achevé de s'exprimer et qu'il fut reconduit dans la cellule où il passait la nuit, Asset me parla à nouveau :

– Maurice, il n'y pas de problème ?

– Non, non, tout est calme [4].

– Vous pouvez rassurer le surveillant ?

– C'est déjà fait, je lui ai dit qu'il n'avait rien à craindre et que nous ne le tenions pas pour responsable de cette démarche de syndicalistes sans scrupules. Tout va bien, nous nous rendons toujours au petit matin.

La reddition se déroula comme prévue, après que nous eûmes pu parler à un journaliste. Nous fûmes fouillés par des surveillants, en présence des membres du Raid. Jean-Louis Pelletier assista à la reddition, non à notre fouille qui se déroula derrière une porte. Son rôle ne devait en aucun cas être celui d'un voyeur d'une mesure de ce genre. Chacun de nous fut ensuite conduit dans des fourgons cellulaires sous l'escorte de deux gars du Raid. Ces derniers se comportaient avec une très grande correction. Nous savions qu'ils n'auraient pas hésité à nous tuer si cela avait été nécessaire, mais il était clair qu'ils préféraient que tout se fût bien déroulé. De même savaient-ils que nous aurions été prêts à aller jusqu'au bout, faute d'issue, et que nous étions heureux de la conclusion de cette histoire.

J'eus la surprise de voir plusieurs surveillants et un surveillant-chef me remercier. Je ne compris pas tout de suite, mais deux surveillants qui nous accompagnaient dans le fourgon me conduisant, avec trois de mes camarades, jusqu'à la maison d'arrêt de Lyon, nous fournirent une explication. Une fois libérés, les surveillants retenus avec nous avaient fort bien parlé de nous, expliquant qu'ils avaient été très bien traités. Ils ajoutèrent que le directeur de Besançon s'y prenait fort mal avec eux aussi. Par la suite, ce directeur me considéra comme sa véritable bête noire. À l'une de mes amies, visiteuse de prison à Besançon, il tint des propos assez hostiles à mon encontre. Il fut ensuite muté en Nouvelle-Calédonie. Sans le savoir, lors de réunions officielles, il rencontra l'une de mes amies qui vivait là-bas. Un jour, celle-ci lui dit qu'ils avaient une connaissance commune. Il fut intrigué et chercha à en savoir plus, mais mon amie

---

4. Dois-je préciser qu'il s'agit là d'une tentative de reconstitution d'un dialogue ?

ne voulut pas lui répondre. Un jour, de guerre lasse, elle lui confia qu'elle était mon amie, ce qui le laissa pantois.

Lorsque j'arrivai à Lyon, je fus bien traité et un chef de détention m'informa qu'il savait ce que j'avais fait pour ses collègues. Au premier abord, je crus qu'il s'agissait de reproches, qu'il pensait que ses collègues avaient souffert, mais non, l'information avait vite circulé. Nous fûmes placés au cachot. Les conditions de vie y étaient pénibles et nous commençâmes, tous quatre, à refuser certains abus. La direction modifia le règlement de l'établissement en déclarant que nous étions complètement fous. Un détenu de Lyon qui purgeait une peine de mitard nous remercia par la fenêtre en disant que lui aussi profitait du changement. Jean-Louis Pelletier vint nous rendre visite pendant le week-end et nous informa que la direction était à l'écoute si nous rencontrions des problèmes.

Un journaliste écrivit : « *Comme à Châteauroux avec les détenus corses du FLNC, on a pu constater que les mutins prenaient soin, tout particulièrement, de la sécurité des otages. L'influence modératrice de Philippe Maurice et de Michel S..., l'ex-lieutenant de Jacques Mesrine, a été soulignée par les gardiens eux-mêmes.* » Certains étaient surpris de mon attitude envers les surveillants retenus. En fait, j'avais tellement souffert de la bassesse d'hommes qui détenaient un pouvoir sans limites sur moi que je ne concevais pas de leur ressembler.

Toute cette histoire devint politique. Albin Chalandon se livra à de fracassantes déclarations, affirmant que nous serions sévèrement jugés et que le quartier d'isolement de Besançon était mieux que le reste de la détention de cette prison. De façon assez surprenante, il fut démenti par le syndicat CFDT-Justice qui dénonça « *les conditions difficiles auxquelles sont soumis les prisonniers de Besançon, en particulier dans le quartier d'isolement* ». À l'époque, ce garde des Sceaux était attaqué par la presse, étant mêlé à une sordide affaire judiciaire impliquant les bijoutiers-banquiers Chaumet. Autrefois, il avait été également mêlé à l'affaire dite des « avions renifleurs ». Dans le QHS de Besançon, nous avions laissé des petits messages, sachant que les services du ministère photographiaient ceux-ci et les transmettaient à la chancellerie. Je ne me souviens plus des textes précis mais c'était du genre « Chalandon n'a pas chômé (Chaumet), ses avions reniflaient ». De quoi nous faire aimer de lui un peu plus. En fait, nous étions plusieurs à considérer qu'un garde des Sceaux devait être judiciairement irréprochable.

En moins d'un mois, deux prisons avaient pris feu. Peu après, la centrale d'Ensisheim brûla à son tour. La justice frappa donc, plusieurs détenus de Saint-Maur furent jugés et condamnés, et la majorité de ceux de Besançon aussi. J'échappai aux deux fournées. Pour Besançon, la raison était évidente, j'étais sorti en dernier de ma cellule et j'avais négocié pour une solution honorable. Pour Saint-Maur, je découvris pourquoi quelques années plus tard. À Caen, rencontrant un garçon condamné dans cette affaire, j'eus accès au dossier pénal[5] et je constatai que les témoignages des surveillants et du détenu que l'on m'accusait d'avoir menacés ou agressés me mettaient hors de cause. Comment avais-je pu être accusé ? Simplement au nom de ma réputation médiatique. Si j'avais été seul, si l'université de Tours ne m'avait pas soutenu, j'aurais sans doute été incapable de me défendre.

Des poursuites judiciaires ouvertes dans de tels cas ne surprennent pas les détenus qui s'attendent généralement à être condamnés, quand ils sont coupables du moins, mais que résolvent-elles ? Je ne les conteste pas dans leur raison d'être mais je note qu'elles permettent d'occulter les vrais problèmes. Quelques années plus tard, la centrale de Moulins brûla à son tour. Par chance, je l'avais quittée peu de temps auparavant. Aujourd'hui encore, il ne faut pas se voiler la face, le système tel qu'il fonctionne ne peut que provoquer d'autres révoltes. Les conditions de détention sont inhumaines, les peines sont rallongées, les prisons sont réellement des mouroirs pour une partie des prisonniers. Le désespoir plane dans ces lieux infâmes. En 1990, je sollicitai mon transfert, ma sortie des centrales pour les centres de détention en expliquant que ces lieux allaient continuellement exploser[6]. Le ministère bénéficie actuellement d'une accalmie.

---

5. Les inculpés (ou « mis en examen ») disposent d'une copie du dossier pénal qu'ils peuvent conserver.

6. Administrativement, les établissements pénitentiaires sont classés en trois catégories : maisons d'arrêt, centres de détention et maisons centrales, parmi ces dernières, cinq sont qualifiées de sécuritaires. Les maisons d'arrêt sont théoriquement réservées aux prévenus ou aux condamnés purgeant des peines de moins d'un an. Les maisons

Le jour venu, il jugera à nouveau des désespérés qui auront participé, ou qui seront accusés d'avoir participé, à une émeute et personne ne cherchera à résoudre le problème.

Un organisme chargé de vérifier que les forces répressives de l'État respectent bien la déontologie inhérente à chacun de ces corps de répression a été fondé. La police, la justice et la gendarmerie doivent lui rendre des comptes. Le garde des Sceaux s'est opposé à ce que l'administration pénitentiaire s'y soumette. Pourquoi ? Gendarmes, juges et policiers, confrontés aux mêmes contrevenants, seraient-ils moins probes que les surveillants de prison ? Il est impératif de contrôler les faits et gestes de l'administration pénitentiaire qui détient des droits que les gendarmes et les policiers n'ont pas.

À la mi-décembre 1987, j'étais de retour à Moulins et je rejoignais immédiatement le mitard. Toutefois, je bénéficiais d'un régime agréable. Le mitard de Moulins, comme le reste de la détention, était alimenté en eau chaude. En outre, l'administration m'avait exceptionnellement laissé prendre du linge à volonté, ainsi que ma montre et de quoi lire. La montre est théoriquement interdite au mitard. Sans elle, pendant toute la journée, étant inactif et ne rencontrant personne, le prisonnier perd la notion du temps. Je fus donc presque bien. De plus, des camarades ayant appris ma présence obtinrent de la direction l'autorisation de me transmettre des victuailles, quelques légumes frais, du sucre, du café et des fruits.

Le 22 décembre, le directeur me dispensa du reliquat des quarante-cinq jours de mitard. En fait, ma situation posait un problème. Comment tenir l'accusation portée à Saint-Maur après Besançon ? À Lyon, un gradé m'avait dit : « Besançon efface Saint-Maur. » J'avais

---

centrales sont destinées aux prisonniers dont les dossiers sont les plus mal notés par l'administration. Les centres de détention reçoivent les autres condamnés. Des régimes différents régissent ces établissements. Les détails seraient trop nombreux à mentionner. À titre d'exemple, en maison d'arrêt et en centre de détention des permissions peuvent être accordées dès l'exécution de la moitié de la peine alors qu'en centrale elles ne peuvent l'être qu'à partir du moment où le reste de la peine à subir est égal ou inférieur à trois ans (ou à mi-peine si la peine infligée était de trois ans, toutefois les prisonniers des centrales ont rarement été condamnés à des peines inférieures à cinq ans). Ainsi un homme condamné à vingt ans pourra-t-il sortir en permission au bout de dix ans en centre de détention ou à dix-sept ans en centrale. Dans la réalité, ces délais sont moindres du fait des réductions de peine accordées par les commissions de l'application des peines.

protesté en rappelant mon innocence à Saint-Maur. À Moulins, le directeur me dit que c'était rare qu'une université soutienne un détenu [7]. Il trouva une solution simple pour tout expliquer. M'ayant demandé si j'avais bu dans la nuit, je lui avais répondu : « Oui, une bière, du jus d'orange. » Pour lui, les choses devinrent claires, j'étais ivre à Saint-Maur et je ne me rappelais plus de rien. En fait, je n'étais plus un mauvais garçon mais plutôt un mauvais buveur ! Ce n'était pas plus le cas.

De retour en détention normale, je dus affronter les retombées de ces événements. D'un côté, bon nombre de détenus de Moulins désiraient se mutiner, par solidarité envers les autres mutins, par rage, par révolte et pour toutes sortes de raisons. De l'autre côté, l'administration ne cessait de me mettre la pression. En fait, si la centrale de Moulins explosait, il serait évident que je serais responsable. Je convins de ne m'occuper ni des uns ni des autres. En revanche, je tentai de récupérer le reste de mes affaires. Après le saccage de ma cellule par les matons de Saint-Maur, j'avais jeté les vêtements déchirés et emballé le reste, rangé mes livres, mes papiers et mon courrier. Je ne reçus finalement que très peu d'affaires, quelques livres et le reste de mes vêtements, entièrement lacérés. Je n'avais donc plus rien. Mon courrier, mes photographies de famille, disparus, mes livres aussi. En valeur d'achat, ces derniers dépassaient dix mille francs. Il était évident que je ne pourrais les remplacer dans le court terme. J'écrivis à Asset et je m'en plaignis.

Décidant de ne laisser survenir aucune interférence, je commençai ma maîtrise d'histoire, avec un trimestre de retard. J'avais demandé à mes professeurs de travailler, soit sur la famille, soit sur la justice, soit sur le Gévaudan. Je pus travailler sur la famille, en Gévaudan et en Rouergue, à travers les lettres de grâce accordées par les rois de France. Je ne me mêlai plus du tout des problèmes carcéraux et je cherchai comment changer de vie, comment renverser la logique dans laquelle je me trouvais depuis une dizaine d'années.

---

7. Ce soutien fut fort mal vu par le personnel de la centrale de Saint-Maur. Pendant plusieurs mois, la personne chargée de faire le lien entre l'université et la centrale fut interdite de séjour, paralysant toutes les études universitaires suivies à Saint-Maur. Lorsque cette personne fut à nouveau admise, elle se vit continuellement reprocher ce soutien, plus ou moins ouvertement.

# CHAPITRE XI

## LES RELATIONS HUMAINES

En sortant des QHS et du quartier des condamnés à mort, à la fin de 1981, j'avais quasiment perdu mes facultés d'élocution. J'attribuais cela à la rareté des conversations tenues et à l'isolement sensoriel appliqué par l'administration dans ces lieux d'internement. Internement ? En effet, à l'époque, et aujourd'hui encore, je considérais ces quartiers non pas comme des lieux de détention mais comme des quartiers d'internement, l'internement dans tout ce que ce mot peut celer d'arbitraire et d'infâme. Le monde s'imposait à moi sous une forme fort manichéenne. Il n'y avait que le bien et le mal, sans transition et sans nuance. Je concevais tout en noir ou en blanc, sans gris, sans ton, sans modération. Ma famille et mes amis représentaient le bien, les matons et les juges le mal. La société ? D'elle, je ne connaissais plus que les matons ! Elle m'était donc forcément hostile.

Je m'étais progressivement forgé une morale personnelle, avec des choses qui se faisaient et d'autres que je rejetais. Je méprisais mes gardiens et je savais instinctivement qu'un choix juste et fondé ne pouvait qu'être à l'opposé des leurs. Avais-je raison ou tort ? Peu importe mais je suis encore aujourd'hui convaincu que j'avais raison de ne pas chercher à agir en conformité avec l'esprit de mes geôliers. Tous les prisonniers que je connais, qui ont fait le choix de se réinsérer et qui y ont réussi, se sont fermement opposés à l'administration pénitentiaire. Sans doute cette réussite ne provient-elle pas de leur opposition, non, mais elle résulte de la force de caractère qui anime un rebelle. Or, seul un rebelle avec un caractère fort peut échapper à la logique carcérale. Si j'avais faiblement suivi les ordres et la logique des membres de l'administration pénitentiaire, si j'avais choisi la facilité, je n'aurais jamais étudié, je n'aurais jamais forgé les outils de ce que je peux aujourd'hui considérer comme une réussite, quitte à manquer de modestie.

Cette morale, le sens que je me faisais de ma dignité, de celle des autres, mon esprit de solidarité, les choses que je considérais avoir le droit de faire, celles que je m'interdisais, tout cela ne résultait pas d'une soumission à l'autorité, c'étaient des choses ancrées en moi, inhérentes à ma nature. Je recherchais en moi ce qu'il y avait de meilleur et, malgré mes éventuelles lâchetés ou mes occasionnelles faiblesses face à l'adversaire, je tentais de toujours faire ce que j'estimais juste, même si c'était en contradiction avec les règlements pénitentiaires.

Toutefois, dans cette solitude que je partageais avec quelques amis détenus, je perdis le sens du rapport avec les autres, me limitant à des relations avec ceux que je connaissais fort bien. Il est vrai qu'en QHS, je n'avais guère l'occasion de rencontrer d'autres personnes que mes proches et mes ennemis. En retournant en détention normale, tout bascula. Tous les détenus qu'*a priori* j'aurais eu tendance à considérer comme bons ne l'étaient pas, et toutes les personnes libres que je pouvais croiser n'étaient pas forcément des ennemis. Pour moi, la société ne comportait plus que des matons mais je redécouvris qu'il y avait d'autres personnes, ce que j'avais réellement oublié ! Sans les autres, mon esprit eut sans doute sombré dans une exclusion presque absolue et, en toute certitude, dans un rejet complet de la société.

Les autres, je vivais et je vis bien sans eux, je suis un solitaire préférant vivre en vase clos, avec peu de personnes plutôt qu'avec une foule de personnes peu intéressantes, toutefois, je sais que je ne peux m'épanouir qu'en donnant aux autres, en recevant d'eux et en apprenant d'eux. Alors que j'étais totalement refermé sur moi-même, j'eus la chance de pouvoir m'ouvrir sur des étrangers qui venaient vers moi. Mais ce ne fut pas facile au début. En effet, j'étais tellement accoutumé à voir des étrangers, les matons, m'infliger toutes sortes de brimades que la première personne inconnue qui s'approcha de moi gentiment me parut éminemment suspecte. J'étais incapable de concevoir que quelqu'un qui ne fût pas de ma famille me voulût du bien et je cherchais quel piège l'on voulait me tendre.

Ma famille m'avait toujours entouré, ma mère, ma grand-mère maternelle, mon frère, ma marraine et quelques autres, toutefois bien des amis surgirent pour m'aider dans le plus total désintéressement. J'eus la chance de rencontrer des amies dont je fus très amoureux et qui m'aimèrent. Ce fut indéniablement un privilège pour un prisonnier qui resta incarcéré pendant vingt-deux ans. L'amour de ma jeunesse, jamais vraiment oublié, s'estompa dans le temps et laissa la place à des relations fort enrichissantes, des amours où l'un et l'autre s'apportent de la tendresse, bien sûr, mais surtout la possibilité de se transcender. J'eus la chance de toujours rencontrer des femmes qui me dépassaient en bien des domaines et qui me contraignaient donc à aller plus loin en moi afin d'être digne d'elles. Qu'y a-t-il de plus agréable, en amour, que cette obligation d'être toujours meilleur !

J'avais connu les parloirs avec hygiaphones conventionnels, puis ceux des QHS, ignobles. Je découvris les parloirs sans dispositif de séparation en 1984. Selon les prisons, les régimes étaient (et sont encore) différents. À Saint-Maur, l'administration respectait un principe simple, en 1985-1987 du moins, les visiteurs et les détenus faisaient ce qu'ils voulaient tant que cela ne portait pas atteinte à la sécurité. Nous pouvions donc faire l'amour, tranquillement, sans être dérangés, dissimulés derrière des cloisons en bois. Le personnel y gagnait en tranquillité, car un homme qui demeure sexuellement sevré développe en lui une agressivité qu'il ne peut ou ne sait pas forcément canaliser. Tous ceux qui avaient des amies, lorsqu'ils sortaient des parloirs, planaient sur un petit nuage et se débarrassaient ainsi de ce trop plein d'énergie. Le sexe est un exutoire formidable qui atténue la rage et régule les humeurs. À Moulins, selon les époques, nous pûmes également profiter de cette liberté. Toutefois, vers 1988, les matons s'opposèrent à cette liberté. Ils défilèrent dans les rues, un peu partout en France, à Moulins en particulier, en protestant contre les parloirs sexuels. L'aspect comique d'un tel mouvement fut qu'à l'intérieur, le lendemain, ceux que nous avions vus aux informations régionales nous déclaraient l'inverse, affirmant que la presse avait mal retransmis leurs propos. Toutefois, nous avions bien lu des pancartes, noir sur blanc.

Pourquoi une telle opposition s'affirme-t-elle dans la bouche et dans l'esprit de ces gens ? Bien des raisons peuvent l'expliquer, elles se situent toutes à un niveau relevant de la psychologie. La haine des matons pour les détenus, leur mépris, voire plus simplement leur incompréhension envers les femmes qui aiment un prisonnier, le désir qu'ils ont de faire croire que tous les détenus sont homosexuels, la jalousie aussi. Leurs propres frustrations se réfugient derrière de beaux principes : les locaux ne le permettent pas, ils veulent que notre dignité soit préservée ; mais alors comment avions-nous fait à Saint-Maur et à Moulins !

Dans d'autres prisons, le simple fait de poser sa main sur sa partenaire est passible du prétoire. Dans la plupart, les simples baisers sont tolérés, le reste est réprimé. Dès lors, une question a toujours taraudé mon esprit et je l'ai parfois posée à des fonctionnaires de l'administration pénitentiaire. Pourquoi distribue-t-on des préservatifs dans les infirmeries des prisons ? À quoi cela peut-il me servir à moi, hétérosexuel, incapable d'une relation homosexuelle ? Mon incapacité ne résulte pas d'un rejet moral de l'homosexualité, qui ne me gêne aucunement chez les autres, elle provient simplement d'un goût naturel, d'un penchant fortement ancré en moi : j'aime les femmes, pas les hommes. Eh bien, ces préservatifs sont distribués pour les rapports homosexuels. Cela signifie donc que l'administration encourage les relations homosexuelles et interdit les relations hétérosexuelles ! Deux détenus surpris dans une cellule dans une position délicate ne sont pas inquiétés, un homme surpris dans une position analogue avec sa compagne va au cachot.

Le discours sur l'incompatibilité de ce type d'actes avec les locaux relève de la plus mauvaise foi puisque nous fûmes nombreux à faire l'amour sans que cela ne se vît. S'il serait plus agréable de disposer de quartiers spéciaux servant aux rencontres, en attendant leur mise en place, l'administration pourrait fort bien tolérer les relations hétérosexuelles.

L'homosexualité intrigue souvent ceux qui examinent la vie carcérale depuis l'extérieur, elle réveille bien des fantasmes et suscite bien des questions. En toute franchise, je pense que les rapports homosexuels ne sont pas plus fréquents *intra* qu'*extra muros*. Ceux qui sont homosexuels dehors le sont généralement dedans et ceux qui ne le sont pas ne le deviennent pas, à quelques exceptions près. Un homme, une femme peuvent fort bien demeurer plusieurs années sans rapport, se rabattant indéniablement sur la masturbation. Tout est question de goûts et de tendances, mais l'idée d'une forte homosexualité en milieu carcéral relève du mythe. Il est vrai que ce type de relations se développe plus dans certains établissements que dans d'autres. Ceux qui regroupent une forte population de délinquants sexuels comptent souvent un taux d'homosexualité au-dessus de la moyenne, alors que ceux qui sont prioritairement destinés aux braqueurs, aux voleurs et aux autres « hors-la-loi », ne voient presque pas se développer ce phénomène.

Ce propos pose alors la question parfois soulevée du viol en milieu carcéral. Je dois avouer que je connais mal la question puisque les gens que je côtoyais n'étaient concernés ni en tant que sinistre acteur, ni comme malheureuse victime. Toutefois, une différence évidente s'impose entre l'homosexuel qui vit sa ou ses relations normalement et les violeurs. Tous les homosexuels vivant en prison ne sont pas concernés par le viol. Par ailleurs, je reste convaincu que le viol est, comme dehors, un phénomène minoritaire. Au début de ma peine, de tels actes étaient quasi inexistants dans la mesure où la plupart des détenus qui auraient appris qu'un type se livrait à cette action auraient réagi avec violence à l'encontre du pervers. D'ailleurs, à l'époque, les violeurs étaient fort mal vus par les détenus et se faisaient discrets. Au fil des années, le viol commis à l'extérieur s'est banalisé, même s'il est toujours réprouvé par les braqueurs et les voleurs qui ont progressivement renoncé à s'instaurer en petits juges. Il est donc probable que les violeurs se soient sentis plus libres de leurs actes et cela d'autant plus qu'ils ont toujours été protégés par l'administration, qui recrute souvent ses balances parmi eux.

Enfin, la gestion du monde carcéral par l'administration est peut-être elle-même la cause de certains viols. Je me souviens d'une affaire de viol, dont le coupable ne fut même pas envoyé au mitard, alors que, dans la même prison, un garçon qui câlinait sa femme d'un peu trop près au parloir fut jeté au cachot. En outre, en maison d'arrêt, les violeurs sont souvent regroupés entre eux. Comment douter que le plus faible puisse être victime des autres ! L'administration isole des garçons qui ne présentent pas de risques pour les autres, mais qui sont capables de se révolter contre elle, or elle ne le fait jamais pour un violeur. Bien sûr, il ne me vient pas à l'idée de faire l'apologie d'une mesure d'isolement pour telle ou telle catégorie de prisonniers, mais il est clair que des régimes différents sont appliqués à certains et qu'une grande permissivité est accordée aux violeurs.

Une chose me semble certaine, si l'administration protégeait sérieusement un détenu faible et si elle surveillait les cellules des violeurs, ce genre d'ignominie serait sans doute évité. En fait, les gardiens se contentent de surveiller l'état des barreaux. La priorité est d'éviter qu'un détenu s'évade, non de protéger un prisonnier fragile.

Comme le viol, le racket ne saurait être ignoré. Il est à mon sens aussi rare. Je me souviens de deux anecdotes. Un jour, en me parlant, un gars m'expliqua qu'il avait pris le poste de radio d'un autre parce que ce dernier était une balance. C'était objectivement du racket et cela me révolta. Je lui répondis qu'il ne me ferait jamais admettre que c'était un acte de justice. En effet, si ce gars était une balance, je lui dis qu'il n'avait qu'à détruire le poste de radio, ou lui « casser la tête », mais à partir du moment où il prenait cette radio, c'était parce qu'il voulait une radio, tout simplement. L'autre anecdote concerne un garçon avec lequel il m'arrivait de prendre le café. Il ne se faisait pas vraiment racketter mais il subissait des demandes auxquelles il n'osait dire non. Des gars venaient dans sa cellule et lui demandaient une bière, il n'osait refuser, car les autres survenaient toujours à plusieurs, agissant comme en territoire conquis. Je lui expliquai donc que je ne pouvais pas me battre pour lui, que c'était à lui d'assumer et qu'il devait refuser, dire non. J'ajoutai que les gars renonceraient et que, dans le pire des cas, s'ils le bousculaient, ils ne le feraient qu'une fois, éventuellement deux fois, mais guère plus. En effet, ceux qui rackettent un taulard un peu faible sont généralement des lâches. Ils ne souhaitent pas que cela se sache, car à un moment ou à un autre des gars viendront les rappeler à l'ordre. En outre, ils ne peuvent pas venir casser la figure à un gars chaque jour. Il fallait, il faut donc, refuser, dire non, quitte à se faire secouer un peu durement. Me substituer ouvertement à ce garçon, devant lui, n'aurait servi à rien, car il devait apprendre à refuser. Toutefois, discrètement, je me rendis auprès des détenus dont il m'avait parlé et je les prévins que s'ils continuaient leur petit manège je me mettrais sur leur chemin.

Existe-t-il une violence exceptionnelle entre détenus ? La prison est un monde clos dans lequel évoluent exclusivement des hommes frustrés. Chacun d'eux cèle en lui une tension nerveuse redoutable susceptible d'exploser à tout moment, à la moindre crise. L'espace étant limité, des « empiétements de territoire » surviennent fatalement, une bousculade dans un couloir, un regard involontairement agressif, un mouvement d'humeur, tout est susceptible d'entraîner une mauvaise parole, une insulte même, qui risque d'être suivie par une riposte, verbale ou physique. C'est malheureusement logique, l'homme doit tenir sa place et ne pas avoir l'air faible. Il peut parfois devoir pousser la logique jusqu'à la confrontation physique, mais les rixes sont finalement assez rares du simple fait qu'elles peuvent ne jamais finir. En effet, celui qui prendra des coups rencontrera son adversaire le lendemain et il songera à s'en venger. En conséquence, chacun tente de ne pas empiéter sur l'espace vital de l'autre.

En vingt-deux ans, j'ai assisté ou participé à très peu de bagarres. Deux m'impliquèrent directement, deux ou trois me concernèrent indirectement par le biais de gens qui m'étaient proches. Une dizaine d'autres fois, j'assistai à des algarades qui s'achevèrent vite dans la mesure où des tiers intervinrent pour séparer les antagonistes. Ces conflits se terminent rarement dans le sang mais ils peuvent causer de véritables malaises dans une prison lorsqu'ils touchent des gens du banditisme. Les amis se regroupent, se soudent et resserrent les rangs, entraînant leurs propres amis, des clans se constituent alors et la tension monte. Celui qui ne veut pas se positionner pour tel ou tel parti peut être considéré par certains comme étant trop proche des autres, devenant un danger potentiel. Je me souviens d'une histoire où une véritable guerre fut sur le point d'éclater. À l'origine, il n'y avait qu'une mauvaise parole prononcée dans un moment d'humeur. À la fin, deux groupes se constituèrent et, pendant plusieurs jours, chacun sortit en promenade avec sa « pointe », objet en métal taillé dans une anse de sceau en métal, dans une fourchette, dans une cuiller ou dans un bout de verre, selon l'opportunité. Plusieurs portèrent des « gilets pare-coup » fabriqués grâce à une grosse épaisseur de revues en papier glacé. En effet, une pile de papier de ce genre arrête généralement ces lames artisanales. D'autres s'équipèrent d'une matraque constituée d'une ou deux piles de radio placées dans une chaussette. Personne ne voulait que la bagarre éclatât mais elle aurait pu exploser en cas de faux mouvement. Finalement, tout cessa subitement, sans que l'on ne sût véritablement pourquoi.

Il est vrai que les petites bagarres sont plus fréquentes dans les maisons d'arrêt que dans les centres de peine dans la mesure où, dans les premières, quatre détenus partagent souvent un espace d'une dizaine de mètres carrés, vingt-deux heures sur vingt-quatre. En cas d'animosité, nulle soupape n'existe et les deux adversaires finissent par se frapper. C'est inéluctable, c'est l'un des effets de la promiscuité découlant tant de la surpopulation carcérale que de l'organisation des prisons.

La violence existe, indéniablement, mais elle ne doit aucunement être comparée à celle que l'on voit dépeinte dans les films américains. La véritable violence, celle qui mine le plus un prisonnier, celle qui en rend certains enragés, celle qui fait naître la haine dans le cœur des gosses de banlieues, c'est la pression psychologique et l'insécurité qu'engendre le personnel pénitentiaire à l'occasion de ses brimades et de ses vexations. J'ai connu la prison à vingt ans, je n'étais pas connu, j'avais une affaire banale, mais je n'ai jamais souffert de la violence des autres détenus. En revanche, j'ai été détruit par l'attitude de ces fonctionnaires qui jouissaient d'un pouvoir quasi illimité. Lorsque vous vous heurtez à un tiers qui ne détient pas plus de pouvoir que vous, même s'il est plus fort et vous « colle une avoine », vous ne souffrez pas excessivement et vous pouvez éventuellement guetter le moment où vous lui renverrez un coup. En revanche, vous êtes blessé au plus profond de votre âme lorsqu'un fonctionnaire, protégé par son statut, intouchable, vous écrase et que, dans tous les cas, vous aurez toujours tort.

Au-delà de ce triste constat de l'existence, indéniable, d'une certaine violence entre détenus, apparaît également une grande solidarité. Cette dernière ne s'impose pas toujours à l'esprit de l'ensemble des détenus, au contraire, mais elle émerge souvent, sous des formes différentes. Solidarité physique face à la violence de l'administration ou à ses abus de pouvoir, solidarité matérielle lorsqu'un détenu complètement démuni a besoin de tabac, de timbres, de café ou de produits de première nécessité.

Cette solidarité ne s'exprime pas toujours avec célérité. J'eus la chance de la rencontrer à de nombreuses reprises. Lors de mon arrivée dans une prison, à la suite d'un transfert, on me proposait souvent des objets de première nécessité. Parfois le hasard jouait. Au centre de détention de Caen, un garçon que je connaissais partait, il me donna sa plaque chauffante, sa poêle et de la nourriture. Souvent, ceux qui sont libérés ou transférés laissent derrière eux une partie, plus ou moins importante, de leur paquetage. Bien sûr, celui qui ne connaît personne ne bénéficie pas d'une générosité immédiate. Qui est-il ? Est-ce une balance ? « Un sale mec » ? Mais s'il a besoin, il obtient généralement le strict nécessaire. Il y a parfois des types qui abusent. Un jour, à Fleury, un gars ayant une quinzaine d'années de plus que moi me demanda des timbres pour adresser un pli en recommandé à son avocat. Je ne le connaissais pas, cela grevait mon budget, mais il venait d'arriver et j'estimai sa demande justifiée. Je les lui fournis. Le lendemain, il me demanda de la Ricoré ; je n'en avais presque plus, aussi partageai-je ma boîte en deux. Deux jours plus tard, il en voulut encore. Je lui expliquai gentiment que je n'en buvais presque plus, pour tenir jusqu'à la livraison de la cantine alimentaire. Il partit offusqué. Ensuite, il souhaita que je lui passe mes journaux après les avoir lus. Je lui répondis que je les donnais déjà à un autre qui les transmettait à un autre et que nous étions quatre à les lire successivement. Il m'était donc impossible de modifier le circuit. Le lendemain, il insista et je dus lui dire de ne plus jamais rien me demander.

À l'inverse, deux cousins remarquèrent que j'avais des problèmes financiers. Un jour, je trouvai un sac de fruits et de légumes devant ma porte, cela venait d'eux. Ils continuèrent ainsi pendant un mois. J'étais content bien sûr, mais j'étais terriblement gêné et je ne savais comment le leur dire.

Soutenir un autre détenu face à l'administration est plus difficile, mais je me souviens de mouvements de protestation que nous fîmes, parfois, pour obtenir la sortie d'un détenu du cachot. Parfois, ma révolte me poussa à des excès de solidarité. En maison d'arrêt, sortant en promenade, je vis un gradé s'en prendre à un jeune détenu qui conservait ses mains dans ses poches. J'intervins et je proclamai qu'il devait le laisser tranquille et qu'aucun règlement ne nous interdisait de mettre nos mains dans nos poches. Le gradé perdit pied, j'avais raison, il venait de commettre un petit abus d'autorité, mais il ne pouvait pas perdre la face. Nous nous accrochâmes verbalement et, subitement, le gradé me dit que cela ne me regardait pas, que l'autre était assez grand pour se défendre et que, de toute façon, il n'était plus là. Je me tournai vers le garçon en question et ne le vis plus. Trop heureux que l'attention du fonctionnaire se fût portée sur un autre, il était parti. Le gradé et moi nous séparâmes... Le premier vexé, moi penaud.

Bien des personnes venues d'au-delà des murs interviennent en prison et pourraient ou devraient constituer une aide, un soutien et un réconfort pour les prisonniers. Le service médical ? Je n'ai guère de souvenirs positifs des médecins et des infirmières rencontrés dans l'univers carcéral. Drapés dans leur savoir, animés d'un sentiment de supériorité, ils affichent leur arrogance et leur mépris pour des êtres qu'ils estiment inférieurs. Leur incapacité à percevoir un drame humain est le trait prédominant que m'inspirèrent les médecins de prison, à une exception près peut-être, lors d'une rencontre fugace.

Le soir même de mon arrivée en prison, en décembre 1979, je découvris combien le milieu médical œuvrait en cordiale complicité avec mes geôliers. Blessé d'une balle dans la main droite, je portais une attelle qui avait été contrôlée au quai des Orfèvres. Un gradé de l'administration pénitentiaire demanda au médecin de service de retirer ce support qui protégeait mon doigt dont deux phalanges avaient été en partie détruites. Je m'y opposai verbalement et j'attirai l'attention du praticien sur le fait que mon doigt risquait d'en subir les conséquences. Il obéit passivement aux matons. Je restai ensuite plusieurs jours sans soins. Une autre attelle, de facture inférieure, me fut ensuite allouée. Elle bloquait imparfaitement mon doigt qui se ressouda mal et qui se déforma. Le mois suivant, je demandai à voir un kinésithérapeute. Un interne passa me voir et me recommanda de faire moi-même ma rééducation, avec les moyens du bord. Il me prescrivit une cuvette d'eau chaude par jour afin d'y agiter ma main.

Le deuxième jour, les matons refusèrent de m'apporter cette cuvette, considérant que la rééducation avait assez duré. Je me plaignis vainement au médecin qui, chaque semaine, visitait les internés du QHS.

Quelques semaines plus tard, ma main gonfla, devint violette. J'interpellai à nouveau ce médecin et lui demandai quelque chose, devinant moi-même que j'avais un problème de circulation sanguine. Il ne dit rien, sortit de la cellule, attendit que les matons refermassent la grille, puis il m'apostropha de la sorte :

– Vous savez, Maurice, je dois avant tout vous considérer comme un simulateur.

– Quoi ?

– Oui, vous pouvez vous faire cela vous-même, par exemple en tapant sur le radiateur pour parler avec les autres.

Ce propos, volontairement tenu devant les matons, s'avérait inutilement provocateur puisqu'il nous était réglementairement interdit de parler entre détenus du QHS, interdit que nous ne respections pas il est vrai, et cela ouvertement.

– Bien sûr que je parle avec les autres, mais je tape sur le radiateur avec une boîte de Ricoré, pas avec ma main. Si ma main gonfle, c'est un problème sanguin résultant d'une blessure par balle.

J'obtins finalement des cachets pour remédier à ce problème de circulation. L'ambiance était telle entre le service médical et les détenus du QHS que nous avions surnommé ce médecin « Mengele ».

En 1977, alors que je venais d'arriver à la Santé, on m'attribua un traitement contre l'épilepsie. Je refusai de l'ingurgiter et je fus donc convoqué par le médecin qui me dit que je devais le prendre. Je lui répliquai que je n'étais pas épileptique. Il me dit que je l'ignorais sans doute et que mes parents n'avaient jamais dû me le dire, et il prétendit avoir une attestation de mon médecin traitant affirmant que je prenais un tel traitement. Je lui dis que je ne vivais plus avec ma mère. Il ajouta donc que ma fiancée devait me faire prendre ces médicaments à mon insu ! Heureusement, le jour où j'étais censé avoir vu ce médecin traitant à l'extérieur, j'étais en prison depuis plusieurs mois. Là, le médecin me crut... Il y avait confusion.

À la Santé, à la fin des années soixante-dix, le dentiste, femme âgée, prenait systématiquement appui sur les dents voisines des dents qu'elle arrachait, brisant l'émail des dents saines. Lorsqu'un gars devait se faire ôter une dent, nous plaisantions tous en lui souhaitant de conserver les autres. À Fleury, un dentiste parlait avec un collègue généraliste, tout en me soignant, et lui expliquait qu'il allait encore exercer quelques années en prison afin de pouvoir s'offrir son cabinet. Le même commença à placer une couronne sur l'une de mes dents. Il s'arrêta en cours de route, alors qu'il avait dévitalisé la dent et creusé un beau trou, puis il m'informa qu'il avait épuisé les points de soins gratuits auxquels j'avais droit et que, si je voulais qu'il continuât, je devais le payer directement. Je restais là, bête, quittant le cabinet avec ma dent creuse. La CFFP qui, à l'époque, était intervenue auprès du ministère pour que les prisonniers jouissent de la gratuité totale, puisque les familles payaient sans pouvoir se faire rembourser, contacta le directeur et l'avisa que je devais bénéficier de la pose d'une couronne gratuite. Je fus transféré dans un autre bâtiment où un second dentiste exerçait. Celui-ci, connaissant le problème, m'informa qu'il me mettrait simplement un plombage, car il n'était pas doué pour les couronnes, qui ne tenaient jamais. Je compris où il voulait en venir et je lui demandai si les couronnes qu'il posait resteraient en place si je le payais directement. Il me répondit que, dans ce cas, elles tiendraient.

Pendant l'hiver 1982, pour une cause depuis longtemps oubliée, je séjournais au cachot. Je gelais, étant simplement vêtu de la tenue pénale, alors obligatoire, sans pull-over, sans chaussettes, avec simplement un pantalon, une chemise, une veste sans bouton et une paire de chaussons troués. Je contractai donc un rhume et je requis l'assistance d'un médecin. Le lendemain, je sortis en promenade, bref moment pendant lequel les « punis » peuvent voir le soleil. Il se mit à pleuvoir. Il n'était pas question de quitter les promenades hors des horaires prévus. Le médecin arriva, j'étais frisé, mal peigné, sale dans cette tenue grise, et devais ressembler à un pauvre hère. Le médecin m'interpella en me tutoyant, avec la condescendance de l'être supérieur, et me demanda sèchement ce que je voulais. Après que je le lui eus dit, il me traita plus bas que terre, en me reprochant ma façon d'être habillé et le fait que je restais sous la pluie ainsi vêtu. Je demeurai bouche bée, sidéré. Il savait fort bien que j'étais au cachot, que tout cela ne dépendait pas de moi alors que ses attributions lui permettaient de me faire donner des vêtements chauds. J'avais envie de hurler de rage, de l'insulter, de le maudire, mais j'étais trop las et épuisé par le froid.

À Besançon, en 1987, étant une fois de plus au cachot à la suite de la mutinerie de Saint-Maur, je souffrais terriblement des reins, ces derniers ayant conservé des séquelles de mes diverses grèves de la soif. Lors de la visite du médecin, je lui expliquai la situation, mon passé en ce domaine, et je sollicitai l'autorisation de conserver mon matelas la journée afin de m'allonger. Il refusa en m'affirmant qu'il ne pouvait pas faire d'exception pour moi. Peu après, j'appris qu'il avait accordé ce droit à trois autres détenus sur les cinq se trouvant au mitard. Je fus également informé que plusieurs garçons se plaignirent de lui, car ils n'obtenaient pas leurs traitements habituels. En 1984, au CNO, une femme, médecin de Fresnes, m'interrogea pour savoir si j'avais des problèmes de santé. Je répondis négativement. Elle me regarda, vit mon doigt déformé et me questionna à ce sujet. Je lui dis avoir reçu une balle dans la main. Elle s'exclama alors :

– Ah, mais vous voyez, vous avez quelque chose.

Je la regardai alors et lui dis que j'étais pensionné militaire, que mes reins me faisaient parfois souffrir et j'ajoutai encore quelques petits maux. Elle fut surprise et me demanda pourquoi je ne lui avais pas dit cela plus tôt. Je lui répondis qu'en prison, dans le meilleur des cas, les médecins nous expliquent que nos maux sont psychosomatiques. Elle répliqua qu'avant de s'intéresser au psychisme, il fallait évaluer ce qui était somatique. Ce fut la seule fois qu'un médecin de prison sembla se poser des questions sérieuses sur ma santé.

Le médecin de Fleury qui m'avait tutoyé m'avait indéniablement pris pour un Maghrébin. Ce n'était pas la première fois que cela m'arrivait. À la souricière, à Paris, un jour, alors que je me heurtais aux gardes mobiles qui me bousculaient un peu, une dizaine de Nord-Africains explosèrent en criant « au racisme ». Le racisme et la xénophobie en prison posent d'ailleurs la question de la situation des étrangers dans les établissements pénitentiaires français. En 1977, j'écrivis un texte sur ce problème pour *Information Prison-Justice*, bulletin de l'ARAPEJ (Association Réflexion Action Prison et Justice) :

« *Il est presque banal de déclarer que la prison est un microcosme dans lequel apparaissent tous les phénomènes rencontrés dans la société extra-muros. Toutefois, cela semble indispensable de le rappeler lorsque l'on évoque les relations* humaines en milieu carcéral et, par conséquent, la situation des détenus étrangers. Il paraît également essentiel de noter que la situation de ces derniers reste soumise à des nuances plus ou moins importantes selon l'appartenance à un groupe de nationalités ou à un autre. Ainsi, l'Européen, voire le Nord-Américain ou le Sud-Américain subiront-ils moins rudement leur présence dans les prisons françaises que le Maghrébin, le Moyen-Oriental, et plus généralement que celui qui vient d'un pays ne se rattachant pas à la culture européenne.

« Il y a une quinzaine d'années, une réforme de la réglementation pénitentiaire, aujourd'hui souvent oubliée, a supprimé la ségrégation appliquée aux étrangers. En effet, jusqu'au début des années quatre-vingt, dans les grandes maisons d'arrêt, comme Fleury-Mérogis et Fresnes, les prisonniers de nationalité étrangère étaient regroupés dans des bâtiments ou des ailes distinctes du reste de la détention. En terre étrangère, seuls, ignorants les lois et les coutumes françaises, beaucoup étaient alors dans l'incapacité de bénéficier pleinement des droits conférés par la Loi et se trouvaient encore plus aisément victimes des risques d'arbitraire que les autres prisonniers. Cependant, malgré cette réforme depuis laquelle les conditions de vie des prisonniers étrangers se sont alignées sur celles des Français, deux types de problèmes contrecarrent cette égalité, l'un se réfère aux relations avec autrui, l'autre aux rapports entretenus avec la justice.

« Si les prisonniers appartiennent généralement et majoritairement aux milieux les plus modestes au sein desquels l'exclusion sociale est flagrante, il est bien évident que les étrangers emprisonnés n'échappent pas à cette règle et qu'ils sont même, encore plus que tout autre, les figurants d'une non-insertion criante. Exclus en liberté, ils subissent alors les affres de cette exclusion démultipliée à l'intérieur, malgré les règles d'uniformisation carcérale qui ne font d'ailleurs qu'uniformiser la misère.

« En effet, les étrangers ne profitent que rarement, voire jamais, du réconfort procuré par les visites de familles dont l'éloignement géographique et la faiblesse des revenus ne permettent guère de déplacements fréquents. Certes, ils peuvent bénéficier des services consulaires, souvent efficaces et dévoués, quels que soient les pays d'origine, mais cela ne saurait compenser la fragilisation résultant de l'isolement affectif. Bien évidemment, des Français subissent également les désagréments de telles situations lorsqu'ils sont transférés à plusieurs centaines de kilomètres de leurs foyers mais il est certain qu'ils sont proportionnellement moins nombreux à être victimes de cette conjoncture négative.

« Parlant mal le français, ou ignorant totalement cette langue, les étrangers sont confrontés à un évident problème de communication avec les autres, que ce soit avec leurs codétenus dont ils partagent la vie, avec leurs gardiens desquels ils dépendent, ou avec leurs avocats et avec les membres de l'institution judiciaire. Se défendre et vivre au quotidien s'avère alors bien difficile. Parfois cette ignorance linguistique provoque même des conflits avec des interlocuteurs susceptibles et irréfléchis.

« Dans le même ordre d'idées, l'adaptation au mode de vie hexagonale ne reste pas sans effets. Pour ces prisonniers, l'exclusion est accrue par la confrontation à des mœurs différentes. Aussi négligeable cela puisse-t-il paraître, devoir s'accoutumer à des comportements courants permettant une meilleure intégration de l'individu dans le groupe devient vital mais approfondit les troubles de l'incarcération. Si l'apprentissage est trop lent, il peut susciter de l'hostilité chez ceux qui n'auront pas eu les moyens de comprendre et d'accepter la différence culturelle. La promiscuité carcérale, terrible nuisance, mal vécue par les Français mais comprise par ces derniers comme un effet de la prison, peut paraître, aux yeux de l'étranger, comme le fruit de sa différence. Les mauvaises conditions hygiéniques, dues au contexte carcéral, pourront être perçues comme une spécificité française qui provoquera un redoutable malaise. Les repas souvent pris à dix-huit heures dans les maisons d'arrêt, ou même encore plus tôt, posent un problème biologique coercitif lorsque l'on pense que les gens des pays chauds prennent leur repas de midi vers quatorze heures ! Bien sûr, cette adaptation à une terre étrangère constitue le lot de tout visiteur, même des touristes. Toutefois, ces derniers vivent cette expérience comme un dépaysement, volontairement choisi, presque exotique, alors que, pour un prisonnier, elle s'ajoute au reste et, dans le cadre punitif, elle prend elle-même l'aspect d'une sanction. La souffrance empêche l'étranger de réaliser que le prisonnier français n'est guère plus accoutumé à ces astreintes et qu'il doit lui aussi les subir.

« Un quatrième problème s'affirme avec constance, dénoncé par les détenus avec plus ou moins de virulence selon leur origine ethnique, celui d'un certain ostracisme, ou plutôt du sentiment, fondé ou non, d'être victime d'une xénophobie plus ou moins importante. Là, à nouveau, se présente occasionnellement une difficile identification de l'origine du mal. Lorsqu'un prisonnier français s'estime victime d'un acte arbitraire, il détermine avec une certaine clarté la source de cet abus comme résultant d'une relation de soumission au pouvoir et d'exercice non fondé du pouvoir. Pour l'étranger, la conviction se fondera très vite que cet abus est uniquement inspiré par la volonté xénophobe, voire raciste, de son antagoniste. Il n'est pas question d'ignorer que des problèmes raciaux surviennent, mais les auteurs de comportements racistes sont souvent les mêmes que ceux qui s'en

239

*prennent à d'autres personnes, de même ethnie, en leur reprochant d'autres travers supposés.*

« *Le second type de problèmes nuit plus particulièrement aux étrangers. Juri-diquement égaux aux Français face à l'institution judiciaire, ils ne bénéficient pour ainsi dire jamais des libérations provisoires, au début des enquêtes, et aussi peu souvent des libérations conditionnelles abrégeant la longueur des peines puisque, dans un cas comme dans l'autre, ils n'offrent pas les garanties néces-saires à leur obtention. Ils ne jouissent pas plus des permissions de sortie auxquelles peuvent moins difficilement prétendre les Français, et cela pour les mêmes raisons. Toutefois, à nouveau, il convient de reconnaître que les Français issus d'un milieu défavorisé et isolés faute d'entourage ne parviendront pas plus à obtenir ces aménagements de peines généralement attribués à ceux qui présentent de solides garanties. Assez curieusement, les étrangers en viennent à idéaliser la justice de leurs pays, alors que cette dernière fondrait parfois avec autant de viru-lence sur eux. La nostalgie de la terre natale les influence indéniablement, mais les éventuels et occasionnels désordres, déséquilibres et dérapages de la justice française sont alors considérés comme spécifiques à la France.*

« *Les mesures d'expulsion forment la plus grosse différence, vécue avec le plus fort sentiment d'injustice, que dénonce la presque totalité des étrangers. Si quelques-uns de ces derniers ne s'en soucient guère, dans la mesure où ils ne sou-haitent pas rester en France (la plupart appartiennent alors à des milieux sociaux moins défavorisés et conservent une vie sociale et familiale équilibrée dans leur propre pays), la foule des déracinés, mal intégrés dans leurs pays, ostracisés en France et perdus dans la vie, subit très amèrement cette nouvelle exclusion. Certains ne se plaignent pas tant de l'interdiction qui leur est faite de demeurer en France que de la procédure telle qu'elle est mise en forme. Ayant accompli leurs peines, ils préféreraient sortir libres de prison, comme les Français, avec l'astreinte de quitter librement le pays dans un délai raisonnable. Devons-nous voir là une volonté détournée d'échapper à l'expulsion en profitant du sursis accordé afin de disparaître et de se perdre dans la foule ? C'est peu probable, car l'expulsé reconduit à la frontière pourra toujours repasser celle-ci en sens inverse, s'il en a la volonté. La plainte porte donc sur la forme avilissante de la reconduite à la frontière, avec des menottes, la remise aux autorités du pays d'origine et la honte objective infligée à l'étranger qui rentre chez lui comme un paria, non comme un homme libre ayant définitivement purgé sa peine.*

« *En fait, les privations et les souffrances communes à tout prisonnier, quels que soient le milieu social, la nationalité et la culture, sont exacerbées selon le milieu social, la nationalité et la culture de l'intéressé. Il est alors logique que les étrangers retenus dans les prisons des pays riches cumulent les handicaps, à de rares exceptions près. La première catégorie de problèmes ne peut guère recevoir de réponses particulières puisqu'elle ne résulte pas d'une différence de traitement entre les groupes exogènes et endogènes, soumis à une règle égalitaire, mais découle de l'accentuation du dépaysement et de la non-intégration. Ces nuisances, comme bien d'autres rencontrées en milieu carcéral, trouveraient plus simplement leur solution dans une meilleure gestion de la psychologie carcérale et dans une amélioration de la communication. Le second type de difficultés est au centre du débat de la société française et met en relief l'existence d'une double peine infligée aux étrangers. »*

Le monde carcéral ouvre ses portes à des personnes qui, guidées par des motivations parfois différentes, s'efforcent d'aider au mieux les détenus, chacun dans des domaines différents. Les religieux, toutes confessions confondues, jouissent du droit d'entrer dans les prisons depuis longtemps. Chaque aumônier dispose d'une clé qui lui permet d'entrer librement dans les cellules, sauf au quartier d'isolement et au mitard où il doit solliciter les gardiens. Dans ces lieux, leur présence est mal vue par les geôliers et plusieurs d'entre eux m'ont expliqué qu'ils se heurtaient à quelques difficultés pour s'y rendre. S'ils apportent, par vocation, la parole de Dieu, les uns et les autres, principalement les catholiques et les protestants, omniprésents, se soucient également du réconfort physique et psychique des prisonniers. Je me souviens d'un prêtre qui passa en justice pour avoir apporté un tube de pommade à un détenu qui le lui avait réclamé. Le même prêtre, un jour où je frôlais un tabassage, surgit et resta à quelque distance des matons qui me faisaient face. Ces derniers renoncèrent en comprenant qu'il y aurait un témoin. À quelques rares exceptions près, j'eus la chance de rencontrer des prêtres et des pasteurs exceptionnels à Fleury-Mérogis, à la Santé, à Fresnes et à Saint-Maur. Beaucoup appartenaient à la génération qui avait connu la guerre, déportés ou prisonniers de guerre pour certains, d'autres avaient accompagné des condamnés à mort lors de la guerre d'Algérie. Leur âme était profonde, désintéressée, disposée au sacrifice. Ils n'hésitaient pas à dénoncer les abus et les violences commis par les gardiens de prison. L'un d'eux fut finalement interdit de séjour à la Santé par l'administration pénitentiaire qui demanda à l'Église de ne pas le maintenir à son poste. Il partit donc servir le Dieu auquel il croit ailleurs, toujours près de ceux qui en ont le plus besoin. Des religieuses qui intervenaient à Saint-Maur partirent en Afrique, face au danger physique. Tous se préoccupaient avant tout de réconforter les êtres humains qu'ils côtoyaient, croyants ou non, pratiquants ou non, quelle que soit leur religion. J'ai été élevé dans la religion catholique, j'ai perdu toute foi, étant devenu agnostique, mais j'ai eu la chance de voir de sincères amitiés ou de grands sentiments de sympathie se développer entre des aumôniers ou des religieuses et moi. Certains d'entre eux m'apportèrent beaucoup par leur savoir, leur sagesse et leur expérience.

Les « visiteurs de prison » sont, quant à eux, des laïcs qui reçoivent ce titre, après une enquête ministérielle. Ils sont alors autorisés à visiter des détenus qu'ils ne connaissent pas. Théoriquement, ils ne peuvent pas choisir mais j'eus la chance de rencontrer deux personnes ayant ce statut qui avaient souhaité, l'une me rencontrer personnellement, l'autre visiter un détenu avec lequel elle pourrait communiquer en corrélation avec ses idées. Ces personnes devinrent des amis, par la suite, et l'une d'elles, directeur de centre d'archives, m'aida énormément dans mon travail universitaire.

Parfois des artistes, voire des intellectuels, viennent en prison, silencieusement, modestement, sans publicité, tels Jacques Higelin et Véronique Sanson, à Saint-Maur, Gilbert Montagné et Albert Jacquart à Moulins.

Prêtres, visiteurs de prison, universitaires, et d'autres encore, m'ont énormément apporté. Ils me montrèrent que la société ne se résumait pas à mes geôliers. Avec eux je découvris, ou redécouvris, que tout n'était pas blanc ou noir. Jamais, sans doute, malgré toute ma volonté, je n'aurais réussi à orienter ma vie autrement sans ces personnes et sans ma famille, car le chemin que je devais encore parcourir était presque irréalisable depuis le point de non-retour que j'avais atteint.

Une rencontre, multiple, fut pour moi essentielle : celle que je fis pendant l'année scolaire 1986-1987. Une amie, professeur de collège, m'invita à correspondre avec vingt-cinq de ses élèves, garçons et filles, âgés d'une quinzaine d'années. Les collégiens m'écrivaient en se réunissant par petits groupes de deux à cinq et je leur répondais collectivement. L'exercice s'avéra intéressant sur le plan purement méthodologique, mais il le fut encore plus psychologiquement et intellectuellement. Au début, plusieurs de ces collégiens me prirent durement à partie. Face à des adultes, j'aurais réagi vivement, par l'attaque. Là, étant confronté à des jeunes, je m'interdis toute riposte sévère et je décidai de ne jamais tenter de justifier mon passé, essayant simplement de l'expliquer. Je me contraignis ainsi à la pondération. En outre, leurs propos, dénués d'une réelle agressivité, simplement inspirés par la spontanéité et le sens de la justice dont les adolescents sont souvent pourvus, m'amenèrent à réfléchir bien plus que je ne l'aurais fait en dialoguant avec des adultes qui auraient tenté de m'imposer leur morale. Si cet échange eut lieu et se déroula ainsi, c'est sans doute parce que j'étais parvenu à une période de ma vie où j'étais disposé à communiquer de la sorte, mais il joua un rôle important en m'obligeant à prendre du recul par rapport à moi-même et à ma vie [1].

---

1. Cette correspondance fut publiée par Françoise Porcher-Le-Bars, aux éditions Syros, en 1988, sous le titre *25 collégiens et un condamné à mort*.

# CHAPITRE XII

## LA DIFFICILE INSERTION

Alors que j'avais toujours cru en l'amour, à mes yeux essentiel, je m'étais finalement reconstruit dans la haine afin de faire face à l'univers carcéral et à l'implacable logique de l'administration pénitentiaire. Cette haine me minait et il fallait l'expurger de moi. C'était là un travail de longue haleine, car la vie quotidienne me confrontait toujours aux surveillants. Ces derniers s'en prenaient un peu moins fréquemment à moi, d'autres détenus me remplaçant progressivement comme cible première, surtout que j'apprenais à ne plus tomber dans toutes leurs provocations.

Dans le courant des années quatre-vingt, les syndicats FO et CGT de l'administration pénitentiaire modifièrent leur tactique de revendication. Autrefois, les gardiens poussaient les détenus à se révolter afin de présenter eux-mêmes leurs prétentions au ministère. Après les révoltes, ils exigeaient plus de moyens de répression et tentaient d'obtenir des primes. C'était l'époque de la « matonnerie héréditaire ». Jamais il ne serait venu à l'idée d'un maton d'alors de faire la grève ou de se soulever contre ses chefs. Il obéissait en apparence et il incitait les détenus à la rébellion. Avec la montée du chômage, l'administration recruta des gens ayant un niveau d'instruction plus élevé. Les matons illettrés embauchés dans les années cinquante disparurent et ceux n'ayant qu'un simple certificat d'études devinrent de moins en moins nombreux, remplacés par ceux ayant un brevet d'études professionnelles, voire un baccalauréat. Les esprits changèrent, les vieux staliniens, fervents adeptes du parti qui attaquait les foyers de la Sonacotra de Vitry-sur-Seine à coups de bulldozer, furent remplacés par les militants du Front national [1].

Les surveillants de prison découvrirent alors le recours à la grève. Ils allèrent plus loin, prenant les détenus et leurs familles en otage. Les parloirs de prison sont un droit légal, réglementé par la loi. Y faire obstacle est donc répréhensible. Les gardiens savent qu'en bloquant les parloirs familles, ils prennent le risque de pousser les détenus à l'émeute, à des émeutes redoutables. Lors des premiers mouvements de ce genre, nous fûmes plusieurs à expliquer aux surveillants qui demeuraient à l'intérieur que leurs responsables syndicaux, à Paris, les utilisaient comme de la chair à pâté. Ils les mettaient en première ligne, les plaçaient face aux révoltes et s'apprêtaient à tirer les marrons du feu. Peu leur importait que des gardiens de base fussent blessés par des détenus en colère. Certains me dirent que les gars de Paris n'avaient plus mis les pieds dans une détention et encore moins approché un détenu depuis des années et qu'ils ne se souvenaient même plus de la réalité carcérale. Ces leaders syndicaux passaient leur temps au ministère et à manger dans des restaurants luxueux.

Vers 1987-1988, les gardiens commencèrent à déserter les détentions lorsqu'ils espéraient provoquer ce type de réaction chez les détenus. Certains ne cachèrent pas leur intention en déclarant que le gouvernement verrait que les prisons n'étaient pas gérables sans eux ! Le ministère envoya donc les CRS pour nous garder et les choses se passèrent beaucoup mieux sous leur tutelle, les CRS faisant parfaitement leur métier, ne cherchant pas à infliger des brimades inutiles. Vers 1992, lors d'un tel mouvement, alors que le ministère mettait à pied plusieurs gardiens qui refusaient de faire leur travail, un représentant des matons vit que les CRS se débrouillaient fort bien et déclara qu'ils allaient reprendre le travail, car les gens fini-

---

1. Il est vrai que les adhérents au Front national sont encore minoritaires dans l'administration pénitentiaire, comme l'étaient les staliniens.

raient par croire que leur métier était facile. Il me semble bien que ce métier est facile, il ne requiert aucune formation réelle, les quelques semaines passées à l'ENAP (École nationale de l'administration pénitentiaire) ne servant qu'à montrer ce qu'est une détention. Lors des grèves, les gardiens prétendent être surchargés. Ils oublient de préciser qu'ils sont bien en deçà des trente-cinq heures légales, ils omettent de mentionner que, sans avoir le baccalauréat, ils gagnent autant qu'un attaché de recherche titulaire d'un doctorat, sinon plus selon leurs années d'ancienneté. Ils ne mentionnent pas les arrangements, parfois aux marges de la légalité, qui permettent à un gardien d'avoir plusieurs jours de congé par semaine en cumulant les nuits de garde. Pendant ces nuits, il serait faux d'imaginer les gardiens continuellement en état de veille : ils disposent de lits et dorment, certains d'entre eux faisant les rondes et pointant aux « mouchards [2] ». Dans la journée, ils affirment qu'un surveillant d'étage, en maison d'arrêt, garde une centaine de détenus. C'est vrai, mais il suffit d'ouvrir vingt-cinq ou cinquante portes de cellules, selon les étages, au réveil, à la promenade, au courrier et au repas. Éventuellement, il y a les extractions, les appels au greffe et, l'après-midi, les jours de visite, l'appel pour le parloir. Cela revient à ouvrir ces portes six à sept fois dans la matinée ou dans l'après-midi. Une cinquantaine de portes s'ouvrent en quelques minutes. La distribution du courrier se réalise généralement en dix minutes, la sortie en promenade en dix minutes aussi. Le reste du temps ? Les gardiens se regroupent à un étage, boivent le café et parlent.

En centre de peine, alors que les détenus circulent plus « librement », nous les voyons réunis par groupes de trois ou quatre, jouant aux cartes ou discutant. Des cafetières sont d'ailleurs le plus souvent mises à leur disposition dans des locaux prévus dans chaque quartier. Celui qui est seul lit des magazines et passe la journée en cherchant à s'occuper. Lorsqu'un directeur part explorer la détention, les

---

2. Les surveillants sont pourvus de petites boîtes, des mouchards, qu'ils transportent lors de leur ronde. En plusieurs points, ils rencontrent des clés fixées aux murs de la détention et doivent introduire celles-ci dans leur mouchard afin de pointer le moment de leur passage.

téléphones intérieurs se mettent en état d'alerte. L'avancée du chef est signalée : « Allô, le directeur passe la porte une... Allô, le directeur traverse la cour », et tous renoncent temporairement aux petites activités distractives. Récemment, lors d'une émission télévisée, un gardien de la Santé, ancien artisan, expliquait qu'il était bien mieux payé et qu'il travaillait moins qu'avant. C'est logique. Il ne s'agit pas pour moi de critiquer ces facilités, car j'ai pu observer que les gardiens des centres de peine qui jouissent de plus de commodités que ceux des maisons d'arrêt sont moins désagréables. Je ne nie pas d'ailleurs que dans certains établissements les conditions de travail soient très difficiles psychologiquement du fait des tensions qui règnent dans ces lieux mais, fréquemment, cette tension résulte du climat que les gardiens instaurent eux-mêmes.

Lorsque les gardiens transforment les détenus et leurs familles en otages, ils sombrent dans l'illégalité et, le jour où des détenus porteront plainte contre eux devant des tribunaux administratifs[3], voire devant des tribunaux correctionnels, des condamnations seront susceptibles d'être infligées. Un article du code de procédure pénale prévoit que les gardiens de prison doivent avoir un comportement inspirant le respect aux détenus. Lorsqu'un gardien bafoue les textes concernant la sécurité des établissements, il perd tout crédit face aux détenus. Comment un gardien peut-il exiger qu'un détenu se soumette à une fouille de sécurité si, la veille, il a lui-même refusé de garder la prison pour obtenir une augmentation !

Si le niveau culturel des gardiens s'est élevé, celui des détenus aussi et ces derniers se sont politisés, développant une conscience d'action sociale. Loin de tomber dans le piège de l'insurrection tendu par les gardiens, lors des boycotts des parloirs, des distributions de courrier et des actions illégales menées ouvertement à l'encontre des détenus, ces derniers refusèrent de brûler les prisons. Pris en otages,

---

3. À ce jour, assez curieusement, un détenu a plus de chance d'obtenir satisfaction devant un tribunal administratif que devant une cour correctionnelle. Ainsi, un détenu qui est roué de coups n'a-t-il aucune chance d'obtenir satisfaction. En revanche, s'il guette son bourreau et porte plainte pour une faute administrative, par exemple parce que ce dernier fume pendant son service, il a quelque chance d'obtenir gain de cause !

nous refusâmes de jouer le jeu des gardiens, mais ce rejet de la révolte fut parfois fort difficile et certains détenus en colère ne comprenaient pas la nécessité de demeurer passifs.

Les gardiens continuèrent à m'aiguillonner mais, voyant que je réagissais de moins en moins, ils se rabattirent sur d'autres, plus jeunes et plus vifs, alors que je continuais à désarmer ma haine. Vers 1988, j'eus une grosse surprise : Asset, l'un de mes interlocuteurs de Besançon, vint visiter la prison de Moulins. Peu auparavant, il m'avait fait restituer une partie de mes livres disparus depuis Saint-Maur et en fait conservés par l'administration de cette centrale. Il me fit appeler et me remercia ouvertement devant le directeur de Moulins pour ma participation aux négociations. Il le fit volontai-rement en indiquant ainsi au directeur de la centrale que l'on ne devait pas me tenir rigueur de ces événements.

À la suite de la mutinerie de Saint-Maur, un certain nombre de détenus, issus du grand banditisme ou des milieux politiques, négocièrent discrètement et cyniquement des libérations conditionnelles ou des récompenses diverses. Jusqu'à ce jour, j'éprouvais du respect, de la considération et de la sympathie pour certains d'entre eux, mais je fus choqué d'une telle attitude. Je le fus d'autant plus que l'un de leurs arguments consistait à déclarer qu'ils avaient protégé les gardiens des autres détenus, or je considère qu'à aucun moment, ni à Saint-Maur, ni à Besançon, les fonctionnaires retenus ne furent en danger. En fait, ils ne l'auraient été que dans le cas d'un assaut des forces de répression. En effet, un tel assaut aurait entraîné des blessés, voire des morts, du côté des détenus et il est évident que les plus solides parmi ces derniers et moi-même aurions mené un combat jusqu'au-boutiste. La question fut même évoquée à Saint-Maur par plusieurs détenus condamnés à de grosses peines. Seul le choix d'un carnage décidé par le ministère aurait pu causer un dérapage grave.

Pour ma part, je refusai un tel négoce, mais il est vrai que le propos d'Asset me facilita un peu la vie puisque des cadres de l'administration, sans compromis ni d'un côté ni de l'autre, convenaient que je n'étais pas forcément un détenu à détruire. Le dialogue devenait plus aisé.

Lorsque les provocations et les brimades des gardiens de base me touchaient trop et suscitaient en moi une rancœur telle que des bouffées de haine ressurgissaient et éveillaient une soif de vengeance, je songeais à Besançon. Là-bas, trois gardiens se trouvèrent entre mes mains et celles des autres, j'aurais pu décider de me venger, contre eux, de toutes mes souffrances passées et à venir. Au contraire, avec les autres, nous convînmes de les traiter le mieux possible, compte tenu de la situation. À Besançon, je perdis ma haine en voyant non plus des gardiens mais des hommes dans « la merde », des hommes inquiets, stressés et tristes. S'ils portaient encore leurs uniformes, leur situation les avait à nouveau rendus humains. Je me vis, moi, dans d'autres situations. Je songeai à l'inquiétude de leurs familles et de leurs proches. À mes yeux, les bourreaux en uniforme bleu étaient morts et des êtres humains étaient nés. Je ne ressentais plus d'envie de vengeance, je jouissais d'un grand pouvoir sur eux, placés dans l'incapacité de se défendre, et je n'eus plus qu'une envie, que les choses ne fussent pas trop dures pour eux, que cela se passe le mieux possible et qu'ils ne souffrent pas trop. Je ne voulus pas être un bourreau afin de ne pas ressembler à tous ces types en uniforme qui m'avaient souvent meurtri, qui s'en étaient occasionnellement pris à ma mère et que je méprisais. Depuis cette expérience, lorsque je souffrais des brimades infligées par des gardiens de prison, je m'interpellais intérieurement de la sorte : « Tu es un con, tu as eu la possibilité de te venger et tu ne l'as pas fait, alors arrête, laisse tomber. » Assez paradoxalement, cette expérience dramatique de Besançon me servit et me permit d'anéantir progressivement ma haine. Je savais que je n'étais pas capable de m'acharner sur un gars sans défense.

Il me restait à affronter le temps, la durée d'une peine inconcevable, intolérable et inacceptable pour le psychisme d'un être humain. J'écrivis à ce sujet, dans *Information Prison-Justice* (n° 82, septembre 1997) :

*« La perception du temps carcéral est différente de celle du temps d'au-delà les murs, car le premier est un temps subi, perdu et punitif. En outre, chaque prisonnier n'endure pas psychologiquement la prison de la même façon, en raison de la durée de sa peine, de l'endroit de sa détention, du délai écoulé par rapport à la condamnation infligée et de son aptitude à supporter l'existence et les contraintes pénitentiaires. Malgré toutes ces différences susceptibles d'influencer diversement les prisonniers, une chose demeure certaine, l'obligation pour chacun d'affronter*

une traversée en dehors du temps, une zone d'exclusion absolue, avec pour effet le risque d'être socialement et mentalement anéanti.

« Au début d'une peine, dans une maison d'arrêt, l'homme placé en état d'inertie et d'expectative cesse de compter le temps en secondes et les montres qui égrènent précisément ces dernières deviennent ridicules, les heures elles-mêmes échappent à son entendement ; tout au plus parvient-il à retenir les repères que constituent les repas du midi et du soir, ou les relèves du personnel, seuls moments où quelque chose anime le silence et la monotonie quotidiens. Puis, les mois s'écoulant, il se préoccupe surtout des saisons, assistant en spectateur plus ou moins indifférent, ou pire nostalgique, aux changements climatiques, le temps qui passe étant alors considéré au regard du temps qu'il fait ! Condamné, envoyé dans un centre de peine, l'homme perd cette notion d'instants précis, de secondes, de minutes, d'heures, et il se réfère aux années, réalisant lorsque la neige tombe qu'un an s'est écoulé depuis la précédente chute de neige. Certains évalueront le temps passé en recevant le colis annuel que la famille peut déposer pour Noël ! Finalement, le temps disparaît, les souvenirs s'estompent, l'avenir incertain n'existe qu'à l'état de fantasme, le présent est inintéressant ; il n'y a donc plus ni passé, ni présent, ni avenir, il n'y a rien d'autre que le néant et le vide ; la prison se révèle atemporelle. Le temps voulu par les juges une punition, le temps se perd, l'homme s'égare, le temps s'évapore, la punition finit par perdre son sens, et celui qui veut affronter le temps réveille lui-même la souffrance de la condamnation.

« Certains renoncent à souffrir ; condamnés à la prison, ils sont factuellement condamnés à une mort lente qu'ils décident d'accélérer en se suicidant. Le suicide s'offre comme une façon d'échapper au vide temporel et à la souffrance carcérale. D'autres se gavent de neuroleptiques qui leur permettent de dormir, de ne plus subir consciemment, devenant des zombis errant dans les couloirs des centres de peine, définitivement handicapés, sans doute incapables de jamais renouer avec une vie normale après avoir perdu l'habitude de lutter, d'assumer des responsabilités, de prendre des décisions et de faire des choix. Enfin, une dernière catégorie décide de dominer ce qui semble impossible à maîtriser : le temps dérobé par la peine. Le prisonnier dispose de plusieurs moyens pour y parvenir, travail rémunéré, sport, études, écriture, art, artisanat, jeu, que ce soit sous encadrement administratif, sans initiative personnelle, ou dans la solitude d'une volonté libérée et volontariste.

« Les études sont incontestablement l'un des meilleurs moyens de remplir le vide existentiel dans la mesure où elles assument divers rôles ; elles comblent le temps perdu, elles contribuent à maintenir un certain équilibre mental et restructurent l'individu en substituant la réflexion à la soumission, enfin elles transcendent la sanction en préparant le prisonnier en vue de son insertion sociale.

« Les années de prison sont en large part dénuées de sens, autre que celui de la peine purgée, or un homme ne peut mentalement réduire sa vie à une sentence sans s'égarer mentalement, il est essentiel qu'il se structure pour vivre dans la société, et ce sont ses choix et ses actions qui y contribuent ; le bloquer dans ses actes marginaux et le limiter à ces derniers empêche toute sociabilisation. Étudier dissipe donc l'ennui journalier et permet d'éviter que l'homme, désœuvré, ne sombre dans l'apathie, voire la folie. En dehors de toute tutelle administrative, le prisonnier peut décider de son temps, se fixer ses propres astreintes et déterminer ses heures de cours. Au lieu de laisser ses gardiens gouverner son temps, il gère une partie de celui-ci et sauvegarde un minimum d'autonomie. Toutefois, l'essentiel d'une telle démarche se perçoit à plus long terme. Si je n'avais pas suivi un cycle universitaire, au bout de vingt ans de détention, en regardant en arrière, je rencontrerais un grand vide, sans références chronologiques autres que les dates d'arrestation et de procès. La vie d'un homme s'évalue en fonction de ce qu'il en a fait et les études sont finalement la seule construction d'une vie carcérale généralement appauvrissante.

« Si l'on excepte les condamnés pour mœurs, dont beaucoup sont socialement insérés au moment de leurs actes, les prisonniers sont souvent des marginaux insatisfaits de leur statut social, ce qui rend leur insertion d'autant plus difficile. La plupart n'ont pas de formation professionnelle ou, s'ils en ont, leur qualification leur permet tout juste de trouver des emplois décourageants qui n'ont pas su les motiver avant leur entrée dans la délinquance. L'administration pénitentiaire propose des travaux de sous-traitance apprenant aux détenus à ensacher des objets, à fabriquer des chaussures ou à découper des plaques de tôle. Combien d'anciens voleurs pourront réellement s'insérer grâce à un tel apprentissage ? À sa libération, le prisonnier reprend la vie avec moins de chances de réussir qu'il n'en avait à l'origine ! En revanche, les études permettent à l'homme de s'instruire, de réfléchir, de s'enrichir et de s'élever, elles sont un accomplissement et un épanouissement personnels. Qui contestera que notre société soit aujourd'hui un monde dans lequel les diplômes sont nécessaires pour travailler, le baccalauréat étant devenu un minimum ? Or, les prisonniers sortent en majorité des banlieues défavorisées, peu d'entre eux ont accédé à la culture et atteint ce niveau. Comment pourraient-ils réellement s'insérer en étant sous-qualifiés, après avoir passé une partie de leur vie dans l'exclusion totale ?

« *Je suis personnellement convaincu que les études sont la plus sûre garantie qu'un marginal puisse avoir de s'insérer socialement et je constate que l'administration pénitentiaire n'encourage guère leur développement. Très souvent, le détenu qui étudie est considéré comme un fainéant qui ne veut pas accomplir un véritable travail dans les ateliers ! La loi pénale elle-même est significative puisque l'administration n'est tenue d'assurer que l'enseignement primaire et les cours d'alphabétisation*[4]*, rien n'étant véritablement prévu pour les études supérieures, ces dernières se faisant au gré d'une farouche volonté exprimée par le détenu, des moyens financiers de ce dernier, de la bonne volonté des directeurs d'établissement et surtout de l'investissement personnel et bénévole des intervenants extérieurs. Plus significative de cette orientation législative paraît la suppression, il y a une dizaine d'années, des trois mois de réduction de peine octroyés aux détenus qui réussissaient des examens*[5]*. Or, ces « grâces » servaient parfois de motivation pour commencer un cycle d'études. Ceux qui étudiaient "pour les grâces" continuaient de le faire par goût.*

« *Beaucoup de détenus pourraient suivre un cursus universitaire, et la rareté de telles initiatives résulte d'un triple niveau de responsabilité, celui des détenus, celui de l'administration pénitentiaire et celui des universités. À l'exception de quelques prisons, la plupart des établissements ne cherchent pas à tisser de relations avec les universités, malgré la présence d'étudiants du Génépi qui interviennent au niveau de l'enseignement secondaire. L'administration qui doit offrir des structures pour passer le brevet des collèges ne se soucie guère d'aller au-delà*[6]*. Les détenus, rarement issus de milieux cultivés, n'ont pas conscience de la nécessité d'étudier et méjugent même de leur capacité à le faire. À de rares exceptions, telles les universités de Tours, Paris-VIII et Paris-X, la plupart des universités ignorent totalement qu'il existe des étudiants potentiels dans les prisons et méconnaissent le rôle qu'elles pourraient jouer en ce domaine. Je pense que l'administration pénitentiaire devrait donc agir afin d'éveiller l'intérêt des universités et celui des*

---

4. CPP, art. 2.452 à 456.

5. Actuellement, les détenus peuvent théoriquement se voir octroyer jusqu'à trois mois de réduction de peine pour bonne conduite et deux pour leurs gages de réinsertion. Avant 1986, ils pouvaient bénéficier de trois mois pour bonne conduite, trois mois pour leurs gages de réinsertion et trois mois pour les réussites aux examens (art. 721 et ss, CPP).

6. L'auteur ne sous-estime pas les formations professionnelles (AFPA et GRETA), mais il note que la plupart des stagiaires non-prisonniers ne parviennent même pas à trouver du travail à long terme.

*détenus pour développer les études de haut niveau ; elle devrait revaloriser ces dernières alors qu'elle se contente de les tolérer ponctuellement comme moyen de gardiennage : le détenu étudiant occupé ne pose pas de problèmes.*

*« Une question reste en suspens : le système judiciaire souhaite-t-il réellement insérer les futurs anciens détenus ou préfère-t-il seulement gérer le présent punitif ? La réponse est sans doute politique, mais je pense que la volonté d'insertion est presque totalement inexistante. Plus pénible, il me semble même que certaines tendances politiques, convaincues que la répression la plus rigoureuse est la seule option en matière de justice pénale, sont même opposées à la réinsertion, essayant de faire avorter cette dernière, administrant et favorisant l'échec afin de fonder et de justifier leur idéologie. »*

Mes professeurs, Christiane Deluz et Bernard Chevalier, ainsi que Philippe Lenoir, représentant la formation professionnelle, rattaché à l'université de Tours, venaient me voir à Moulins. Un jour, alors qu'ils étaient invités à manger par le directeur et quelques cadres de l'établissement, un sous-directeur en fin de carrière, issu de la base, tenta de les convaincre que je ne travaillais pas réellement, que je faisais semblant, position que ne paraissait guère partager le directeur. Ils répondirent qu'ils voyaient les résultats de mon travail et que je ne pouvais pas faire semblant. À cette époque, si j'avais décidé de vivre autrement, mon choix ne plaisait pas à tous. Au-delà de moi, de la haine que j'inspirais à la base pénitentiaire du fait de ma tentative d'évasion de Fresnes et de mes participations à diverses révoltes, j'étais un symbole. Pour les répressifs, l'échec de ma vie et mon inscription dans la spirale de la criminalité impliquaient qu'ils avaient raison d'être pour la peine de mort, pour la répression et pour l'asservissement des prisonniers. Le fait que je puisse, un jour, me réinsérer dans la société attestait qu'ils avaient tort. Il convenait donc de m'isoler et de saborder tout mouvement réalisé dans le sens d'une éventuelle future insertion sociale.

En 1988, je rendis mon mémoire de maîtrise sur *Les Relations familiales en Rouergue et Gévaudan au XVᵉ siècle, d'après le trésor des chartes*, puis je soutins cette recherche devant mes professeurs, deux détenus de Moulins, deux étudiants venus de l'université de Tours, le directeur de la centrale, un enseignant et quelques représentants du service social. Je démontrai alors qu'au Moyen Âge l'insécurité favorisa le maintien de la famille élargie et que, soumis à diverses pressions, le groupe familial conservait sa cohésion tout en s'insérant dans les communautés d'habitants. Ce n'était pas forcément un propos novateur, bien sûr, mais mon mémoire était bien construit et il me valut la mention très bien avec félicitations du jury. J'étais véritablement heureux et regrettais seulement que ma mère et mon frère n'aient pas obtenu l'autorisation de venir assister à cet événement. L'autorisation, d'abord accordée, avait été annulée au dernier moment[7].

Mes professeurs me chargèrent d'aider deux autres détenus à préparer leur première année de DEUG. Je découvris le plaisir de transmettre ce que j'avais appris. En même temps, je préparais mon DEA. Je devais présenter le projet de ma future thèse de doctorat tout en réalisant un mémoire sur le droit familial ancien. Bernard Chevalier venait de m'inciter à explorer une discipline qui constitue aujourd'hui un domaine privilégié de mes travaux : l'histoire du droit. En effet, j'ai alors pris conscience que la connaissance du droit ancien est essentielle afin de comprendre une période donnée de l'histoire. Or, le droit ancien n'est pas enseigné dans le cursus de DEUG et de licence d'histoire. Les historiens étudient la philosophie, les langues, les lettres, la géographie, les statistiques, mais absolument pas le droit. L'histoire du droit elle-même demeure le territoire quasi exclusif des juristes parmi lesquels figurent les historiens du droit, très souvent brillants.

Toutefois, la colère face aux injustices pénitentiaires restait latente en moi, mais aussi dans le cœur de mon frère. Ce dernier se heurtait souvent à des gardiens qui n'admettaient pas de le voir libre et qui acceptaient mal qu'il vînt me voir. Ils le provoquaient, lui parlaient comme s'il était toujours prisonnier et le tutoyaient occasionnellement, ce qu'il ne laissait jamais passer, à juste titre. Un jour, après le parloir, il attendait dans une salle, avec les autres visiteurs, que les

---

7. Ce travail a été publié sous le titre de soutenance, à Mende, en 1990, par la Société des lettres, sciences et arts de la Lozère.

gardiens les libèrent[8]. Une femme enceinte, contrainte de demeurer debout, éprouva un malaise. Mon frère décida de taper dans la porte pour appeler à l'aide, personne ne répondit. Lorsque les fouilles furent achevées, enfin, les gardiens vinrent et dirent qu'il ne fallait pas frapper ainsi. Mon frère ne put s'empêcher de les traiter d'un nom d'oiseau quelconque. Les matons dressèrent un rapport en se plaignant d'avoir été insultés. La direction décida de suspendre son permis pendant un mois et l'en informa. Quelques jours plus tard, le directeur m'appela, inquiet je pense, même s'il le cachait. Jean-Jacques, fort en colère, avait informé le ministère qu'il allait prendre un très gros camion et qu'il se précipiterait contre les portes de la prison afin de les pulvériser si son permis ne lui était pas restitué. Il avait annoncé qu'il préviendrait la presse juste avant, étant convaincu que les journalistes s'intéresseraient aux causes d'une telle folie. La direction de l'administration pénitentiaire avait immédiatement appelé le directeur qui me demanda si je pensais que mon frère mettrait sa menace en application. Cela me semblait évident, mon frère n'étant pas du genre à proférer de telles paroles sans les respecter, même s'il ne tenait plus à les mettre à exécution, en les proférant, il s'était piégé et il devait accomplir l'irréparable. Moi seul pouvais encore l'arrêter et le directeur m'offrit la possibilité de le joindre téléphoniquement. Je n'avais pas envie de voir mon frère, devenu père de famille, gâcher sa vie pour des matons qui seraient heureux de le revoir à l'intérieur. Je l'appelai donc et je lui demandai de surseoir, au moins jusqu'à ce que nous puissions nous voir. Dans le même temps, le directeur fit ce qu'il put pour ne pas se renier tout

8. En effet, dans plusieurs établissements pénitentiaires (pas dans tous), les familles restent bloquées dans des salles jusqu'à ce que les fouilles des détenus soient achevées. Plusieurs fonctionnaires, du simple gardien au directeur, m'ont déclaré que cette procédure était prévue afin de vérifier qu'aucun visiteur n'avait remis d'objets à des détenus. Dans le cas contraire, il suffirait de retenir le visiteur en infraction. Un jour, je fis observer qu'il s'agissait d'une détention arbitraire puisque ces fonctionnaires reconnaissaient eux-mêmes qu'ils retenaient préventivement des familles considérées, *a priori*, comme suspectes. Ce jour-là, on me répondit rapidement qu'en fait, il s'agissait aussi d'une commodité de service puisqu'il fallait fouiller immédiatement les détenus et qu'il n'y avait donc plus personne pour raccompagner les familles.

en arrangeant les choses. Tout en maintenant la durée d'un mois, il antidata le départ du terme de la suspension du permis. Le temps passant, mon frère put me rendre visite la semaine suivante. Les choses en restèrent là.

Un nouveau juge de l'application des peines prit ses fonctions en 1990. Il m'avait connu en 1981, alors qu'il commençait sa carrière dans l'administration pénitentiaire, à Fresnes, comme sous-directeur. Il était surpris de voir combien ma situation avait évolué. Depuis, il avait quitté son administration d'origine pour rejoindre la magistrature en expliquant, lors d'une émission télévisée, qu'il le faisait car il était choqué que des détenus fussent périodiquement frappés au mitard de Fresnes. Il établit alors un dossier de demande de commutation[9] et fut ainsi le premier magistrat à inscrire noir sur blanc sa conviction que ma réinsertion ne présenterait aucun problème.

En juillet, j'obtins mon DEA, avec la mention bien. J'aurais aimé avoir mieux mais mon travail ne justifiait pas une mention supérieure. En outre, je considérais qu'il fallait avoir une mention très bien à la maîtrise et au doctorat, véritables diplômes, contrairement au DEA qui n'est qu'une étape. Peu après, j'expliquai au directeur de Moulins que les centrales au régime sécuritaire, telles qu'elles étaient gérées, allaient inéluctablement reprendre feu un jour ou l'autre et que, personnellement, depuis Saint-Maur et Besançon, je ne souhaitais plus être précipité dans de tels événements. Je ne voyais qu'une solution : être transféré en centre de détention. À ma grande surprise, il me dit que, selon lui, ma place n'était plus dans le type d'établissement qu'il dirigeait. Je lui adressai immédiatement une demande de transfert qui fut rejetée par le ministère. Dans le même temps, les gens du ministère me firent savoir que je devais persévérer. Je récidivai et essuyai un nouveau refus. Là, je décidai de renoncer, mais une amie travaillant pour le secrétariat d'État à la formation continue me fit savoir que je devais réellement réitérer ma demande. J'appris en

---

9. La commutation de peine ressort du pouvoir de grâce présidentiel. Elle consiste à remplacer la peine perpétuelle par une peine de vingt ans à compter de la date de la commutation.

même temps qu'une commission réunissant des représentants de l'administration pénitentiaire, de la magistrature et du ministère de l'Intérieur, avait décidé de m'exclure des listes des DPS. Je n'étais officiellement plus du tout considéré comme dangereux. Je demandai donc mon transfert pour Melun, un centre de détention dans lequel je savais pertinemment que le ministère n'envoyait pas des détenus ayant un dossier comme le mien. Quelques jours plus tard, le directeur me prévint que le ministère l'avait appelé pour l'aviser que mon transfert était autorisé si j'acceptais la destination précédemment refusée, Caen. Je répondis positivement et je fus informé de mon départ prochain [10].

Je repassai à Fresnes, pour la première fois depuis 1981. Pendant dix ans, j'y avais été interdit de séjour mais, n'étant plus DPS, le ministère considéra que je devais être comme les autres détenus qui, lors d'un transfert, transitaient obligatoirement par cette maison d'arrêt, grande plate-forme d'orientation du système carcéral. Je n'y restai qu'une quinzaine de jours et je découvris que cette prison n'avait pas changé, les geôliers y étant toujours aussi incorrects. Un jour, je rencontrai un sous-directeur et je l'informai de cette réalité. Je n'étais plus un gosse d'une vingtaine d'années, spontané et peu cultivé, j'avais trente-quatre ans et j'étais un universitaire dont les travaux commençaient à paraître. Je bénéficiais d'un certain entourage. Ma parole avait donc plus de valeur. Le sous-directeur m'expliqua qu'en cas de problème, je devais le prévenir immédiatement, car lui et ses collègues ne savaient pas tout ce qui survenait en détention.

Je retrouvai un surveillant-chef qui n'était que premier surveillant lorsque j'étais en QHS. Il me donna des nouvelles de divers détenus que j'avais perdus de vue et qui étaient passés par Fresnes. C'est assez surprenant de constater qu'un gardien qui vous revoit ainsi vous traite différemment, un peu selon le principe : « C'était le bon vieux temps. » Bon vieux temps pour qui, je ne le sais !

En novembre 1990, je découvris Caen, un centre de détention assez particulier puisque ses effectifs se composent approximative-

---

10. Un détenu peut être transféré par le ministère, sans son avis, il est alors envoyé un peu n'importe où, mais il peut également solliciter lui-même un transfert et, si ce dernier est accepté par le ministère, demander un lieu spécifique.

ment de soixante-dix pour cent de violeurs ou d'auteurs de crimes sexuels. Que faisais-je là ? En général, les détenus sortant des quatre centrales sécuritaires (Saint-Maur, Moulins, Clairvaux et Ensisheim) étaient transférés soit à Caen soit à Muret. Je pense, en ce qui concerne Caen, que cela permettait de vérifier que le prisonnier en question ne poserait pas de problèmes. Tout d'abord, Caen héberge près de quatre-vingts «perpètes», ensuite, un esprit rebelle est obligatoirement boycotté par un tel nombre de violeurs puisque ces derniers sont généralement des collaborateurs de l'administration ; à défaut, ils sont généralement trop lâches pour se révolter. Donc, le rebelle potentiel est bien gardé et il ne peut inciter personne à la rébellion.

Cela m'allait très bien, je ne risquais pas de rencontrer trop de garçons auxquels je me lierais et avec lesquels j'aurais envie de parler. Or, mon désir résidait précisément en cela : ne fréquenter presque plus personne. Pourquoi ? C'est simple, la souffrance des autres me révoltait encore plus que la mienne. Plus je côtoyais l'injustice, ou ce qui me semblait injuste, plus je me révoltais, et plus je me révoltais, moins j'avais de chance de m'en sortir. En parlant avec les autres, ces derniers vous confient souvent leur douleur, leur souffrance et leur peine. C'est logique, cela leur permet de se vider, mais, moi, cela me blessait et me donnait soif d'insurrection. Je devais donc ne plus entendre la douleur des autres et ne plus me laisser emporter par les complaintes carcérales. À Caen, je ne fréquentais donc qu'un ou deux détenus en bonne amitié, et deux ou trois de façon épisodique. Il s'agissait souvent de camarades d'autrefois avec lesquels je partageais certaines affinités, un passé de révolte ou d'évasion, voire plus simplement de sympathie.

Le temps s'écoulait. Parfois, j'apprenais la mort de tel camarade, puis de tel autre. Untel, abattu en pleine rue dans une guerre entre voyous, tel autre tué par la police. Le banditisme offre un fort taux de mortalité précoce. C'est normal, logique, mais très souvent des garçons intéressants et humainement riches tombaient. Un copain d'école fut tué aussi. Je pensais alors aux photographies des amis de mon grand-père maternel, tous pilotes. Lorsque j'étais enfant, ma grand-mère m'expliquait que celui-ci s'était écrasé en montagne, tel autre avait disparu, purement et simplement. Certaines photographies les montraient faisant la fête, buvant du champagne. Ils avaient dans leurs yeux cette lueur, cet éclair, qui apparaît dans ceux des marginaux les plus jusqu'au-boutistes, cette fragile étincelle qui dit que la vie sera brève, que la mort importe peu. Mourir jeune, n'est-ce pas parfois le vœu inconscient des aventuriers, ne pas vieillir dans la banalité, dans la platitude, dans un lit ?

Je découvris un peu plus le monde des criminels sexuels, fût-ce de loin. Contrairement aux bandits et aux voyous, beaucoup des auteurs de crimes sexuels sont des gens vivant insérés dans la société. Ils travaillent, sont souvent partisans de la peine de mort pour les gangsters et les voleurs, assez racistes, misogynes et soumis à l'autorité. Ils expliquent presque toujours que ce qu'ils ont fait n'est pas aussi grave que d'attaquer une banque et, même lorsqu'ils ont tué, leur affaire est souvent plus compréhensible que celle des voyous, auteurs d'un homicide ou non. Ils haïssent les voyous et, paradoxalement, presque tous nient être là pour viol, essayant de se faire passer pour des voleurs. Que de contradictions entre leur vie, leurs actes et leurs propos apparaissent, mais c'est humain. Une chose me paraît certaine, les actes des délinquants sexuels ne relèvent pas de la prison telle qu'elle est conçue aujourd'hui. Cette dernière ne peut que conduire à leur récidive et je suis stupéfait de constater que les bons esprits s'étonnent de voir qu'un violeur libéré viole à nouveau. En effet, le violeur souffre indéniablement de frustrations et de troubles sexuels, or la prison est un monde de frustrations sexuelles et son état ne peut que s'aggraver. Dans le même temps, son psychisme n'est même pas traité. Peut-on reprocher à un malade d'être malade ? Bien sûr, la sanction, la condamnation du crime sexuel, doit être infligée, mais l'auteur de tels actes devrait être soigné. Certains grands esprits parlent de ne plus jamais laisser sortir un délinquant sexuel de prison. Lorsqu'un violeur tue, ces philosophes de bistrot découvrent qu'il avait violé une fois déjà et considèrent scandaleux qu'il ait pu retrouver la liberté. Soit ! Que faire alors ? Infliger une peine perpétuelle ? Aberration et danger illimité ! Cela signifierait qu'un homme qui viole et laisse sa victime vivre serait condamné à la même peine qu'un violeur qui tue. Non, soyons raisonnables. Pendant des années, l'administration pénitentiaire et la justice ont « chouchouté » les violeurs, considérant le viol comme moins grave que le vol.

Aujourd'hui, il conviendrait de passer d'un extrême à l'autre. Ces discours escamotent le vrai problème, la véritable solution, l'instauration d'une réelle assistance médicale.

Tous ces discours officiels sur la délinquance des jeunes, la réinsertion et la récidive, tant en matière de banditisme, de petite délinquance et de crimes de mœurs, sonnent faux et s'avèrent, de ce fait, oiseux et stériles. Les gouvernements ne cherchent aucunement à résoudre les problèmes et ils se contentent de répondre aux craintes du grand public. Souvent leurs décisions sont même en totale opposition avec les éventuelles solutions, qu'importe, l'essentiel est de gérer l'immédiat. L'un des exemples flagrants fut la tentative d'instauration d'une «peine réellement perpétuelle». L'idée lancée par les politiques fut tout de suite remise en cause par les gens de l'administration pénitentiaire eux-mêmes, qui ne sont pourtant pas laxistes, mais qui savaient qu'une telle peine était illogique et dangereuse. Toutefois, le véritable problème était ailleurs. En effet, dès cette époque, une peine perpétuelle pouvait être effectivement perpétuelle ; pour cela, la chancellerie devait simplement ne jamais commuer et ne jamais donner de libération conditionnelle à un détenu condamné à perpétuité. Il suffit de constater qu'aujourd'hui, un détenu condamné pour avoir tué un gamin dans les années soixante a effectué près de quarante années de réclusion. En revanche, une peine ne sera jamais garantie comme réellement perpétuelle dans la mesure où, même si une loi existait pour interdire formellement toute libération, la perpétuité est trop longue pour préjuger de l'avenir et un gouvernement pourrait remettre en question une telle loi deux décennies plus tard. En outre, le pouvoir de grâce présidentiel resterait toujours un recours, comme il l'était face à la peine de mort. À l'époque où cette question de peine réellement perpétuelle s'est posée, le gouvernement cherchait simplement à satisfaire une opinion publique justement blessée par le meurtre d'un enfant. Mais un gouvernement doit-il faire des lois inapplicables et contraires à la logique, alors que d'autres lois existent, sont applicables et répondent aux problèmes envisagés, simplement pour rester à un bon niveau dans les sondages ?

De 1990 à 1995, je travaillais ardemment sur ma thèse, sur la famille en Gévaudan au XVe siècle. Mes journées de labeur duraient alors de huit à seize heures, selon ma résistance. Je rédigeais des communications de douze à vingt pages, comme cela se fait dans le milieu universitaire, que des revues universitaires publiaient. J'éprouvai un certain plaisir en voyant ma première étude dans *La Revue historique* en 1992, puis une autre dans *Les Annales du Midi* en 1993. C'était la reconnaissance de la qualité de mon travail et cela me faisait rentrer en contact avec le milieu universitaire dont j'étais très isolé.

Un matin, nous fûmes réveillés par le déclenchement d'une fouille générale. Plusieurs camions de surveillants de prison arrivèrent de Paris et d'ailleurs pour dévaster le centre de détention. Juste avant, le personnel de Caen, scandalisé par la méthode, glissa des circulaires sous les portes pour nous prévenir. Moi, dormant, je n'en pris même pas connaissance. Je dus évacuer ma cellule et attendre dans la cour de promenade, avec les autres, que les choses se fassent. Ma cellule fut relativement épargnée, car mon matériel de travail la meublait : lecteur de microfilms appartenant à l'université, microfilms des archives départementales de la Lozère, ordinateur, livres, papiers et notes diverses. Des consignes avaient été données en ce sens, mais bien des cellules subirent des excès, les fouilleurs cassant des meubles artisanaux que les détenus avaient été autorisés à construire ou confisquant de l'eau de Javel vendue en cantine. Le lendemain, la direction fit restituer aux détenus la presque totalité des objets confisqués.

Cela ne me concernait plus vraiment, je planais au-dessus de ces difficultés. En 1995, ma thèse était terminée et mes professeurs demandèrent que je puisse venir la soutenir à Tours devant l'université. Le directeur du centre de détention et la juge de l'application des peines se montrèrent tout de suite favorables et très intéressés par cette expérience. Je dus rencontrer des psychiatres qui me considérèrent comme normal et réinsérable.

Ma thèse était fort volumineuse, s'étendant sur douze cents pages. J'avais dépouillé cent cinquante registres de notaires, déchiffré plus de quarante mille pages en latin. Je m'étais instruit en droit, en sociologie, en ethnologie et dans diverses sciences susceptibles de me permettre de bien analyser mon sujet. J'avais appris un peu de latin et d'occitan. Mon travail était bon, j'en étais convaincu, mais je perdis pied. Je n'en pouvais plus, j'étais épuisé par ce travail et, surtout, je doutais de tout, je craignais qu'il ne servît à rien, je me demandais si je sortirais un jour maintenant que j'avais renoncé à m'évader. La haine ne me permettait plus de supporter certains problèmes puisque je l'avais chassée de moi. Un soir, je décidai de procéder à l'autodafé de ce texte. J'hésitais encore un peu et je m'accordai jusqu'au lendemain. Pourquoi ai-je résisté ? Pourquoi ai-je surmonté ce découragement ? Il fallait être logique, si je détruisais ma thèse, je me détruisais. Elle seule m'octroyait la dimension scientifique qui me permettrait un jour de vivre dehors. Si je renonçais à elle, je devais me suicider. Étais-je capable de me suicider ? Je l'ignore. Je sais que j'ai sans doute passé trois ou quatre mille jours à me réveiller le matin en me demandant quel sens avait la vie, à me dire que je serais mieux mort qu'en train de vivre cette existence déplorable, dénuée d'intérêt, j'ai également dû lutter contre le suicide pendant un millier d'autres jours, et deux mille jours à me dire que ma seule raison de vivre, c'était que mes geôliers et les adeptes de la répression rageaient de me voir vivre. Était-ce assez pour me tuer ? Deux personnes m'empêchaient de me tuer, deux personnes qui ne s'en remettraient pas, ma mère et mon frère. Je devais vivre, donc... Donc ma thèse vécut, et je la soutins un après-midi de décembre 1995.

Je n'étais jamais entré dans une université. Je ne savais même pas comment cela se passait à l'intérieur. C'était un monde à part. Personne, dans ma famille, n'était jamais allé dans une université. J'étais le premier universitaire de ma famille. Quelque part, je considérais assez unique de pénétrer pour la première fois dans une université afin d'y soutenir une thèse de doctorat. La soutenance dura tout l'après-midi. Finalement, le jury se retira pour délibérer, il revint et me décerna la mention très honorable avec les félicitations du jury. Le public applaudit. J'étais heureux. Je savais que la mention bien était obligatoirement acquise, car mon travail était bon, mais au-delà il m'était difficile de juger par moi-même. Après, nous mangeâmes et bûmes au buffet offert par le président de l'Université.

Le directeur du centre de détention, un homme assez remarquable, m'accompagnait avec le chef de détention et un surveillant. À distance, nous étions entourés par trois gendarmes en civil dont les armes formaient de grosses bosses sous leur blouson de cuir. Sur la route, à l'aller, nous nous arrêtâmes afin de manger des sandwiches. Originellement, le directeur et la juge de Caen étaient convenus d'une extraction sans gendarmes mais le ministère, alerté par un gardien de Caen scandalisé, les appela et leur intima l'ordre de modifier ce système jugé peu suffisant. En fait, j'aurais même pu m'y rendre seul si la loi n'interdisait pas à un perpétuité de sortir en permission, mais les gens du ministère, alors axés sur la répression, voyaient toujours d'un mauvais œil mon parcours qui les ennuyait et les contraindrait, un jour ou l'autre, à se poser la question de ma libération.

Un journaliste tourangeau m'interviewa, il répercuta l'information, et la presse découvrit cet événement, avec surprise peut-être. *Le Figaro, Libération, Le Nouvel Observateur*, FR3 et d'autres médias s'en firent l'écho. Certains journalistes évoquèrent mon éventuelle libération. Pour moi, cette évolution était importante ; à l'époque, à chaque fois que je parlais de ma libération, on me répondait qu'elle serait difficile à accorder car la presse risquait de provoquer un scandale. Le pouvoir de la presse fait trembler les hommes politiques.

De plus, dans les bureaux de la chancellerie, un certain nombre de magistrats avaient commencé leur carrière sous Giscard d'Estaing et ils n'avaient pas oublié leurs fantasmes de répression. Pour eux, j'avais été le type même du taulard à détruire, l'irrécupérable, la justification par excellence de la peine de mort et de la répression la plus antidémocratique. Mon parcours et ma réussite les contredisaient alors que mon échec aurait signifié qu'ils avaient raison. Depuis 1988, un contentieux pendait entre moi et ces bureaucrates de la chancellerie. J'avais été commué à une peine de réclusion perpétuelle par François Mitterrand, sans peine de sûreté. En 1988, le responsable du greffe de la centrale de Moulins inscrivit une peine de sûreté de dix-huit ans sur mon dossier. Cela me déstabilisa et cela aurait pu me pousser à la révolte, jetant à bas tous mes efforts universitaires. Pendant plusieurs années, de 1985 à 1988, des magistrats avaient rendu des ordonnances en considérant que je n'avais aucune peine de sûreté. J'étais révolté, ma famille aussi. Plusieurs de mes proches écrivirent à Danièle et à François Mitterrand afin d'attirer leur attention sur ce sujet, en particulier celle du Président. L'Élysée demanda des explications au procureur général près la cour d'appel de Paris. Le 7 mai 1991, celui-ci répondit qu'en aucun cas une peine de sûreté de dix-huit ans ne pouvait m'être infligée et que celle-ci devait être limitée à quinze ans. Cela ne correspondait pas aux textes de loi qui fixaient qu'en cas de commutation de peine, la période de sûreté ne pouvait être supérieure à celle imputée lors de la condamnation. Or, tout était là, la peine de mort n'était pas assortie d'une peine de sûreté ! Un cadre de l'administration pénitentiaire m'expliqua un jour que, même si je n'avais pas de peine de sûreté, nul n'admettrait qu'un ancien condamné à mort n'en eût pas. Le regret que je n'aie pas été exécuté subsistait. À défaut d'une exécution, il fallait tordre le cou à la loi pour m'infliger la peine la plus longue possible, sans recours. Toutefois, raisonnablement, je considérais qu'une durée de quinze ans s'avérait acceptable.

Fin 1993, j'approchais donc du moment où je pourrais poser ma demande de libération conditionnelle. La droite venait de reprendre le pouvoir et un magistrat proche d'une droite extrême et du RPR rejoignit le cabinet du ministre de la Justice. C'est alors que *« Le Chef de Bureau de la Réglementation et de la Méthodologie, de la sous-direction de l'exécution des décisions judiciaires de la direction de l'administration pénitentiaire »* (sic) adressa un courrier au directeur de Caen, le 8 novembre, en déclarant que l'on devait m'imputer une période de sûreté de dix-huit ans. Comment ce petit fonctionnaire pouvait-il contredire la plus haute instance judiciaire, le procureur général de Paris, autorité devant laquelle j'avais été condamné ? C'était ainsi. Par une proche qui connaissait un avocat général parisien, j'appris qu'une peine de sûreté de quinze ans était inscrite dans les rôles de la cour d'appel de Paris me concernant. Sûr de moi, je demandai donc à la cour d'appel de statuer en confirmant ce qui était consigné dans ses registres. J'oubliais que les cours peuvent se contredire elles-mêmes et, surtout, dire l'inverse de ce qu'elles ont inscrit dans leurs registres. En 1995, la peine de sûreté de dix-huit ans fut confirmée. Ce fut l'époque où je faillis détruire ma thèse et renoncer à tout, désespéré. Un tel acharnement, surfant sur les marges de la loi, ne me laissait rien augurer de bon.

François Mitterrand fut à nouveau sollicité, par ma famille, par mes professeurs, par d'autres universitaires, par mon nouvel avocat, Henri Leclerc, qui allait bientôt devenir président de la Ligue des droits de l'homme, et par moi-même. Il ne s'agissait plus seulement de régler ce problème de période de sûreté mais bien d'obtenir ma grâce avant la fin du second septennat du président. J'écrivis à ce dernier que la droite allait revenir au pouvoir et qu'elle ne me laisserait jamais sortir dans la mesure où mes efforts contredisaient toute idée de répression. La chancellerie, dirigée par Méhaignerie, émit un avis défavorable, bien entendu. Toutefois, j'appris que le Président allait signer ma grâce, peu avant de quitter le pouvoir, mais quelle ne fut pas ma stupeur lorsque je vis Chirac le remplacer alors que je restais sans nouvelle. François Mitterrand aurait-il renoncé à me gracier ? La réponse vint quelques jours plus tard, un magazine évoqua une grâce du président octroyée à un prisonnier qui n'aurait pas été signifiée [11]. J'obtins également confirmation, officieusement, que le décret de grâce avait été signé mais non contresigné. En septembre 1996, un an plus tard, *Le Monde* écrivit : « *François Mitterrand a signé une seconde grâce en faveur de l'ancien voyou, devenu en prison un spécialiste reconnu de l'histoire médiévale. La nouvelle de cette grâce, qui aurait rendu Philippe Maurice à la liberté, n'avait, jusqu'ici, pas été ébruitée. Le décret l'officialisant n'a jamais reçu du Premier ministre d'alors, Édouard Balladur, la signature qui l'aurait rendu exécutoire. Mauvaise volonté ou désordre des derniers jours de la cohabitation ? Reste que Philippe Maurice, dont le rachat en prison est un pied de nez à ceux qui jugent impossible la réhabilitation... est toujours derrière les barreaux.* »

Comment un Premier ministre put-il s'opposer à une grâce présidentielle ? Cela constitua un cas unique, « *un événement exceptionnel dans l'histoire des institutions françaises* », écrivit plus tard mon avocat à Élisabeth Guigou. À mes yeux, c'était la continuité d'une logique sans fin. Depuis les déclarations des hommes politiques qui, en 1979,

---

11. *Le Point*, n° 1184, 27 mai 1995 : « *Ce fut sans doute l'ultime accroc de la cohabitation : juste avant son départ, Édouard Balladur a refusé de contresigner un décret de grâce accordé par François Mitterrand. Il s'agissait d'une réduction d'une peine de sûreté concernant un condamné de longue date.* »

précisaient que je serais condamné à une peine exemplaire, depuis ma condamnation par une cour illégalement constituée, des hommes s'acharnaient à détourner la loi. Si le pouvoir de grâce du Président est incontestable, ses décrets, pour devenir exécutoires, doivent être contresignés par le Premier ministre. S'ils ne le sont pas, ils restent valables mais ne peuvent pas être appliqués. La grâce de François Mitterrand demeurait donc valable, elle l'est encore, mais elle était inexécutable. Où est-elle, qu'est-elle devenue, cette grâce ? Pendant plusieurs années, Henri Leclerc chercha à la faire appliquer. Il écrivit à des chefs de cabinet, à Toubon, puis à Élisabeth Guigou, gardes des Sceaux. Personne ne nia véritablement que cette grâce existât mais... nul n'y donna suite. Comment reconnaître, plusieurs années après, une grâce mise de côté ? Pour moi, ce fut insupportable, je fulminai, j'eus envie de tout casser, de monter sur les toits, d'exiger que l'on me « rendît ma grâce ». Je cherchai quelle action je pouvais mener. Or, le problème était bien là, le système ne me laissait que les actions violentes, hautement symboliques, auxquelles j'avais renoncé. Je dus donc tenir, ne pas me suicider et continuer à travailler.

En janvier 1996, en désespoir de cause, j'adressai une requête à la chambre d'accusation auprès de la cour d'appel de Caen en sollicitant une réduction de ma peine de sûreté. Je comparus devant ces magistrats qui m'écoutèrent attentivement. Le procureur déclara qu'il aimerait que d'autres détenus fissent des études comme les miennes mais il ajouta qu'il s'opposait à cette réduction de période de sûreté au nom du respect de l'ordre public. Je fus débouté de ma demande. À la même époque, un ancien policier, à l'occasion braqueur de banques, obtint une réduction de sa période de sûreté.

J'étais parfois sollicité pour des entretiens avec des étudiants en sociologie ou des éducateurs établissant des mémoires dans le cadre de leurs formations. Étais-je devenu un détenu « convenable » ? En fait, si ma culture me permettait de parler raisonnablement, avec calme, je n'en dénonçais toujours pas moins la prison et le système, sans doute avec moins de virulence et, sans agressivité. En juin 1997, un conseiller de la cour d'appel de Caen me demanda si je serais d'accord pour soutenir épistolairement un garçon qui avait été condamné, un an auparavant, devant la cour qu'il présidait. En visitant la prison dans laquelle ce détenu attendait son transfert pour un centre de peine, ce juge fut stupéfait de le trouver méconnaissable, sans doute à la suite de problèmes psychologiques graves. Considérant que ce prisonnier jouissait de certaines capacités, il espérait l'aider à retrouver son équilibre. Je répondis que je ne le pouvais pas à ce moment précis. Je m'efforçais alors de soutenir mon frère, récemment incarcéré, mais je me permis d'ajouter que la démarche de ce magistrat serait indéniablement d'une grande aide pour ce condamné. J'ai en effet rencontré, dans mon parcours, quelques détenus qui renouaient des relations avec des juges les ayant condamnés et qui bénéficiaient d'une certaine écoute, voire d'une aide non négligeable. J'éprouvais souvent quelques difficultés à comprendre, mais je crois que ces prisonniers et ces magistrats s'apportaient humainement quelque chose. Sans doute le condamné se sentait-il moins exclu, moins méprisé, puisque celui qui symbolisait le verdict prononcé à son encontre se penchait sur les conséquences de ce dernier, alors que le magistrat conférait une suite logique à la condamnation, la transformant non pas en une élimination mais en une tentative de rachat, les deux humains opérant une sorte de catharsis expurgeant des malaises psychologiques découlant d'une culpabilisation plus ou moins consciente. Cette anecdote pose d'ailleurs la question de l'impact infligé par l'énoncé d'un verdict sur des magistrats dont la robe, rouge ou noire, n'a pas éliminé l'humanité en drapant le corps.

Cette année-là, Jean-Jacques avait été arrêté à la suite de divers hold-up qu'il avait commis. Cela avait été un choc pénible dans la mesure où je pensais qu'il vivait tranquillement, avec ses enfants. Il n'avait pas été arrêté à la suite d'une enquête judiciaire. Pour des raisons d'ordre privé, il avait essayé de se suicider, restant une semaine dans le coma. Avant de tenter d'en finir, il avait laissé un courrier qui fut trouvé par les autorités et dans lequel il écrivait des choses qui permirent de l'inculper. La police vint donc l'interpeller à l'hôpital et l'emmena, contre l'avis des médecins traitants qui considéraient qu'il était toujours en danger. Le juge d'instruction le plaça sous mandat de dépôt et me convoqua dans le cadre de l'instruction. Notre entretien se déroula dans la courtoisie et j'attirai son attention sur le fait que Jean-Jacques était désespéré et qu'il risquait de se tuer. Il m'écouta attentivement.

Ma mère rendit visite à Jean-Jacques, le découvrit à bout. Le parloir se déroula avec un dispositif de séparation, or ce système était prévu pour être appliqué sur la demande du détenu, sur la requête du visiteur ou pour des raisons de sécurité. Ni ma mère ni Jean-Jacques ne l'avaient demandé, donc il restait les raisons de sécurité. Quelles pouvaient-elles être ? Ma mère était-elle un danger ? Elle fut d'ailleurs contrainte de retirer ses chaussures et d'enfiler des chaussons dégoûtants, sans autre raison que la simple brimade étendue du détenu à sa famille. Le directeur de la maison d'arrêt de Caen, distante de cinq cents mètres du centre de détention, avait mis mon frère à l'isolement. Jean-Jacques ne pouvait donc voir personne et les matons lui firent subir toutes sortes de brimades, ce qui, dans le cas d'un homme ayant tenté de se suicider alors qu'il était libre, devenait criminel. Donner une corde à mon frère serait revenu au même. J'écrivis au juge et lui expliquai le contexte dans lequel s'était déroulé le parloir en question. Le juge intervint auprès du directeur de l'établissement pour que des parloirs normaux lui fussent octroyés. Toutefois, le 11 juin 1997, Jean-Jacques bloquait la porte de sa cellule avec son lit, il s'ouvrait les veines et se pendait. Le jour même, le directeur du centre de détention venait me prévenir, le plus délicatement qu'il put. Je lui demandai d'avertir son collègue de la maison d'arrêt qu'il ne fallait pas que ce dernier prévînt ma mère dont la santé était fragile. Il mit ensuite un téléphone et un bureau tranquille à ma disposition afin que je pusse contacter de la famille et des amis que je chargeai d'annoncer la nouvelle à ma mère. J'étais anéanti mais je pensais avant tout à ma mère. Face à la mort, je pense avant tout aux vivants et à leur souffrance.

Le directeur de la maison d'arrêt m'écrivit le lendemain : « *J'ai le regret de vous annoncer le décès de votre frère Jean-Jacques le 11 juin 1997. Celui-ci a choisi de se donner la mort.* » Intérieurement, je hurlai de rage – « *a choisi de se donner la mort* », osait-il écrire, alors que le régime infligé à mon frère ne pouvait que le conduire à cette fin. Le juge d'instruction m'écrivit une lettre beaucoup plus humaine. Il était clair qu'il était personnellement affligé. Il me livra divers détails sur la vie de Jean-Jacques pendant ce mois de juin, ajoutant : « *Je vous écris ces quelques lignes non pour vous indiquer que j'ai fait ce que j'ai pu pour éviter que votre frère ne commette l'irréparable mais pour vous dire ce que je sais des* derniers jours de sa vie. *Un mis en examen est d'abord et avant tout un homme et, quel que soit son passé, sa mémoire mérite le respect. Bien que cela puisse peut-être vous paraître inhabituel, compte tenu de nos situations respectives, je vous présente mes condoléances les plus sincères [...]. Je vous prie d'agréer, Monsieur, l'expression de mes salutations distinguées et attristées. »* Je lus sa lettre, bien plus longue, à ma mère qui fut touchée.

Le vendredi 13 juin, dans mon courrier, je découvris une lettre de Jean-Jacques, écrite le 8, postée le 11, s'achevant par : « *Je t'embrasse Hermano. À la Aldo, tu t'en doutes. Bye.* » Aldo était le surnom de Serge, mon ami d'enfance, c'était la façon de Jean-Jacques de m'écrire qu'il allait se suicider, il savait qu'au moment où je la lirais, il serait « près de Serge », mort. En recevant cette lettre, je reçus un choc, puis je lui écrivis une lettre : « *Hermano, il n'y a rien de plus... étonnant, sidérant, con et aberrant que de recevoir, désarmante, une lettre de quelqu'un que l'on aime et qui était une des petites lumières qui animent notre vie, deux jours après sa mort. J'ai frissonné, j'ai hésité à retirer le bout de Scotch avec lequel la censure referme les enveloppes... J'ai d'ailleurs trouvé que les règles administratives étaient... banalement stupides puisque la censure passe encore après ta mort... Puis je me suis, presque avec courage, mis à te lire car je voulais encore t'entendre parler [...]. Tu m'y parlais d'Aldo... tu avais donc bien réfléchi... J'espère, non... je n'espère rien... Dans mon cœur, Aldo et Toi serez côte à côte... toujours... Comment en serait-il autrement. Quel gâchis !!! »*

Le soir, je ne pus manger, ni dormir. Au petit matin, j'écrivis : « *Je n'ai pas dormi de la nuit, j'ai froid, je frissonne, je suis épuisé, je n'ai pas sommeil. Lorsque l'on dort, il faut se réveiller après avoir oublié et il faut à nouveau se confronter à la réalité. Lorsque le jour s'est levé, des oiseaux chantaient, mais ces derniers avaient déjà commencé à gazouiller alors qu'il faisait encore sombre. Ces oiseaux m'attristent, ils annoncent le lever du soleil, ils annoncent le renouveau, le printemps... Mais ce matin, pour la première fois depuis quarante-quatre ans, un mois et huit jours, Jean-Jacques n'ouvrira pas les yeux. Il ne les ouvrira plus jamais car il les a définitivement fermés, hier après-midi, tout seul dans sa cellule. Je ne le verrai plus jamais, je n'entendrai plus jamais sa voix, je ne me disputerai plus jamais avec lui. Il est mort, ce sont des mots cruels que j'ai besoin de dire, de prononcer afin de réaliser tout ce que cela implique. Désespéré de l'Amour, il n'avait plus beaucoup de force et certains ont cloué le couvercle en lui imposant un régime qui l'empêcherait de refaire surface. J'avais toujours pensé que je mourrais avant mon frère car je le croyais indestructible alors que je me croyais fragile. Il m'a devancé afin de cesser de souffrir... il ne souffre plus... mais je n'ose m'en consoler car j'aurais préféré qu'il vive, pour ses enfants, pour ma mère et pour qu'un jour la famille soit complète. Rien n'est jamais comme avant, mais ce matin est véritablement différent de tous les autres matins... Je ne connais que des matins pénibles depuis bien des années... mais ce 12 juin est véritablement funeste. Depuis plus de quarante ans j'étais accoutumé à ce grand frère qui était un ami. Cette nuit, en pensant à lui, j'ai pensé que j'avais eu une chance inouïe, cette année, de lui dire à quelques reprises que je l'aimais... C'est une chose que nous ne nous étions jamais dite, autrefois. Alors je me console... je pense à ce qu'il m'a récemment écrit, me disant que ni l'amour ni l'amitié ne suffisaient plus... et je me dis qu'à défaut de trouver la force nécessaire dans l'amour pour vivre, du moins se savait-il aimé. Je vois son visage et je ne conçois pas de parler de mon frère au passé... pourtant, il le faudra. Je me dis qu'il a trouvé le moyen de se dispenser de la peine de prison qu'on allait lui imposer, il a réussi à refuser toutes les brimades et les vexations... »*

Des gendarmes m'accompagnèrent à l'enterrement, dans la région parisienne. En arrivant dans la gendarmerie du ressort dont relevait le cimetière familial, un déploiement de forces impressionnant était en place, un nombre sidérant de gendarmes armés de fusils à pompe s'étaient répartis sur le terrain. Ils me regardèrent descendre, me considérèrent avec surprise. L'un d'eux s'exclama : « C'est lui ? Ah bon ! » Ils semblaient s'attendre à quelqu'un de plus époustouflant. Lorsque je repartis, la cour était vide d'uniformes et les enfants vivant dans la caserne jouaient sans surveillance.

Je conseillai à ma mère de porter plainte contre le directeur de la maison d'arrêt et ses subordonnés pour non-assistance à personne en danger et pour incitation au suicide. Les choses en restèrent là. Une telle plainte aurait-elle été recevable ? Elle exprimait ce que je ressentais, non pas de la haine, mais un profond sentiment d'injustice.

Vers cette époque, j'appris que Corinne, l'ancienne fiancée de Serge, aurait été assassinée, depuis plusieurs années, et que son corps aurait été retrouvé en morceaux dans une valise, dans un cours d'eau je crois. Ce fut un nouveau choc. Décidément, la plupart des jeunes que nous étions autrefois étaient morts : suicidé, abattu en pleine rue ou assassiné je ne sais trop comment.

Je décidai de passer mon brevet de secouriste, découvrant qu'il fallait payer pour cela. Payer afin de pouvoir sauver la vie de quelqu'un, au premier abord cela me surprit, mais qu'importait si un jour je pouvais secourir quelqu'un que j'aimais ou que j'estimais.

Je commençai à travailler avec des groupes de recherche du CNRS, spécialisés en anthroponymie ou en histoire de l'Église de France. Le responsable d'un colloque tenu à Lyon me demanda un texte sur le crédit en Gévaudan. Des articles paraissaient dans le prestigieux *Journal des savants*, de l'Institut de France, et dans diverses revues universitaires. En 1998, les Publications de la Sorbonne éditèrent ma thèse de doctorat en version abrégée, réduite de quarante pour cent après une année complète de labeur [12]. Si j'ignorais ce que pensaient ceux qui me lisaient, au moins savais-je que mon travail était suffisamment apprécié pour justifier des publications.

J'avais parfois douté de l'intérêt de mes études. Un jour, un détenu m'avait demandé ce que je croyais que cela allait me rapporter. J'avais vainement tenté de lui faire comprendre que je les menais pour le plaisir. Plusieurs de mes compagnons d'infortune, ceux qui m'estimaient, m'avaient encouragé à poursuivre dans cette voie. Bien des gardiens de prison détestaient me voir étudier, d'autres, plus rares, considéraient cela formidable. J'avais moi-même encouragé un gardien de Moulins à reprendre des études de droit comme il en avait l'intention. Là, je ne ressentis plus le moindre doute sur l'intérêt de mon travail.

Un jour, la surveillante-chef responsable du bâtiment où j'étais détenu m'expliqua qu'elle était heureuse en examinant mon cursus universitaire et le travail que j'avais réalisé. Cela lui remontait le moral face aux échecs en matière de réinsertion et en regard des gâchis auxquels elle était confrontée. Elle était sincère... Mais je lui expliquai que d'autres, parmi ses collègues, pensaient différemment.

Je savais que je ne me suiciderais jamais. Ma mère et moi nous étions promis de tenir, l'un pour l'autre, face à la mort de mon frère.

---

12. *La Famille en Gévaudan au XV<sup>e</sup> siècle*, Publications de la Sorbonne, 576 pages, 1998.

Mais je devais surmonter les épreuves de la prison sans ce puissant renfort que constitue la haine. L'insupportable peine de réclusion perpétuelle, sans date, sans fin et sans perspective, s'imposait toujours à moi. Quel sens conserve une peine lorsqu'une quinzaine d'années, voire une vingtaine d'années, se sont écoulées ? J'étais entré en prison à vingt ans et onze mois, j'avais quarante-trois ans en 1999, ayant donc plus vécu à l'intérieur d'une prison qu'en liberté. Je disposais d'un emploi et d'un entourage me permettant de reprendre une vie normale, en étant certain de ne plus me positionner en dehors des lois, même si la société telle qu'elle est, avec ses injustices sociales, me déplaît parfois. J'avais surtout la volonté et les moyens de mener une existence ordinaire. Comment la prolongation de mon séjour en prison se justifiait-elle encore ? Seul subsistait l'esprit de vengeance, un état d'âme que tout le monde peut comprendre, il est vrai. De façon générale, en dehors de mon cas, je suis convaincu qu'à un moment donné, il est essentiel de se poser la question de la libération, non plus en regard du passé qui ne peut pas être changé, mais par évaluation du risque réel représenté par cette liberté accordée.

Je craignis parfois de perdre cet équilibre que j'avais réussi à préserver malgré la folie que constitue un enfermement aussi long. Mes demandes de libération conditionnelle furent rejetées à deux reprises, malgré un excellent dossier de réinsertion. Toubon la refusa une fois, Guigou une autre fois. J'allais achever ma vingt-deuxième année de détention et m'interrogeais sur l'avenir. À quoi mes études pouvaient-elles me servir ? Une directrice de recherche du CNRS me confia la direction d'un ouvrage sur le diocèse de Mende dans le cadre de la collection des *Fasti ecclesiae gallicanae*. C'était agréable et intéressant mais la perspective de rester indéfiniment en prison me minait. Lors de chaque rejet de libération, je redoutais de ne pas pouvoir reproduire mon dossier de requête avec un certificat de travail et une attestation d'hébergement. Heureusement, mes professeurs, Bernard Chevalier et Christiane Deluz, veillaient et se démenaient. Ils établirent le texte d'une pétition demandant ma libération et la réservèrent à la signature exclusive d'universitaires. Plus de cent cinquante d'entre eux, en majorité des historiens médiévistes, la signèrent.

J'attendis alors, sans espérer, sans rêver, m'apprêtant à essuyer un nouveau refus. Je pensai surtout à ma mère qui était épuisée par ce long parcours et à ma compagne qui ne supportait plus de vivre séparée de moi. Sept ans auparavant, mon amie, qui suivait un cursus de droit pour devenir avocate, était venue me voir après avoir lu la correspondance que j'avais échangée avec les collégiens de Morlaix. Nous nous étions progressivement liés au point de tomber amoureux.

Que faire... ?

# ÉPILOGUE

## LE BOUT DE L'ENFER

Le mercredi 3 novembre 1999, je courais en promenade, réalisant mon heure de jogging matinal, lorsque je vis passer la juge de l'application des peines de Caen. Nous nous saluâmes aimablement, comme à l'habitude, mais j'éprouvai une sensation étrange, comme si son regard signifiait que quelque chose s'était produit. J'achevai ma course assez songeur puis je rentrai dans le bâtiment de détention. Un surveillant m'informa que la juge et le sous-directeur viendraient me parler à onze heures. Mon esprit en alerte réagit immédiatement :

– Ah, je sais ce que c'est !

– Ah bon ?

– Oui, c'est le rejet de ma libération conditionnelle.

Je remontai en cellule et j'essayai de ne pas trop penser. Mon vrai problème consistait à savoir comment j'allais annoncer cette nouvelle à ma mère et à mon amie. Puis, soudain, je me dis que la présence du sous-directeur, en l'absence du directeur, était logique, mais pas celle de la magistrate. La signification des refus n'était pas de son ressort. Déjà, dans cette prison, la direction s'imposait-elle cette tâche. Contrairement à d'autres prisons où un simple surveillant fait signer les refus à la chaîne, sans ménagement, à Caen, les cadres venaient en personne pour tenter d'expliquer le refus et de mettre en route les préparatifs pour une nouvelle requête. Je commençai donc à espérer tout en luttant contre cet espoir naissant. En effet, le jeu des requêtes successives présente un aspect cruel car, lorsque vous préparez un dossier, vous êtes bien obligé d'y croire et d'espérer, puis vous vous heurtez à un refus et vous en souffrez. Vous finissez par avoir envie de ne plus demander votre libération afin de ne plus souffrir, vous finissez par vous moquer complètement d'être libéré ou non, vous ne voulez plus souffrir de désespérance. Même moi, adepte du non-espoir, je finissais par espérer juste avant de voir le refus arriver, alors je me conditionnais en me répétant : « N'espère pas, ne rêve pas, cela va être refusé », et je maintenais ainsi mon équilibre psychologique dans la certitude d'une issue négative.

Lorsque je rencontrai à nouveau la juge, dans un bureau, je la vis souriante, heureuse même, comme le sous-directeur.

– Alors, Maurice, vous savez pourquoi nous sommes là ? m'interrogea le sous-directeur.

Je les regardai et je pensai qu'ils étaient trop heureux pour que ce soit un refus. C'était une bonne nouvelle mais était-ce ma libération ou une simple commutation de peine !

– Eh bien, cela dépend, je ne veux pas rêver inutilement, alors dites-le moi vous-même.

– Vous êtes libéré en conditionnelle.

Je sentis mon cœur vaciller, des années de lutte, de révolte, de souffrance et de rage s'estompaient, tout disparaissait, il ne restait plus qu'une immense joie, inattendue et surprenante. Ma mère allait être heureuse, mon amie aussi. L'oppression et la tension qui me fatiguaient continuellement s'estompèrent en quelques secondes. Je pensai à mon frère qui ne connaîtrait jamais cette nouvelle.

– Il y a juste un petit problème, vous devrez, auparavant, être placé pendant quatre mois en semi-liberté à Tours.

– Ce n'est pas grave, c'est très bien ainsi, même si je m'en serais passé.

– Ah bon, c'est bien ! Il y a des détenus qui n'apprécient pas ces mesures de semi-liberté.

– Hum, vous savez, vous auriez pu m'annoncer que ma libération était rejetée. Il m'aurait donc fallu attendre encore un an ici, sans certitude. Là, je sors, même si c'est en semi-liberté. En fait, il n'y a qu'un problème. Vous savez qu'en maison d'arrêt le personnel ne se comporte pas comme en centre de peine. Dans mon cas, je crains toujours des provocations inutiles. Même si je suis capable de les contourner, il existe toujours une limite.

Tous deux m'assurèrent qu'il n'y aurait pas de telles provocations et me déclarèrent qu'ils prendraient contact avec leurs collègues respectifs. En fait, il n'était pas dans mon intérêt que la semi-liberté s'accompagnât d'un incident et eux-mêmes ne le souhaitaient pas du tout. Nous nous connaissions depuis plusieurs années et je savais que mon cas leur plaisait, non par mon passé mais du fait qu'il était évident que ma réinsertion ne présentait aucun problème. Ils étaient donc sincèrement heureux de voir qu'un garçon pouvait sortir de prison dans un bon contexte.

La juge de l'application des peines m'informa que je devrais me présenter à la maison d'arrêt de Tours le 8 novembre. En attendant, elle me proposa de sortir en permission si quelqu'un se portait garant et s'offrait de me recevoir. Je proposai la caution de mon amie, alors avocate et propriétaire d'une maison dans l'ouest de la France. Les choses se passèrent ainsi. Je fis mon paquetage, emballant mes livres de recherche, inutiles pour d'autres, et tout mon matériel de travail, mes documents, mes notes. Je pensai à l'un de mes camarades et je regrettai qu'il ne fût pas encore sorti. Je savais qu'il serait heureux pour moi, que cela lui ferait plaisir, mais je me disais que lui restait là. Ce garçon avait autrefois été condamné à perpétuité, puis il avait été libéré sous condition. Un jour, il s'était procuré trois kilos d'herbe et s'était fait arrêter, sans la moindre violence. Il fut condamné à trois ans de prison, mais il vit sa libération conditionnelle révoquée. L'an passé, il avait purgé sa peine de trois ans depuis plus de dix ans, mais il restait en prison du fait de son ancienne peine. Certains considéreront cela logique, mais à l'époque où l'on parle de légaliser le commerce du hasch, alors qu'il n'avait commis aucune violence et n'avait été condamné qu'à trois ans de prison, il achevait sa treizième année...

Le lendemain, jeudi 4, je passai la porte. Mon amie était là et nous partîmes ensemble. Pour la première fois depuis vingt ans, depuis 1979, je passais quelques jours en totale liberté, sans oublier, il est vrai, que je devais retourner me faire incarcérer à Tours. Je prévins ma mère et mes amis. Avec Bernard Chevalier et Christiane Deluz, nous parlâmes de mon futur travail. Mon amie ayant acheté une petite ferme, j'eus le plaisir, pendant ces quelques jours, d'assister à la naissance d'un veau et de participer à la délivrance. En effet, cette vache ne put vêler seule. Des voisins, paysans de longue date, vinrent aider à la naissance. Je pus alors constater combien la solidarité dans les campagnes est plus grande que dans les villes. L'entraide existe, s'impose même comme une nécessité, impliquant souvent d'ailleurs que l'on puisse se rendre la politesse. Moi, ignorant tout en matière d'élevage, je me contentai de tenir la tête de la vache par les cornes.

Ces jours à la campagne furent bénéfiques, exquis, une délicieuse oxygénation avant de retourner en prison. Le lundi, je passai déjeuner chez Bernard Chevalier et son épouse, puis mon professeur m'accompagna jusqu'à la maison d'arrêt dont j'ignorais la localisation. Mon accueil en ces lieux fut banal mais désagréable, dans la mesure où je dus patienter plusieurs heures dans une cellule d'attente ce qui, après ma permission, me rappelait mes anciens séjours en maison d'arrêt, à la Santé, à Fresnes et à Fleury. Ces cellules d'attente sont presque partout pareilles, ce sont les sas d'arrivée, elles sont exiguës, souvent sales et, surtout, elles suintent la misère. C'est là que se succèdent des hommes dont les vies s'émiettent, parfois se brisent. Certains y pleurent, d'autres s'y révoltent et s'y insurgent. Il existe toujours une ambiance gênante dans ces endroits, comme si les fantômes du passé demeuraient là, incapables de quitter ces lieux.

Je finis par passer à la fouille, une fouille décontractée, superficielle, celle de quelqu'un qui est en semi-liberté. Je fus conduit jusqu'à une cellule. On me fournit un poste de télévision après avoir vérifié que je disposais bien de l'argent nécessaire pour en payer la location. J'installai les quelques vêtements et objets que j'avais apportés et je patientai. La patience doit être la première vertu du prisonnier, s'il ne la connaît pas, il doit l'apprendre. On m'informa que je ne sortirais pas travailler le lendemain, comme je l'espérais, mais seulement en début de semaine suivante. Je rencontrai un surveillant-chef qui m'expliqua que ma présence dans cet établissement résultait d'un ordre ministériel et que personne ne leur avait demandé leur avis.

Il espérait qu'il n'y aurait pas de problèmes avec moi. Je lui répondis que je n'étais pas là pour semer le désordre ni pour révolutionner l'établissement. Je venais d'obtenir ma libération sous condition, je devais travailler en semi-liberté pendant quatre mois et si nulle provocation, nulle brimade ne m'étaient infligées, tout se passerait bien. La mise au point était posée des deux côtés. Je savais que ma présence n'était pas spécialement appréciée mais que les responsables locaux s'en accommodaient, quant à moi ils découvraient que je ne serais pas une source de problèmes. Le lendemain, je fis la connaissance de la juge de l'application des peines chargée de mon dossier. Tout se déroula dans la courtoisie. Mon dossier présentait sans doute quelque chose d'atypique, car les condamnés à perpétuité achèvent rarement leur peine dans ce type d'établissement.

Ma sortie pour travailler fut finalement fixée au vendredi 12, jour de pont entre le 11 novembre de l'Armistice et le week-end. Cela me permit de faire la connaissance de mon employeur, grand archéologue fort réputé. Nous signâmes le contrat de travail, puis il me fit visiter le centre de Tours, avec l'œil et la culture d'un archéologue. J'ignorais tout de cette ville et je la découvris avec intérêt : le vieux Tours, ses maisons anciennes, la basilique Saint-Martin sur les vestiges de l'ancienne abbaye dans laquelle avait autrefois vécu le fameux Martin, celui qui partagea son manteau en deux afin d'en donner une partie aux pauvres. Mon futur patron connaissait bien certains vestiges de cette ville puisqu'il avait contribué à en mettre plusieurs au jour. Le soir, je rentrai en prison. Pendant quatre mois, j'allais devoir procéder ainsi, sortir le matin à sept heures quinze et rentrer le soir à dix-huit heures trente. Je passerais la moitié de la journée dehors, l'autre moitié dedans.

Le lundi 15, je fis la connaissance de ceux qui allaient devenir mes collègues pendant huit mois. On m'octroya un bureau, partagé avec plusieurs archéologues, et l'on m'expliqua mon travail. Je devais d'abord me renseigner un peu sur l'histoire de Tours, après quoi, je suivrais un stage d'informatique pour apprendre à me servir des logiciels en usage dans ce laboratoire d'archéologie. Ensuite, je serai chargé de réaliser une base de données afin d'y enregistrer des actes extraits des archives municipales de Tours. J'irais alors aux

279

archives transcrire ces actes déjà lus par des étudiants de maîtrise, puis je les enregistrerais. Le travail était intéressant, comme historien il me faisait découvrir le milieu des archéologues dont j'ignorais presque tout.

Mes rapports avec les surveillants de Tours furent irréguliers, différents selon les individus. Il y eut les petits cons, les fascistes, les réactionnaires et les sympathiques. Un jeune maton, souvent excité, réfrénant difficilement son hostilité à mon égard, cherchant toujours comment il pourrait m'infliger une brimade, m'expliqua un jour qu'il avait participé à la grande fouille menée à Caen. Heureux, il jubilait en expliquant qu'ils avaient cassé plusieurs cellules et saisi plein d'objets. Je lui rappelai qu'ils avaient même saisi de l'eau de Javel, régulièrement vendue en cantine. Il persista tellement dans ses jubilants souvenirs que je finis par lui préciser que, le lendemain, la direction rendit presque tous les objets. Il répliqua que c'était impossible car, afin d'éviter une telle restitution, ils avaient volontairement tout mélangé dans des cartons. Je lui expliquai donc que les gars étaient allés à la fouille pour identifier leurs biens et les reprendre. Il en fut fort marri !

Un autre me dit qu'il était choqué qu'un détenu comme moi ait pu étudier jusqu'à mon niveau. Je lui rétorquai que mes études n'avaient rien coûté à la société et que c'était ma famille maternelle et mes amis qui avaient tout payé. Cela ne modifia pas son avis sur la question, ce qui le révoltait, c'était que je sois devenu un universitaire. Il oubliait d'ailleurs que l'on m'avait interdit d'étudier pendant plusieurs années, puis que l'on avait tout fait pour me décourager. Il feignit également d'ignorer que les DPS sont interdits de travail dans les maisons d'arrêt et que j'avais passé sept ans dans ce type d'établissement. J'ai d'ailleurs pu constater, dans la vie, qu'en règle générale, ceux qui réprouvent le fait qu'un détenu puisse étudier, ceux qui s'opposent parfois à ce qu'il obtienne un emploi, sont généralement parmi les premiers à dénoncer la récidive, à proclamer qu'un homme qui a été condamné est totalement nuisible et « irrécupérable » pour la société.

Réglementairement, les prisonniers de Tours avaient le droit de se doucher trois fois par semaine. Le surveillant-chef m'expliqua qu'il ne sanctionnait jamais un gardien octroyant des douches en plus mais qu'il ne sanctionnait pas plus ceux qui n'en accordaient que trois. Dans la réalité, le quartier des semi-libertés permettait la prise d'une douche par jour. Là, comme toujours, la décision étant laissée au libre arbitre du surveillant, certains me proposèrent eux-mêmes de prendre une douche lorsque je rentrais du travail, d'autres s'y opposèrent fermement. J'eus beau leur expliquer que je travaillais dans un bureau et que l'hygiène corporelle était une qualité, cela ne changea rien. J'essayais donc, dans ces cas-là, de me laver comme je le pouvais, à l'eau froide, dans un petit lavabo. Et je pestais lorsque j'arrivais au bureau, pas très propre, mais mes collègues me rassurè-rent toujours, avec gentillesse.

Plusieurs gardiens furent agréables. Ils s'intéressèrent à mon travail, l'un était passionné d'archéologie, un autre d'histoire locale. Plusieurs pensaient que mon travail était remarquable. Quelques-uns m'avaient connu autrefois, une quinzaine d'années auparavant. Ils arrivaient plus ou moins en fin de carrière. Moi, si je n'étais pas tota-lement libre, je me considérais déjà comme libéré. Quelle différence marquante s'imposait entre ce régime et celui des centres de peine !

Le soir, je mangeais à la maison d'arrêt, le midi, n'étant pas très riche, je me contentais d'un pain grignoté en me promenant en ville. En effet, je devais me rendre au travail dès ma sortie de prison et rentrer dès la fin de ma journée. Je ne disposais donc presque pas de temps libre. Je profitais du midi pour flâner, pour découvrir Tours et pour réaliser quelques démarches. Je dus tout d'abord me faire établir une carte d'identité et ouvrir un compte en banque.

La presse apprit que j'étais sorti à la suite d'une déclaration d'un magistrat de Caen. Cela ne me rendit guère service, car les journa-listes appelèrent l'université et tentèrent de me joindre. Je rencontrai une journaliste du *Figaro*, très sympathique, avant d'apprendre que ce type de rencontre n'était pas véritablement apprécié par l'insti-tution judiciaire. Personnellement, je n'éprouvais guère l'envie de parler devant la presse, j'avais besoin de calme, de tranquillité et de sérénité. Il fut donc convenu que je ne parlerais plus aux journalistes tant que je serais en semi-liberté. Les journalistes le comprirent et je retrouvai une douce quiétude.

En prison, je parlais avec les autres détenus en semi-liberté. J'expliquai à l'un d'eux, jeune, qu'il devait bien réfléchir avant de s'engager plus loin dans la marginalité, je lui parlai de mes nombreux camarades, ceux qui étaient morts sur un trottoir, ceux qui croupissaient en prison, et j'évoquai le malheur de leur famille, les souffrances de leur mère. Il partageait mon avis et tentait de repartir sur des bases moins sulfureuses.

En même temps, je réalisai combien le paysage carcéral avait évolué depuis vingt ans. Les réformes socialistes avaient largement modifié la vie quotidienne en prison. La contrepartie criante de ces changements avait été l'augmentation de la durée des peines. De nombreux détenus de l'ancienne génération, de la mienne, pensaient qu'il convenait mieux de vivre durement en prison pendant une durée raisonnable, que de vivre moins mal avec des «peines à rallonge». Selon moi, le problème s'analyse autrement. Les jeunes détenus n'ont pas connu les temps les plus durs et, même si la détention est moins pénible pour les vieux, moins pénible dans les faits, pour les jeunes, elle est implacable, car ils sont d'une autre époque, mais en plus ils subissent les longues peines.

Ceux que je côtoyais à Tours purgeaient obligatoirement des petites peines, de quelques mois, mais ils les considéraient comme étant pénibles.

Quels sont les plus grands changements survenus en prison entre 1977 et 1999 ? Difficile à dire ! L'abolition de la peine de mort s'impose comme symbole mais elle ne concernait guère la prison puisque son application impliquait la fin d'une peine de prison ! En outre, elle ne touchait qu'une minorité de prisonniers. Les mentalités ont un peu changé, les jeunes prisonniers et les jeunes gardiens ont grandi dans un monde différent, et les uns et les autres ne seraient plus adaptés à l'ancien régime. Ils n'hésitent plus à se parler, ce qui était factuellement interdit à une époque. Des associations culturelles se sont développées dans la plupart des établissements, impliquant les détenus dans une prétendue cogestion avec l'administration. Dans certains établissements, les détenus élisent des représentants qui siègent dans les réunions avec les membres de l'administration. Parfois, les directeurs convoquent des détenus qui viennent assister à d'autres réunions afin d'exposer des doléances supposées émaner de l'ensemble des prisonniers. Ce sont là des artifices dans la mesure où les détenus n'imposent jamais leurs idées, celles de l'administration dominent toujours. Il s'agit même, à mes yeux, et je n'ai pas forcément raison, d'induire à une complicité du prisonnier, devenu soumis, avec son geôlier qui le prive de liberté. Toutefois, le système a du bon pour la majorité des détenus qui ne s'est jamais insurgée. Bien des aménagements concrets ont modifié la vie et, par conséquent, les mentalités, à l'intérieur : introduction de la télévision, des parloirs libres ou droit d'écrire sans limites à n'importe quelle personne n'appartenant pas à la famille, sauf interdiction ponctuelle.

L'entrée de la drogue dans les prisons est impressionnante. En 1977, la présence de celle-ci était exceptionnelle *intra muros*, aujourd'hui elle est partout, dans toutes les prisons. Tout le monde le sait. Comment rentre-t-elle ? Peu importe ! Les syndicats de surveillants dénoncent les familles, des mesures préventives sont prises à l'encontre de ces dernières, toutefois nos aimables fonctionnaires oublient que plusieurs de leurs collègues ont été arrêtés, inculpés et condamnés pour avoir dealé de la drogue à l'intérieur des murs. J'ai vu des surveillants fumer avec des détenus, car la drogue s'est tellement généralisée dans notre société que des gardiens sont plus ou moins toxicomanes, au moins fumeurs de hasch.

L'évolution de la population pénale découle de plusieurs causes, parmi les principales j'en retiendrai deux. Le niveau culturel est supérieur, même s'il demeure inférieur à la moyenne nationale, le nombre de jeunes ayant un niveau baccalauréat est moins rare qu'il y a vingt ans. De plus, les braqueurs de banques ou d'autres institutions financières, voire d'usines et de champs de courses, sont devenus rares, ils ont été remplacés et submergés en nombre par les dealers, de petite ou de moyenne envergure.

Avec quelques détenus ayant purgé des peines aussi longues que la mienne, nous avions parfois l'impression d'appartenir à un autre temps, vestige d'une autre époque et d'un autre banditisme. C'est ainsi depuis toujours, la jeunesse surgit avec ses nouvelles mœurs et elle supplante les anciens. Toutefois, les problèmes subsistent, s'exprimant de façon différente, mais l'essentiel demeure. Aujourd'hui encore, alors que je suis socialement bien intégré, alors que ma culture me place plutôt parmi la petite bourgeoisie, intellectuellement parlant, j'affirme et j'ai envie de crier que la réinsertion est impossible dans ce système tel qu'il est conçu. Je ne revendique pas mon appartenance à la bourgeoisie mais je note que, pour un jeune issu de ces banlieues dont je sors moi-même, je dénote, je contraste, obligatoirement, car mon parler n'est plus le même que le leur et mes réflexions sont en décalage par rapport à leur vécu. Cela étant, sans se voiler la face, mon parcours est assez rare. Combien de prisonniers passent leur doctorat en prison alors qu'ils n'avaient qu'un CAP à l'origine ? Mon insertion réussie tout en conservant mes idées, je la dois bien sûr à ma volonté, mais elle n'a été possible qu'avec l'aide de personnes extérieures à la prison. Sans l'assistance de mes amis, de mes professeurs, d'universitaires et d'archivistes, jamais je n'aurais pu achever mes études et devenir historien, jamais je n'aurais été libéré pour mettre en application ma volonté de vivre autre chose qu'un parcours hors la loi. Le système pénitentiaire et judiciaire n'est actuellement pas conçu pour insérer. Je reconnais que j'ai reçu un soutien de la part de quelques fonctionnaires appartenant au système, je pense aux deux directeurs successifs du centre de détention de Caen et à la juge de l'application des peines qui siégeait à l'époque de ma soutenance et de ma libération, mais c'étaient des gens un peu atypiques, s'impliquant totalement et personnellement dans les problèmes humains, ne se contentant pas seulement de gérer des dossiers et cherchant où était l'homme, où sont les hommes. Je sais que si je n'avais pas eu la chance d'être à Caen en même temps qu'eux, d'autres fonctionnaires auraient créé des problèmes qu'eux ne suscitèrent même pas.

Le 8 mars 2000, ma probation de semi-liberté s'acheva. Je sortis définitivement et j'emménageai dans un studio prêté par une association aidant les anciens détenus et subventionnée par le ministère de la Justice. Je continuai à travailler dans le laboratoire d'archéologie, obtenant un avenant prolongeant mon contrat de travail initialement prévu pour six mois.

Souvent, l'on me demande ce qui a changé en vingt ans. Pas grand-chose, dis-je. Ce qui me troubla le plus au début, ce furent les sans-domicile-fixe, grelottant de froid en plein hiver, espérant une pièce assis sur les trottoirs de Tours. La rue la plus luxueuse de Tours est ainsi peuplée de ces malheureux. Le midi, les gens passent, sandwich à la main, s'arrêtent plus loin et dépensent leur argent en achetant de beaux vêtements. Le contraste est impressionnant entre ce luxe et cette misère. Dire que cette ville fut celle de saint Martin ! Qui donc partagera à nouveau son manteau ? À ma grande honte, progressivement, je me suis accoutumé à cette misère et je n'ai rien fait pour ces sans-domicile-fixe. Il n'en demeure pas moins que c'est la misère étalée sur la voie publique qui m'impressionna le plus. Et pourtant, la France est l'un des plus riches pays du monde.

D'autres choses me surprirent sans doute, mais ce sont des banalités, des détails peu importants qui n'étonnent que pendant quelques heures, quelques jours, voire quelques secondes : les étals des magasins surchargés, ceux des maisons de la presse, des grandes surfaces et des bouchers. Cette viande rouge, riche et variée à souhait, ces pâtisseries raffinées, les odeurs et la diversité des produits exposés. Mais, en fait, le monde n'a pas tant changé, tout au plus fus-je comme lorsqu'un Français se rend pour la première fois en Belgique ou en Suisse. Les repères sont légèrement différents, l'argent aussi, mais le dépaysement n'est pas si grand et l'adaptation se fait rapidement.

Et moi ? Ai-je changé ? J'ai lu que j'étais un autre homme, des journalistes m'ont demandé si j'étais un autre. Non, je suis simplement plus âgé, mais je suis bien le même. Les drames que j'ai vécus ou provoqués, de nombreux jeunes des banlieues auraient pu les vivre, certains en ont d'ailleurs vécu de semblables sans que cela ne fût médiatisé. Je fis de mauvais choix, à un moment donné, me laissant plus guider par ma révolte, ma colère et ma souffrance, que par ma raison. Je fis ensuite ce que je pus pour ne plus me plonger dans les mêmes situations. Un homme mène sa vie comme il le peut, avec plus de réflexion en vieillissant sans doute. Il suit son chemin, se trompe ou réussit. Qui ne se trompe pas un jour ? Certaines erreurs sont plus graves que d'autres, irréparables, impliquant des tiers meurtris pour la vie. Je pense que l'essentiel consiste alors à tout faire pour s'améliorer, pour ne pas commettre les mêmes erreurs, pour trouver une autre voie. Un jour, sans doute parce que je le voulais, mais aussi parce que j'en eus l'opportunité, je fis d'autres choix que mes non-choix de gamin. Un jour, j'ai décidé de modifier le fil de ma vie, de bouleverser ma vie, de changer mon destin, je fis tout pour y parvenir et j'ai réussi. C'est le même homme, mais ce sont d'autres orientations et plus de réflexion. C'est la même vie que je mène, même si elle se partage en étapes fort tranchées et fort différentes. L'homme reste, avec ses idées, ses révoltes, ses résignations, son courage et ses lâchetés. Je crois que je peux énerver et irriter parfois, car je conserve mes idées, ma conviction que tout prisonnier a le droit et le devoir de se révolter, ma conviction que l'injustice s'abat sans pitié et sans partage sur les pauvres et les gosses des banlieues, mais je demeure convaincu, aujourd'hui, qu'un homme, lorsqu'il tombe à terre, doit se relever, il doit marcher, il doit refuser la facilité et il doit se battre pour s'améliorer.

Je n'ai jamais souhaité la vie qui fut la mienne, je l'ai suivie comme j'ai pu et je l'ai réorientée dans un sens qui me plaît beaucoup plus. J'aurais sans doute aimé autre chose, j'aurais aimé ne pas porter un jour les armes à la main, dans une rue, en situation de guerre et de combat. J'aurais aimé que ni Serge, ni mon frère, ni d'autres inconnus ne périssent. Je peux simplement faire que le présent et l'avenir soient différents, impuissant face au temps, face au passé, mais fort face à l'avenir.

En attendant, ma situation actuelle n'est pas aisée. Ma formation me destine à des emplois relevant de la fonction publique : enseignant au sein d'une université ou chercheur. Ces postes me sont interdits puisque j'ai un casier judiciaire. Seule une décision de justice pourrait me relever de ces interdictions et m'autoriser à travailler. Je constate que mes travaux et mes compétences intéressent la communauté scientifique qui m'invite soit à des congrès, soit à des colloques. Je peux y parler de mon travail, expliquer combien la connaissance et la pratique du droit ancien sont primordiales pour toute recherche historique. Je suis également sollicité pour parler de la prison, de mon expérience, je le fais, car on parvient à me convaincre que ce sera utile, toutefois, j'aurais tendance à penser que ma vie est banale, alors que quelqu'un m'a dit, assez récemment, que ma vie était tout sauf banale. Je lui ai expliqué qu'à mon sens, l'existence que l'on vit soi-même est toujours banale, ce qui lui ôte sa banalité, c'est le regard des autres. Ma vie me semble banale et j'aurais sans doute aimé une vie exceptionnellement riche, uniquement faite d'amour et d'enfants, sans haine, sans révolte et sans insurrection.

# BIBLIOGRAPHIE

BONNEMAISON Gilbert, *La Sécurité en libertés,* Paris, Syros, 1987 (l'auteur, député maire d'Épinay-sur-Seine, fut vice-président du Conseil national de prévention de la délinquance de 1983 à 1986).

DORLHAC DE BORNE Hélène, *Changer la prison*, Paris, Plon, 1984 (l'auteur, médecin, fut secrétaire d'État à la Condition pénitentiaire de 1974 à 1976).

ERHEL Catherine, LEGUAY Catherine, *Prisonnières*, Paris, Stock, 1977 (les deux auteurs ont été détenues).

FESCH Jacques, *Lumière sur l'échafaud* (lettres de prison présentées par A. M. LEMONNIER), Paris, Éditions ouvrières, 1971 (l'auteur, condamné à mort, fut exécuté en 1957).

FOUCAULT Michel, *Surveiller et punir. Naissance de la prison*, Paris, Gallimard, 1975.

GABORIAU Patrick, *SDF à la Belle Époque*, Paris, Desclée de Brouwer, 1998 (l'auteur est ethnologue).

HEMMERLIN Brigitte, *Quartier des condamnés à mort*, Paris, Les Presses d'aujourd'hui, 1981 (l'auteur, avocate, a été détenue).

ISABELLE DE, *À demain ou dans 15 ans*, Paris, La Table ronde, 1980 (l'auteur, femme d'avocat, est journaliste).

KNOBELSPIESS Roger, *QHS Quartier de Haute Sécurité*, préface de Michel Foucault, Paris, Stock, 1980 (l'auteur a été détenu).

LEGROS Fernand, *Ces hommes en robe*, Paris, éditions du Guépard, 1980 (l'auteur, marchand de tableaux, a été détenu).

LEVY Thierry, *Le Désir de punir. Essai sur le privilège pénal*, Paris, Fayard, 1979 (l'auteur est avocat).

PETIT Jacques-Guy, *Ces peines obscures. La prison pénale en France, 1780-1875*, Paris, Fayard, 1990 (l'auteur, historien et docteur ès lettres, enseigne à l'université d'Angers).

PORCHER-LE-BARS Françoise, *25 collégiens et un condamné à mort*, Paris, Syros, 1998 (l'auteur, enseignante, publie les lettres échangées par ses collégiens et Philippe Maurice).

ROSSI Jacques, *Le Manuel du Goulag*, Paris, le cherche midi éditeur, 1997 (l'auteur fut membre du parti communiste).

STEINBERG Paul, *Chroniques d'ailleurs*, Paris, Ramsay, 2000 (l'auteur fut déporté à Auschwitz).

THIBAULT Laurence, *La Peine de mort en France et à l'étranger*, Paris, Gallimard, 1977.

TOULAT Jean, *La Peine de mort en question*, Paris, Pygmalion, 1977 (l'auteur est prêtre et écrivain).

VASSEUR Véronique, *Médecin-chef à la prison de la Santé*, Paris, le cherche midi éditeur, 2000 (l'auteur fut médecin-chef de la prison de la Santé).

# TABLE DES MATIÈRES

ALAIN LAVILLE
*Un crime politique en Corse,*
*Claude Érignac, le préfet assassiné*


LUIGI LUCHENI
*Mémoires de l'assassin de Sissi*
édition établie et présentée par Santo Cappon


FAWZI MELLAH
*Clandestin en Méditerranée*


MARTIN MONESTIER
*Peines de mort*
*Histoire et techniques des exécutions capitales,*
*des origines à nos jours*

*Suicides*
*Histoire, techniques et bizarreries de la mort*
*volontaire, des origines à nos jours*

*Les Animaux-soldats*
*Histoire militaire des animaux,*
*des origines à nos jours*

*Histoire et bizarreries sociales*
*des excréments,*
*des origines à nos jours*

*Les Enfants esclaves*
*L'enfer quotidien*
*de 300 millions d'enfants*

*Les Mouches :*
*le pire ennemi de l'homme*

*Cannibales*
*Histoire et bizarreries de l'anthropophagie*
*hier et aujourd'hui*

THÉODORE MONOD
*Le Chercheur d'absolu*


KEIJI NAKAZAWA
*J'avais 6 ans à Hiroshima,
le 6 août 1945, 8 h 15*


GILLES PLAZY
*Gustave Courbet,
un peintre en liberté*


MAURICE RAJSFUS,
*Drancy, un camp de concentration
très ordinaire, 1941-1944*

*La Police de Vichy,
les forces de l'ordre françaises
au service de la Gestapo, 1940-1944*

*L'Humour des Français
sous l'Occupation,*
en collaboration avec Ingrid Naour

*La Police hors la loi*
*Des milliers de bavures
sans ordonnances, depuis 1968*

*Les Français de la débâcle*
*Juin-septembre 1940, un si bel été*

*Mai 68 sous les pavés, la répression*
*juin 1968 - mars 1974*

*La Censure militaire et policière,*
*1914-1918*

*Chronique d'une débâcle annoncée,*
*juin 1919 - juin 1940*